大勇中国

——『新民族』『新文明』崛起的宣示

伍旭升 著

山西出版传媒集团
山西人民出版社

图书在版编目（CIP）数据

大勇中国："新民族""新文明"崛起的宣示 / 伍旭升著 . ——太原：山西人民出版社，2014.7
 ISBN 978-7-203-08631-4

Ⅰ. ①大… Ⅱ. ①伍… Ⅲ. ①发展战略—研究—中国 Ⅳ. ①D60

中国版本图书馆 CIP 数据核字（2014）第 150301 号

大勇中国："新民族""新文明"崛起的宣示

著　　　者：	伍旭升
责任编辑：	阎卫斌
助理编辑：	崔人杰
装帧设计：	谢　成
出 版 者：	山西出版传媒集团・山西人民出版社
地　　　址：	太原市建设南路 21 号
邮　　　编：	030012
发行营销：	0351-4922220　4955996　4956039
	0351-4922127（传真）　4956038（邮购）
E - mail：	sxskcb@163.com　发行部
	sxskcb@126.com　总编室
网　　　址：	www.sxskcb.com
经 销 者：	山西出版传媒集团・山西人民出版社
承 印 厂：	山西出版传媒集团・山西人民印刷有限责任公司
开　　　本：	720mm×1010mm　1/16
印　　　张：	17
字　　　数：	250 千字
印　　　数：	1—10000 册
版　　　次：	2014 年 7 月　第 1 版
印　　　次：	2014 年 7 月　第 1 次印刷
书　　　号：	ISBN 978-7-203-08631-4
定　　　价：	35.00 元

如有印装质量问题请与本社联系调换

目 录

导言一　让"围堵"来得更猛烈些吧 …………………………… 001
导言二　美国，别把中国逼成"美国" …………………………… 006
导言三　"新民族"主义的崛起主张 ……………………………… 012

上部　地缘政治变局的应对之道

第 1 章　美国重返亚洲，中国重返世界 ………………………… 003
第 2 章　西方传统地缘政治理论之误 …………………………… 007
第 3 章　中国地缘战略的新抉择 ………………………………… 014
第 4 章　中国崛起的世界定位 …………………………………… 019
第 5 章　以"文明连线"战胜"民主之弧" ………………………… 028
第 6 章　让美国"说了算"？ ……………………………………… 036
第 7 章　如何对待邻国的民族主义 ……………………………… 045
第 8 章　搬掉中日关系的绊脚石 ………………………………… 054
第 9 章　钓鱼岛是中国崛起的磨刀石 …………………………… 061
第 10 章　中国越健康，日本越变态 ……………………………… 066
第 11 章　中美"共治"日本，世界福音 …………………………… 075
第 12 章　中美"共制"世界，理想还是现实 ……………………… 081
第 13 章　不要让"和平崛起"成为压在崛起身上的大山 ……… 091
第 14 章　不上美国"利益攸关者"的当 ………………………… 101

第 15 章　不要霸权,但要有点"霸气" …………………… 106
第 16 章　在国际关系上"补钙"很重要 ………………… 111
第 17 章　经济总量第一后怎么当"大哥" ……………… 117
第 18 章　中国怎样弘扬铁血精神 ………………………… 122
第 19 章　不做军事霸主,但要做科技文化"霸主" …… 129
第 20 章　为什么中国被认为没有战略 …………………… 133

下部　重塑中华"新民族"的健康人格

第 21 章　为什么要提"新民族"主义 …………………… 143
第 22 章　中国历朝也是边患最多的被骚扰史 …………… 150
第 23 章　史上一味"怀柔"的恶果 ……………………… 154
第 24 章　"和为贵"不是一厢情愿的事 ………………… 159
第 25 章　还拿汉唐说事是我们的悲哀 …………………… 163
第 26 章　警醒"书生外交"的历史覆辙 ………………… 166
第 27 章　国家外交,匹夫有责 …………………………… 170
第 28 章　学术买办的作为令人不齿 ……………………… 175
第 29 章　21 世纪中国的两大任务 ………………………… 180
第 30 章　国家统一,民族认同是首要公约数 …………… 186
第 31 章　民族主义的困境与"新民族"主义的新生 …… 191
第 32 章　"新民族"主义与"中国梦" ………………… 196
第 33 章　不文明,非中国 ………………………………… 199
第 34 章　要道德领袖,不要意见领袖 …………………… 204
第 35 章　重塑 21 世纪中国的绅士文化 ………………… 207
第 36 章　"新民族"需要新的文化道统 ………………… 211
第 37 章　获诺贝尔文学奖的特别意义 …………………… 216
第 38 章　"新民族"的教育要脱胎换骨 ………………… 220
第 39 章　"新民族"企业家首当爱国 …………………… 225

第40章 "新民族"主义要有自己的家园景观 …………… 231

第41章 相信未来，相信00后 ………………………… 236

从"和平崛起"到"文明崛起"（代跋） ……………… 246

导言一　让"围堵"来得更猛烈些吧

中国正遭受史上最错综复杂的全方位"围堵"。但中国不怕"围堵"！因为，中国两千年来就是在各种"外患"中挺过来的。正因为有了外患所以才能居安思危，才能凝聚民心。中国不惹事，但也不怕事！让"围堵"来得更猛烈些吧。

进入21世纪，中国就被各种"彩蛋"砸个满脸喜庆。所谓"中国世纪"、"全球第一经济体"、"中国统治世界"等等头衔赞誉，令国人着实有些飘飘然。其实，中国离真正的崛起还很远。甚至有外媒不无居心地指出，中国正成为自己成功的受害者。虽然，这是指责"中国因经济成就而变得'粗暴''强硬'起来从而使邻国离心"的偏见之词，但在另一个方面，也并非没有一点警醒的价值。

随着中国的崛起，中国正成为全球的"靶子"。2012年底，我的一位朋友，刚参加欧盟生态规划项目的北大教授私下对我说，以前没有机会单独深入到西欧腹地，这次前后一个月独自出行考察欧洲市场和社会，所到之处感受到的不是欧洲人民对中国人民的友好崇敬之心，而是深深的文化隔阂与心理抵触（其中仍能见到西方中心论的影子及其酸葡萄的心理）。他说话时表情非常凝重严肃。我能感受到他心灵受到的震撼！

中国正成为奥巴马第二任期的"标靶"，这是日本《呼声》月刊（2013

年1月号)一篇文章的标题。文章说,在总统竞选辩论中,奥巴马反复强调,左右他对中国认识的关键在于中国是否"遵守规则"。奥巴马在第一任期已经提出了将中国作为现有竞争对手的概念。第一任期,奥巴马提出了与对华政策互为表里的"重视亚洲"政策,也被称为"对亚洲再平衡"。2011年他在国情咨文中说,中国在根本上对美国是个威胁,不仅是在军事领域,而且是在教育、制造业、经济、就业岗位、清洁能源等各个领域。显然,美国已经不只是从军事、政治上,而是从全方位将中国列为头号竞争对手!

比如,就在2012年底美国总统竞选战正酣之际,奥巴马在一场与共和党候选人米特·罗姆尼的外交辩论会上,就中美关系做了非常直白透彻的表述:"中国既是敌对者,如遵守规则的话又是美国在国际社会的潜在伙伴。因此,我自就任总统以来,一直要求中国同其他国家一道遵守同样的规则。"

在第二任期,奥巴马更是进一步推进了全方位围堵中国的战略。对此,2012年11月15日,美国总统国家安全事务助理托马斯·多尼伦就奥巴马连任后的亚洲政策做了进一步表述:美国的亚洲政策并不有意围堵任何国家,在此基础上,一,加强与同盟国的关系纽带(包括全面提升美日两国安全保障方面的作用、任务和能力,加强与韩国的安全保障合作,扩大与澳大利亚的联合军事演习规模,加强与菲律宾的海洋安全合作等);二,促进与印度的安全合作(如扩大与印度的战略对话等);三,深化美国对亚太地区框架组织的参与(包括美国与二十国集团、东盟等的合作以及参加东亚首脑会议等);四,寻求与中国建立稳定的建设性关系,在朝鲜、伊拉克和叙利亚等问题上,美国需要与中国合作,美中关系是竞争与合作关系,关键在于中国是否履行国际责任;五,推进亚太地区经济框架组织,扩大贸易与投资尤其是推进《跨太平洋战略经济伙伴协定》(TPP)。

可见,奥巴马的亚洲战略已基本成形。一方面进行军事围堵,将

60%的军力向亚洲转移,强化与日、韩、菲、澳的传统同盟关系,发展与越南、缅甸、印度等国家的合作关系。另一方面,通过经济纽带构建排斥中国的同盟国经济共同体(TPP),以再平衡中国崛起的军事和经济等影响力,威慑中国与邻国在领土争端中所谓的"咄咄逼人"的态势。

例如,奥巴马连任后第一时间出访缅甸,力图在缅甸构筑包围中国的前沿阵地。其根本目的,就是让中国就范——让中国遵守美国制定的国际规则,承担国际责任,成为美国的潜在伙伴。否则,就是"敌对者"!

其实,早在2008年,美国五角大楼在《2008年陆军现代化战略》这份文件中就赤裸裸地宣称,美国陆军战略的目标是横扫和主宰整个宇宙,而不仅仅是地球。在该文件的前言中,美国陆军预计后冷战世界呈现出"永恒战争"的前景。五角大楼的战略是对付所有与美国竞争的对手,而中国自然首当其冲。

不仅如此,美国的全方位战略除军事、经济、能源外,还频频动用"人权"、"民主"、知识产权等手段和工具。美国著名地缘政治学者,《石油战争》作者威廉·恩道尔就直言不讳地指出,美国的对华政策的最终目的,是保持对这个亚洲潜在的经济巨人的控制——控制中国的能源发展、经济发展、国防政策和中国的未来。尽管华盛顿的政策的根基仍然是美国的军事霸权,但美国的全方位主导战略却日益转向使用"人权"和"民主"作为心理战和经济战的武器,图谋遏制和控制中国及其对外政策。[1]

美国如此,日本自然不甘落后。野田政府与石原慎太郎上演了一出"双簧",所谓"钓鱼岛国有化"闹剧,直接将中日关系推到了火山口。而更加右倾的安倍晋三,上台伊始,就迫不及待紧随美国步伐,在中国周边一通忙乎。自己首访地选择了东南亚,到越南、泰国、印度尼西亚找共鸣,派出副相麻生太郎到缅甸挖中国墙角,而外相岸田文雄到菲律宾、新加坡鼓噪。安倍还极力加强与澳大利亚、印度等的海洋联盟,高唱要打造"自由与繁荣之弧"。在国内,右倾化的政府极力推动修宪,妄图给自卫队集体自卫权松绑,甚至抛出核武论,不断激化日本国内的偏执甚至变态的"民族主义"情绪。石原慎太郎更是口出狂言,在一次东京某大学的学生论坛上,叫嚣"就是要称中国支那",叫嚣与中国开战!军国主义的"东亚共荣圈"旧梦不死。

回首64年前,毛主席在天安门城楼上庄严地宣告,"中国人民从此站起来了!"但从那一刻起,中国的地缘政治环境就没有一天踏实安稳过。所以,小平同志一再告诫,要千百倍珍惜"安定团结"的政治局面,要珍惜和平发展的战略机遇期。但同时我们也别忘了,新中国成立不到一年,毛主席就作出大无畏的战略决策——出兵朝鲜,保家卫国!小平同志在十一届三中全会决策改革开放大业的第二年,就进行穿梭外交,毅然决然地发起了对越自卫反击战,一战奠定了改革开放30多年的和平发展环境。两次战争都是冲破"围堵"的"背水一战",都是中国积贫积弱、百废待兴的转折期、关键期发出的龙吟狮吼!都面对着异常险恶的内外部环境,都要承载怎样的"万一"风险!这就是伟人的雄才大略!这就是历史的石破天惊!有此胆魄、有此豪气,任何"围堵"又何惧哉!目下,面对日本在钓鱼岛、靖国神社、扩军修宪等问题上出演的一系列挑衅之举,以习近平为总书记的新一代领导集体果断决策,有理有利有节地强力回击,展现了中国作为世界大国应有的气魄与胆略。

环顾今日之中国,诚如党的高层所痛陈的,领导阶层的危机——脱离群众,腐败之风、奢靡之风盛行;而民众沉迷于物质主义、物欲主义、实用主义、机会主义,沉醉于中国似乎已经崛起的美景之中,悠然自得、油然自大。如果一方面,国家缺少大勇,另一方面,民众缺乏自省,那么,崛起得越快,危险来得也越快!浑然不知已处于险峰,看到的不是无限风光,而是无数悬崖!

有一则报道说,日本将钓鱼岛进行所谓的"国有化"引发中日关系危机之后,日本年轻人报名参加自卫队的人数骤增,国民危机感立马上升。另一厢,同期中国海监招考报名者却寥寥或不足数(后有关部门又出面澄清说报道有误),而与之形成反差的是,公务员考试门槛被挤破,许多人并非是出于为人民服务的崇高志向,而是因为它是"铁饭碗"(或许还隐含着可以指望有朝一日,升官发财、飞黄腾达之意)。但我们千万不要以为这就是"现实主义"的中国,千万不要以为这就是"灰暗"的中国。中国人的精神力量不仅被外媒,而且也被我们自己的媒体所远远低估。

中国之重新崛起,无疑是 21 世纪世界政治格局之最重大事件。任何人、任何力量都阻挡不了历史的滚滚洪流。

当然,我们也要看到,今天,中国大智可矣,而大勇尚不足。中国人民需要再来一次警醒,再来一次震撼,让 21 世纪的"船坚炮利"彻底震醒陶醉于物欲主义的中国民众,从自大与和平的幻象中清醒过来,亢奋起来!激昂起来!

导言二　美国，别把中国逼成"美国"

美国应该知足，美国应该庆幸中国没有变成"美国"。美国不要逼中国成为"美国"！

中国人应该全民学习美国史。[2]

美国建国于1776年，迄今不过236年，是一个极度年轻的国家，又是一个极度快速崛起达到世界超霸地位的国家。就像一头极度强壮的雄狮，一头正值盛年的公牛，有着强盛的火力和旺盛的活力。就国家成功史而言，也是绝世仅有。但就其成长史而言，却又绝对"血腥"。230多年中，一方面标榜民主、自由，另一方面却践踏民主、自由；一方面高举人权旗帜，另一方面却在绞杀人权。它集西方近代资本主义的积累史、殖民史、暴力史与文明史、科技史、文化史于一身，因而是精华与污秽、高尚与邪恶、绅士与强盗的高级混合体，具有无与伦比的标志意义。

1776年7月4日，大陆会议投票通过了托马斯·杰斐逊等5人起草的《独立宣言》，北美13个殖民地宣布脱离英国，成立美国。本来，它是从英国殖民统治下独立出来的，应该深知殖民统治的卑劣及其带来的苦难。但它却从被压迫者、被殖民者摇身一变而成压迫者和殖民者——纵观美国建国230多年，美国就是一个不停地寻求扩张、热衷于武力、痴迷于霸权的历史。打着民主、自由、独立的旗号，却干着完全背道而驰的勾当。

第一阶段,从建国到南北统一,主要是开疆拓土,这其中充斥着印第安人的血泪之路、灭绝之路。而其领土的扩张,也充满了巧取的伎俩。独立战争结束时,美国的版图只有大西洋沿岸的80多万平方英里。从建国27年开始,便全面开启了领土豪夺的大幕。

1803年,美国购得了路易斯安那,使美国的版图一下子扩大了一倍还多,由此也刺激了美国人扩张领土的欲望。1819年,内外交困的西班牙与美国签订了《佛罗里达条约》,以500万美元将密西西比河以东的全部属地和对俄勒冈地区的要求统统出售给美国。东西佛罗里达共5.8万平方英里的土地并入了美国版图。紧接着,美国人开始觊觎墨西哥广袤的土地。1836年3月2日,在美国的支持下,得克萨斯人召开代表大会,宣布脱离墨西哥独立,建立得克萨斯共和国,并征召了6000人组建了军队,在美国总统杰斐逊的朋友萨姆·豪斯顿指挥下,与墨西哥军队开战。到4月21日,在美国军队的支援下,豪斯顿取得了圣哈辛托战役的胜利,俘虏了墨西哥总统桑塔·安纳,逼迫他签署了承认"得克萨斯共和国"的条约。1837年3月3日,美国正式承认"得克萨斯共和国",1845年最终将得克萨斯并入了美国,成为其第28州。

席宏斌在《国运》一书中揭示道,如果说"美国建国六十年之前的领土扩张大都还属于'巧取',建国六十年之后,羽翼渐丰的美国,其领土扩张由'巧取'变成了'豪夺'。"

1846年,美国经过十几年的殖民扩张活动,终于与英国签订了《俄勒冈条约》,以北纬49度线分界,获得了28.55万平方英里的土地,1859年,俄勒冈正式加入了联邦,成为美国第33个州。在南面,继得克萨斯后,美国对墨西哥得寸进尺,不断提出割让土地的无理要求,更在1846年5月,对严辞拒绝的墨西哥发动了战争。1847年9月,美军占领了墨西哥首都,1848年2月,美国迫使墨西哥签订了"城下之盟",将墨西哥55%的领土割让给了美国,其范围包括今天美国的加利福尼亚州、内华达州、犹他州、亚利桑那州、新墨西哥州、科罗拉多州和一部分怀俄明州在内的52.9万平方英里土地。而美国则假惺惺地仅仅支付给墨西哥1500万美元精神补偿费。

在大肆扩张领土的同时，标榜民主、自由、人权的美国，却对印第安人犯下了种族灭绝的罪行。尤其厚颜无耻的是，以法律的名义为这种种族灭绝似的清洗提供了依据。1830年5月，美国国会通过了历史上第一个《印第安人迁移法案》，授权总统和各州以西部未开发的公地交换印第安人在东部的土地，将印第安人迁移到偏远的西部。随着1831年居住在密西西比州东部第一个印第安人部落西迁，5万印第安人在军队的武力"护送"下，被迫远离故土、流离失所，沿途被屠杀、虐待而死的不计其数，数亿英亩土地也被"依法"剥夺。印第安人的反抗斗争由此兴起，如佛罗里达的印第安人就进行了前后8年的武装反抗。直到2009年美国参众两院才一致决议通过，该年年底奥巴马予以签署生效，美国政府应就"不理智政策和对印第安人采取的暴力、抢劫以及破坏与北美土著人达成的协议"道歉。但该文件同时指出，该文件不得成为印第安人向美国政府提出任何法律要求的依据。

从南北统一到1929年的经济大萧条，美国经济开始称雄世界，而美国人也从美洲走向了世界，将领土扩张的本性带到了全世界。

今天，以布热津斯基为头号代表的美国战略家们对美国的血腥殖民扩张史没有一点忏悔反思之心，而是念念不忘如何维持霸权、如何消除可能危及其霸权地位的任何一个潜在和显在的对手——而不论对手是欧亚大陆的所谓民主联盟的英国、德国、法国，还是异己分子，俄罗斯、中国，"邪恶轴心"的伊朗、朝鲜等等，甚至也包括日本，都是它防范的对象。斯诺登揭秘的美国"棱镜计划"，美国最亲密的盟友们悉数尽在被监听之列，更不用说中国、俄罗斯这样的"敌对"国家了。在《大棋局：美国的首要地位及其地缘战略》一书中，布热津斯基不无自豪地写到："1898年美西战争，是美国在海外进行的第一次征服战争。这场战争使美国的力量深入太平洋，越过夏威夷，达到菲律宾。到19世纪末，美国的战略家们已在忙着创立主宰两大洋的学说,而美国海军已经开始向英国'统治着海洋'的观念提出挑战,美国声称它享有西半球安全的唯一保护人的特殊地位。这一点是门罗主义在19世纪早些时候就已提出的,而且后来又为美国所称的'天定命运论'证明是合理的。"[3]

从1933年罗斯福新政开始到2008年以来美国次贷危机爆发,美国开始称霸世界,不论在军事,还是在金融、石油等各个领域,都继续着霸权的思想、霸权的行为。其间,除二战属于正义之战外,直接插手进行了朝鲜战争、越南战争、海湾战争、科索沃战争、阿富汗战争、利比亚战争,等等。美国的230多年,可以说就是手里沾满血腥的殖民史、霸权史。而民主、自由、独立、人权,等等,不过是为其目的服务的。——可爱的是,美国从来不掩饰他们的历史、他们的欲望,也从来没有为此感到脸红;而且,从来都是冠冕堂皇、言之凿凿,因为,他们从来都是用法律的外衣包裹住他们的欲望与居心。而所谓的民主、自由的"普世价值",其实就是赤裸裸的干涉和强买强卖,就是"美国说了算"的游戏规则与符合美国利益的"世界新秩序"。

对此乔姆斯基一针见血地指出,"在美国眼里,民主有一个特殊的含义,那就是'照美国说的做'。只要一个国家'照美国说的做',它就是民主国家,或正在发展成民主国家。但如果一个国家按它的国民所希望的行事,它就是不民主的。人们看不到这一点,真让人震惊。"[4]他甚至毫不留情地说,美国存在着"严重的民主赤字"。

乔姆斯基举例说,比如建立新世界信息体系,原本是联合国教科文组织发起的,目的是让第三世界国家获得参与国际传播体系的渠道,而不是让美国为主的少数富有的西方国家垄断这一体系。但是在美国,这一设想受到了猛烈攻击。《纽约时报》等媒体甚至拒绝刊登联合国教科文组织的回应,美国还抽回了对联合国教科文组织的资助经费。因为,在美国人的眼里,"新闻自由"意味着,我们垄断媒体,而你们必须闭嘴,听我说。

所幸的是中国不是美国。中国历史上一向讲究以德为先、看重"师出有名"、"正义之师"、"先礼后兵",以礼和理服人。

但是,美国千万不要将中国逼成"美国"。如果中国变成了一超独霸的美国、军事至上的美国、高举人权大棒的美国、实行寡头民主的美国、热衷于当世界警察的美国、跑到别人家门口搞围堵的美国、以基金会名义玩渗透搞"之春"的美国、大玩货币能源战争的美国、扶植代理人结帮拉派的美国、一心搞冷战的美国、操纵国际社会的美国——这些已经足够了,哪怕中国特别热衷于上述一项或者几项美国热衷的把戏,以中国人几千年的历史文化积淀、以中国人的聪明才智、以中国人的卧薪尝胆、以中国的人口规模、以中国的幅员广阔、以中国的资源地利、以中国的地缘优势、以中国的综合国力,不把美国整垮也一定会把美国整残。

《纽约时报》(2013年1月25日)曾刊登美国前助理国防部长、哈佛大学教授约瑟夫·奈的文章《与中国合作,别遏制它》。他郑重指出,"遏制是为另一个时代设计的,不是美国现在试图做或应该做的。"因为,"现在的中国不是当时的苏联,中国没有追求全球霸权,而美中之间不仅有规模庞大的贸易,两国间往来的学生和游客数量也很可观。"为此,他告诫到,"如果我们把中国当做敌人,那我们就肯定会树立一个未来的敌人。如果我们把中国当做朋友,那我们就没有扼杀迎来更和平的未来的可能性。"

所以,我们要大声地对美国的智库们说,省点心吧,不要做傻事、蠢事!别白费心机了!传统的以西方为中心的地缘政治理论早已破产,马汉及其追随者的海权理论在21世纪空天时代、信息时代也已过时,美国智库们请停止对中国"围堵"的理论和行动,快快悬崖勒马!

美国的"天定说"充满了霸权和血腥的味道;而中国古代的天定说,则充满了天道、人道、地道的和谐安详。西方近代数百年崛起的滋味享受,中国早在2000多年前就实现了,尔后的历朝历代,不过是重拾其辉煌而已。因此,中国作为大国的"文明心态"、平和心态要比西方先进、早悟2000多年。与2000多年文明统一史的中国相比,只有230多年的美国才刚刚尝到主宰世界、一统天下的满足感,千方百计地维持霸业、延续霸权的心理,也是可以想见的,只是这种孩子般地玩弄权杖,不要玩过火了!

导言三 "新民族"主义的崛起主张

1. 21世纪的"中华民族",不论是从民族国家视角,还是从族裔族群视角,不论从历史文化视角,还是从现实未来视角,都应当且必须是一个脱胎换骨般的"新民族"。中华文化的复兴、中国梦,实现的乃是新千年、新世纪、"新民族"、"新国家"的新文化、新文明!而不是复古,更不是复原!"中华民族"不是以大汉族为潜台词的汉民族共同体、汉文化共同体,而是多民族、多文化、多历史的价值共同体、利益共同体;不是以中国内陆为潜台词的领土地缘局限的民族共同体、文化共同体,而是面向统一、面向海外华人、面向国际友人、面向地球村、面向太空寰宇的全人类命运共同体。一句话,"新民族"新在新人类、新文明、新空间、新国际。"新民族"的主义,超越以往所谓的"新民族主义",他超越狭隘的民族主义,单一民族、单一领土、单一文化的利益诉求。他自尊又自省;他理性又果决;他平实又高远;他爱国又国际。他有巨大的包容力、亲和力、内定力、创新力、建设力和担当力。这样的"新民族"主义,将不再局限于自己的利益、自己国家的利益,而是有着国际视野和地球村的意识。他不是复归中庸,也不是盲目追求完美主义、理想至上,要改造的恰恰是他过去历史上曾经有过的的实用主义、机会主义、自大主义、自利主义的传统思维和传统行为。他的再崛起,不仅标志着他自强、自立、自为、自在、自觉、自由,而且,更标志着他的担当、责任、公义、正直,重新诠释"天下为公"、"天下大同"、"敢为天下先"的"天下"观和至大理想。总之,中华这个"新民族",应该为新千年提供新的价值体系、新的知识体系、新的文明体系,再开"万世"太平!

2. 伴随中国改革开放35年的飞速发展,其经济政治军事崛起与地缘政治版图变迁,中国民族主义思潮高涨,偏激言论和过激行为屡现。而另一方面,盲目乐观、无原则开放、全盘西化等思想观念也大有市场。在中国周边因钓鱼岛、南海、朝核等地缘政治环境持续恶化的情势下,中国急需确立"新民族"的主义——民族观、国家观、经济观、军事观、文化观、国际观,以回击包括日本(右翼)、美国等敌对势力的挑战,应对南海等地缘政治纷争,解决祖国统一、民族矛盾等内政外交问题,以雄起的英姿和正确的路径实现中华民族新世纪的伟大复兴。

3. 当今中国内政外交的核心或基础,是要解决好两个认同:对内,中华民族的新认同;对外,与世界民族的新认同。而首要的是更好地解决自身民族新认同问题:内地少数民族与汉族、内地城市居民与农村农民、内地富人与穷人、中国人与外国新移民;内地与香港、澳门及台湾,中国本土人与海外华侨、华裔,等等。而中国统一,更有赖于"新民族"主义的价值认同与精神重塑。

4. 在当今美国重返亚洲,中国周边地缘政治局势日益严峻的大背景下,在中国经济、文化走向世界的同时,"中国军事威胁"论、"文化殖民"论、"新黄祸"论等反华言论甚嚣尘上。是主动应对还是被动应对?是一味怀柔,为和谐而和谐而导致战略误判,还是保持高度警惕,绝地反击、以斗促和?这些都必须给予明确的战略宣示,告知世界我们的底线,立下我们的红线,以绝他国幻想。向世界发出明确、清晰的"新民族"主义的主张,既能维护中国和平崛起之大局,又能有效祛除各种障碍和绊脚石。

5. 新中国建立已64年，辛亥革命已102年，改革开放已35年，民族复兴大业日益勃兴。但经济、政治、军事的崛起，不代表文化思想价值的崛起和普世传播，我们要复兴，但不要复古。我们要继承国学，但不要迷信国学、以国故取代和扼制当代之学。我们要大声疾呼，我们急切需要确立当代中国的哲学观、价值观、思想观、文明观！我们不要披上汉唐的袈裟，千年前的辉煌与今天无关！

6. 中国加入WTO已经十几年，笔者从1999年起即关注和思考入世后中国面临的与世界交融带来的新图景、新问题，一个你中有我、我中有你的局面。中华民族、中国，如何在世界地缘政治新秩序中获得应有的尊重和话语权？中国必须雄起！改变看人眼色、顾全面子、爱好面子、内外有别、瞻前顾后，被小国裹挟被大国挤压的历史"中庸症"。日本右翼否认南京大屠杀、钓鱼岛、南海、台湾等地缘政治问题，直接促使笔者深度思考中国未来走向的理性支柱是什么？面对美国的军事"围堵"和人权大棒，日本的"民主与繁荣之弧"的绞杀，中国如何突破、突围、突击、突进？中国要实现中华大一统，民族新复兴，"一国两制"为我们提供了治权样板，而"新民族"认同和新文明创造则是最大公约数。

7. "新民族"主义，是包容、自省、他者的民族主义，是跨民族、超民粹的民族主义，也是谦和与果敢兼备、爱憎分明的民族主义。

"新民族"主义，首先要打碎盲目的自我满足感、无处不在的"自豪感"——自豪感也不能透支，更不能滥用——以及外强中干的"内虚自卑感"。自卑并不要紧，懂得自卑才终究可能转化为自强自立；可怕的是外在实力、能力已经足够强大了内心却依然自卑，说明他的内心是虚弱的，被自我扭曲了。我们要摒弃虚荣的民族主义，更要摒弃表面强大内心虚弱的自卑型民族主义。

要用"新民族"主义的观念和行为重塑中华民族的自信心，而不是盲目复兴历史、复辟封建文化的自大心。科技立国,文化立心。"新民族"主义,当务之急是要改变中国(人)物质主义的"暴发户"形象,重塑中国礼仪之邦的文明形象、绅士文化。中国最有条件、最应该重塑东方绅士文化、礼仪文明,而不是跟在西方礼仪之后,亦步亦趋。没有为世界认同、信服的新文明、新文化,就算买下全世界的奢侈品,也还是一个让人鄙视的暴发户形象。"新民族"主义要大声疾呼、大力倡导的是新世纪中国的绅士文化、淑女文化,再造一个新千年的礼仪之邦、文明新国!

8. 21世纪中国"新民族"主义精神要强化两大指向:对内,警醒振奋民族精神,不能致富而丧志,要重塑"新民族"的健康的心理人格;对外,以现代文明观而不是或不仅仅是古代文明观,建立、团结和维护世界所有爱好和平与发展的民族的新型统一战线!美国军事重返亚洲,最好的回击就是——中国文明重返世界,用"文明观连线"战胜、制衡"西方价值观联盟"。用"文明连线"破除西方传统的过时的地缘政治理论。那些以西方为中心、以霸权为核心的地缘政治学说,在21世纪的"太平洋世纪"面前,终将破产!

我们主张"新民族"主义,绝不是怀柔主义、和事佬主义。从21世纪中国崛起面临的围堵和绞杀的地缘政治格局看,我们必须枕戈待旦,切不可马放南山;也切不可军队内紧,而国民浑噩,沉浸于一片和平崛起的祥和幻象之中。安得享百世、千世太平,惟有勇士兮守四方!

9. "新民族"主义提出,要实现从五千年(封建文明)大国的心态、从昆仑为天下屋脊的心态——总之,以中华为中心的心态到世界国家心态的转变,从中国到China的转变,做国际的中国,而不是中国的国际。

不能以中国崛起背后五千年历史优越性的傲慢来应对西方人背后民主自由优越性的傲慢。它们不是一对关系但却一样幼稚,一样自以为是。如果换一个角度也可以说,不能以中国崛起的傲慢来应对西方(美国)衰落的傲慢。中国崛起还没有"傲慢"可言,与中国几千年伟大的朝代相比,今天我们的"朝代"才刚刚开始,而且,远未到证明中国的崛起具有新的文明的"普世"意义的时候。而西方(美国)的衰落,也还是一个伪命题。

10."新民族"主义要摒弃面子工程,要彻彻底底地破除面子心态,绝不能让它主导"新民族"主义的人格、国格。

穷要面子,富要面子。面子问题深刻左右着中国的政治、经济、文化、军事和社会的各个方面、各个角落。如果在国际上要面子、顾虑面子,就更是地地道道的活受罪,损害的是民族、国家、历史的大业。

如何在悦耳的赞美声中保持平常心、平静心,如何在刺耳的批评声中保持平常心、平静心,是崛起的中华"新民族"需要警醒和锤炼的心理素质。要善于在WTO中,在国际司法舞台上,在"民主"、"自由"、"人权"和"反对党"的声音中保持一颗平常心、平静心,方能不为外界所左右、所蛊惑。

我们的每个公民也当如此,要善于学习批评和自我批评。

习近平总书记在2013年年初的一次讲话中说,中国共产党要经得起尖锐的批评。这才是回到中国共产党创业与崛起的传统。批评与自我批评是共产党夺取革命胜利的法宝之一,同样也是21世纪中华"新民族"崛起的法宝。面对国际上友好和不友好的声音与行动,我们要善于听取尖锐的刺耳的批评。敌人的批评越尖锐,说明我们的崛起越茁壮;朋友的批评越直率,说明我们的崛起越健康。

上部 地缘政治变局的应对之道

上部 | 地缘政治变局的应对之道

第1章　美国重返亚洲，中国重返世界

中美两国注定是一对聚不拢又拆不散的"冤家"。

一个是盛气凌人的最年轻的超级大国，一个是老树绽新枝的最古老的大国；一个是标榜"自由民主"的普世价值的西方霸权帝国，一个是倡行"中国特色社会主义"的东方文明大国。两个意识形态、文明源头、观念行为、目标指向都完全不同的超人，碰到一起，面对地缘政治范围重新划分和主导权之争，冲突是绝对的，不冲突是相对的。

有西方学者就尖锐指出，"美国和中国几乎在所有重大政策问题上都没有共同的目标，两国的分歧是全面的。"与日本的冲突一样，美中冲突在很大程度上是文化差异，但根本上是权力问题。"美国与中国冲突的根本原因，是两国在东亚未来均势问题上的根本分歧。"[5]亨廷顿指出，美国为了达到阻止威胁其占绝对主导地位的其他大国，与德意志帝国、纳粹德国、日本帝国、苏联和共产党中国打了两次世界大战和一场冷战。未来呢？不用说未来，就在现在，新冷战已经开打了。美国高调宣称"重返亚洲"，从军事同盟和经济协定（TPP）等各个方面，加大围堵力度，妄图将中国崛起的势头压制在最低限度，并将中国的崛起最大可能地纳入其势力范围。这种策略，连三岁孩子都能看懂，也都能理解。所以，我们要说，我们理解美国重返亚洲的急迫心情和无奈的战略选择。一个超级大国，当然不愿意坐看另一个大国崛起，与自己分享势力范围和权力。而西方战略家们的选择，与《孙子兵法》等中国古老的战略智慧相比,又何其直白、何其浅薄!

例如,长期担任美国白宫总统安全顾问的布热津斯基,至今依然死抱着早已过时的西方传统地缘政治理论不放。他分析到,"欧亚大陆,不仅是最直接威胁美国全球地位的外交政策的发源地,也是对全球地缘政治的稳定性构成长期挑战的发源地。直接威胁当前来自一个固定的区域:埃及苏伊士运河以东,中国新疆以西,俄罗斯以南的苏联垮台后在高加索一带形成的新中亚国家。"6 但是,面对全球地缘政治的长期性挑战,美国的重心正从西方向东方转移。而这一转移的逻辑,来自西方大国崛起的扩张冲动、强盗逻辑和霸权心结。

可爱的布氏毫不掩饰地描述了近现代西方大国的扩张史:北大西洋沿岸的西欧国家,通过航海技术进步、对传教的热情、君王和个人对荣耀的憧憬,以及不折不扣的物质贪欲,它们在近500年的时间里控制了远离本国陆上大本营的领土——先通过征服,后来通过殖民定居,如此,西方的地理范围大大扩大,从大西洋沿岸扩张至西半球,再是南美,北美,向印度和印度尼西亚,再是中国部分、日本,瓜分了几乎整个非洲和中东,占领了太平洋、印度洋以及加勒比海的几十个岛屿。而美国的崛起当然是典型中的典型。表面上,它在疆域地理上没有重大外部威胁,拥有偏安一隅的安全感,强大军事实力和科技实力,向世人宣示的个人自由和宗教自由,将理想主义与物质主义有机结合到一起,造就了美国和美国梦。但另一方面,美国掩盖甚至合法化了对印第安人的种族清洗与灭绝。而且,还对它的南方邻居犯下了令人不齿的种种罪恶行径。用布热津斯基的话说就是,在墨西哥眼里,年轻的美国是另一番模样:一个实行扩张主义和对土地贪得无厌的强国,无情地追逐物质利益,为满足国际野心而奉行帝国主义路线,假惺惺的民主热情。美国不仅对墨西哥这样,还将国旗插到了夏威夷,甚至菲律宾(直到二战之后)。古巴和中美洲一些地方,也经历了被美国蹂躏的痛苦历程。而这些,是发生在美国的各种独立宪章、人权法案颁布的同时及之后。值得欣赏的是，美国倒是从来不掩饰他们的历史、他们的欲望，而且，也从来没有为此感到脸红。因为，他们从来都是用人权和法律的外衣包裹住他们的欲望与居心。这点，与中国历史上讲究以德为先、"师出有名"大异其趣、大相径庭。然而，静下心来审视，有一种客观现象倒是值得我们深思：到处充当蛮横"警察"的美国，为什么能在全球畅行无阻？那些曾经被美国侵略、占领、殖民的国家，为什么反而"欢迎"美国重回占领地、殖民地？单单因为美国拥有超级的军事、科技、经济实力，外加"民主价值观"之类的美丽幌子、美丽标签吗？

布氏总结美国有六大基本优势：一是美国总体经济实力；二是美国创意文化和优秀教育机构带来的非凡的技术创新力；三是相对强大的人口；四是美国民众的响应能力、动员力；五是拥有安全、自然资源丰富、战略位置优越、国土面积广阔的得天独厚的地理基础，民族凝聚力强，不存在民族分离主义（但罗姆尼败选后，美国先后有几十万人签名要求脱离联盟，闹独立，说明美国也不是没有分离主义倾向——本书作者注）；第六是一系列价值观，人权、个人自由、政治民主、经济机会——这些价值受到广泛认同，使美国国际地位多年来不断提升。这些总结都没错。但是，中国也有中国的优势，一条条列出来，同样不会比美国少、比美国差，关键是如何让人心服、如何让世界信服。

美国重返亚洲，确定了"全方位主导战略"，用的是全方位的"遏制"与"平衡"的手段，想达到的是全方位的主导目的——确立由美国主导的世界新秩序。在美国智库和政客们的眼里，中国首先是敌人、是竞争对手；其次，在有限的范围内、迫不得已的情况下，成为合作伙伴。因为，中国注定要重新崛起，因此注定要与美国共享、共治这个世界（乃至宇宙）。美国要做的是尽最大的可能延缓中国崛起的进程、尽最大努力压缩中国崛起的空间、尽最大限度削弱中国崛起的势力。

美国实施全方位遏制战略，重返亚洲，意味着美国已经从战略层面进入了全方位布局阶段，并上紧了遏制的发条。中国显然不能以兵来将挡、水来土掩的实用主义策略对待之。不能仅以能源、货币、人权、军事、知识产权、文化等手段,各自分兵应对。要有超时空、超视距的大战略。而玩战略,中国人的血液里天生就浸泡着这个词。

  人不犯我,我不犯人;人若犯我,我必犯人!

  这些谆谆教诲言犹在耳。美国采用蛮力,我们就用巧力——不对称战略、反介入就是典范;美国逼到家门口,我们就跳到外线去;美国重返亚洲,中国就重返世界。所以,不单是西进,也不单是南下,中国的身手必须伸展到五洲四海。

  中国人自古就有仰观天文、俯察地理的宇宙观、大地观和天人观。在世界版图上,可以用点+线的战略,来反制并捆住美国庞大的身躯和到处伸出的手脚。点,即点穴战略;线,即经络战。美国全方位主导,中国不必全方位跟进,可以用点穴战+经络战,用有限的手段,通过战略布局之功,达到屈人之兵奇效。而对于太空,对于"天军",那又是中国人自古以来的拿手好戏。中国自古天文地理通吃,今天北京东便门古观象台上的浑天仪,从来不是摆着好看的玩具。至于《西游记》美猴王大闹天宫,中国人的想象力也从来不是吃素的。火箭的发明,就有古代中国人的智慧贡献。21世纪,中国人同样绝不会吝啬智慧与想象力对世界的新贡献。

  当然,中国要崛起,绝不是靠军力;中国要崛起,也绝不能单靠中国自己!美国军事重返亚洲,那么,中国又靠什么破解并战胜它呢?

第 2 章　西方传统地缘政治理论之误

2.1 传统地缘政治理论之误

迄今为止,西方战略家们,都在奉行 19 世纪以来延续的传统地缘政治理论余波,而事实上,不论是历史还是今天,西方主导的地缘政治理论都有着先天缺陷,也不符合今天的地缘政治现实。

在西方,第一个使用地缘政治学术语的是瑞典学者兼政治活动家 R.契伦,他把地缘政治学称为"把国家作为地理机体或空间现象加以研究的科学"。[7] 按《新不列颠百科全书》对地缘政治学的经典定义:"地缘政治学是对在国际政治中的力量关系具有影响的地理因素进行分析的学科。地缘政治学理论家特别重视边界、出海通道等因素,重视在制定国家政策时对领土的战略控制。"

西方传统的地缘政治学派明显地划分出两个路径。一是大陆学派(亦称陆权派),此派以德国人弗里德里希·拉采尔(1844—1904),卡尔·豪斯浩佛(1869—1946),卡尔·施密特(1888—1985),以及瑞典人鲁道夫·谢伦(1864—1922)为代表,他们深入研究大陆文明地缘政治,首先针对的是德国的崛起与突围问题,因而强调了大陆力量的作用。

第二学派奠基人(海洋学派亦称海权派),是英国人哈尔福德·麦金德(1861—1947),美国人阿尔弗雷德·马汉(1840—1914),以及荷兰出生的美国人尼古拉斯·斯皮克曼(1893—1943),他们总结了海上力量和海权关系中的地缘战略,创立了适合美英文明的大西洋文明地缘政治理论框架和指导原则。

在麦金德看来,地缘政治的格局要素包括了这样几个术语:内陆心脏地带(现今俄罗斯独联体)、内(或大陆)新月地带、沿岸地带、边缘地带。其中,外(或海岛)新月地带是未经探索的陆地,只有海上交通线可能与之相连。老麦有一句名言被引用得最为广泛:"谁控制了东欧,谁就控制了心脏地带;谁控制了心脏地带,谁就控制了世界岛;谁控制了世界岛,谁就控制了世界。"直到今天,这句名言还依旧是西方特别是美国谋求霸权的座右铭。彼时,美国还没有崛起,所以,马汉的海权论出来后,就自然将世界地缘政治的中心转移到了大西洋,由此提出了构建大西陆——演化为北大西洋公约组织的构想。这一构想的应对之策,必然导致这样的战略取向,即千方百计地阻止欧亚大陆联盟出现的可能,历史上是不择手段阻止俄罗斯和德国建立战略联盟,阻止心脏地带地缘政治的加强和扩张。今天,布热津斯基提出的战略是,千方百计阻止中国在东北亚、东南亚的结盟。[8]

作为海权论的代表之一,斯皮克曼提出了一个新概念——"地中洋"——参照古代欧洲地中海模式类推,进而提出"大西洋大陆"——大西洋两岸地缘空间概念。即美国和欧洲西海岸是工艺和经济方面最为发达的西方文明地区,在它的中心,如同在陆上地区的湖泊一样,坐落着大西洋——由西欧文明,自由的资本主义和民主政治思想,将西欧各民族和技术工业革命的命运共同体与文化同一性联系起来。这一理论,为后来的北大西洋公约组织的诞生所验证,为此,斯皮克曼与马汉被称为"大西洋之父"和北大西洋公约组织的思想策动者。海权派作为20世纪主导地位的地缘政治理论,为以美国为首的新兴霸权集团所推崇。他们将触角延伸到"外(海岛)新月地带地区(如东南亚、澳大利亚、非洲部分、美洲)。相比之下,陆权派将自己的触角伸向中欧次大陆。而心脏地带则是俄罗斯(前苏联)的势力范围,它包括了今天俄罗斯、哈萨克斯坦、乌兹别克斯坦、土库曼斯坦、塔吉克斯坦、伊朗和巴基斯坦部分地区。可以看到，今天美国的国家战略和全球战略依旧沿着这样的地缘政治逻辑行事，其所推行的全方位主导战略也是海权派理论的延续与翻版。

比如，当年马汉即指出，在全球空间里，纬度为30度～40度之间的地区具有特殊的意义——是一个"冲突区域"。在这一区域里不可避免地要发生控制着大洋空间的海权帝国与依据欧亚大陆核心地区的陆权强国的利益冲突。为此需要用海军基地对敌人进行包围。对于像美国这样的陆上与海上兼及的强国来说，主要危险来自欧亚大陆国家，首先是俄国、中国，其次是德国。而与俄国的斗争则是最主要的、长期的战略任务。

此后，地缘政治的右派代表阿兰·德·伯努瓦又提出了"欧洲大陆新命运"的命题，其定位是彻底反大西洋和世界主义，把欧洲命运视为大西洋主义者方案的反命题。其扮演的是海权论和统一世界观点的反对者角色。从20世纪70年代初开始，一批地缘政治理论的新右派就赞成欧洲秉持严格的战略中立地位，赞成退出北大西洋公约组织，以致力于构造和发展自给自足的欧洲核动力资源。

如果我们追溯从18世纪起西方崛起与霸权确立的历史，可以发现，西方的地缘政治理论来源，有三大支柱：一是地理环境决定论，二是军事战略论，三是文明中心论。但是，如果我们稍微深入地、历史地看待西方地缘政治理论的发展逻辑和现实状况，就可以发现，所谓的地缘政治论划分，都是围绕着当时的强权政治、霸权帝国的成长需要而定制的，所以带有浓厚的实用主义、机会主义、短视主义色彩：欧亚大陆说，是为德国崛起、是为防范俄罗斯（苏联）服务的；而大西洋主义支配下的海权理论则是为美国崛起服务，要害是考虑如何夯实和创新由美英主导的世界新秩序。

麦金德的理论，突出的热点、中心、地带，都是以德国在欧亚大陆地缘政治中如何获得霸权为核心,是地理自然版图基础上的理论。该理论,不过是近代资本主义与帝国主义发展的产物,并不能涵盖历史发展的整个图景,最突出的,就是没有考虑到中东亚,包括中国、日本等的历史作用,也没有考虑到其他文明地区国家的历史作用,凸显的都是帝国主义的扩张野心和控制竞争对手的战略企图。因而这样的地缘政治逻辑,必然是以霸权为导向,以战争为发动机的。

纯粹的机械的地理环境决定观,加上主要为当时的德国帝国崛起服务,所以,才会将欧亚地缘政治的心脏地带聚焦于俄罗斯(前苏联)与中亚地带。而军事战略的考量,必然引出围堵与绞杀的图谋。当年十月革命之后,西方对苏联的围堵扼制不就是这样的吗?西方持之以恒、千方百计要置苏联于死地,70多年的努力,终于导致了苏联的解体垮台。西方文明中心论,更加强了其地缘政治学说的反东方、反世界的色彩。20世纪上半叶西方殖民主义达到顶峰,下半叶以美国为首的西方势力又不断以战争手段挑起东亚、东南亚战火,及至延烧至今的中东战祸,都是西方抱着敌视心态的地缘政治学说的产物。

2.2 迎接"太平洋陆"的时代

冷战时期,布热津斯基就提出,地缘政治已从地区问题扩大到全球范围,包括中间地带、西部、南部、东部四大部分。他进一步区分出战略棋手国家和地缘政治支轴国家。而到冷战后期,布热津斯基的地缘政治版图中,仍然把欧亚大陆中心称为欧亚地缘战略的中心,这个中心不仅将欧亚大陆的东部即中国排除在外,也将前苏联的西部边缘即东欧排除在外。

"文明的冲突说"发明者亨廷顿预言,会形成建立在传统文明和稳定的民族原型基础上的新欧亚大陆联盟的观点,被标举为"新大西洋主义"。其实其观点依旧是继承和依循了传统欧亚大陆地缘政治学说——以欧洲为心脏地带的传统思维路线。直到20世纪后半叶,随着美苏两个超级大国的对立加剧，以及中国作为意识形态与西方迥异的独立的政治力量的崛起，出于冷战的需要，美国的战略家们才逐渐醒悟过来，开始重视中国的战略价值，用以平衡苏联对全球图霸的政治野心。此时，美国等西方战略家，仍然将中国、东亚，视为至多是"战略棋手"而已，并不具备主导地缘政治心脏地带的能量。

而随着苏联的解体、中国改革开放后的崛起，后冷战时代来临，美国的战略家们才开始把目光真正转向东亚，以及与之相关联的欧亚大陆地带。

《石油战争》一书的作者威廉·恩道尔即引述布热津斯基的话说，美国开始意识到，潜在的最危险的局面是中国、俄罗斯、伊朗结成反霸大联盟。这将是一个因共同怨恨而不是共同的意识形态联结起来的反美同盟。为此，美国要在欧亚大陆的西部、东部和南部展示地缘战略技巧。[9]分化对手、防止结盟，是美国一贯的战略。不单对它的敌手苏联（俄罗斯）、中国等如此，就是对西欧盟友，德国、法国、英国，更别说是日本，也是明里暗里使绊，防止串通、坐大，反过来危及美国的超霸地位。由此，也就看清，所谓地缘政治理论，不过是借地理格局图霸大业而已。至于是否属于"心脏地带"、"新月地带"、"边沿地带"，都是随政治军事势力的需要而转移。"大西洋主义"、"海权论"可以算是对当年德国战略家的传统地缘政治学说的一次"反动"，尽管依旧信奉欧亚大陆的心脏地带、边沿地带学说，但事实上，已经反证了其学说的功利主义色彩。

如果我们稍稍将视野投向人类文明的古代史乃至近代史，就会发现，人类文明的发祥地，如玛雅文明、古希腊文明、两河流域文明、中国文明、印度文明等等，都并非处在欧亚大陆的所谓"心脏地带"，也不在所谓的"世界岛"，恰恰在其"新月地带"，即大江大河（大洋）的边缘地带。这同样能够佐证，所谓欧亚地缘政治的传统板块划分，仅仅是18世纪末以来西方资本主义、帝国主义图谋扩张和霸权的产物，并不符合整个人类5000年来文明体系的发展逻辑。当然，更体现不了中国因素、东亚因素、太平洋因素下的全球地缘政治生态的变迁。

于今,中国崛起,美国重返亚洲,恰恰证明了远东地区、环太平洋地带,不仅历史上是,今天是,将来还是世界地缘政治的重心(之一)——不论是中华帝国的历史地位还是从美英现代资本主义帝国崛起的发展历史,都能证明这一点。虽然今天西方的战略家们,依旧将传统的地缘政治理论奉为圭臬,但是,太平洋世纪———一个由美中主导的"太平洋陆"已经历史地登上了世界事务的舞台。国际地缘政治版图已经从欧洲、西太平洋向环太平洋转移。这一转移,超越了19世纪静态、平面、机械的疆域地理空间划分,而成为跨地缘的国家主义的政治需要,成为互联网、太空背景下的世界政治棋局博弈的必然趋向。我们要充分认识中国力量在历史和现实地缘政治图景中的作用与区位优势,稳住欧亚大陆,做实东方,制衡西方,拓展南方,从而坐实以"太平洋陆"为重心、为核心的全球地缘政治新版图。

事实上,在互联网科技异常发达、经济全球化无处不在、民族—国家的格局重新洗牌的新形势下,传统的平面、静态的地理空间,早已被各种地缘政治力量所突破、所超越。各种地区性政治经济贸易组合起来的联合体、贸易区、协议框架等的建立,已经改写了过去眼见为实的地理政治版图,虚拟的民意政治空间,正发挥着越来越巨大的作用,影响着传统的地缘政治惯性走向。

根据国玉奇、В.П.丘德诺夫在《地缘政治学与世界秩序》中的分析,一些欧美以及俄罗斯的地缘政治学家们,已经开始高度关注随着空天战略力量出现,传统地缘政治版图的变局与意义问题。他们提出,当代地缘政治理论需要关注核武器,飞机等空权、太空权等问题。如美国大西洋主义学者塞韦尔斯基就做过全面阐述,提出,随着巡航导弹、战略轰炸机、核武器及其运载工具的出现,必须对传统的地缘政治学模式进行重大修正。而俄罗斯的学者,则提出了地缘政治"大空间"概念。认为,"今天,地缘政治作为关于各种不同地缘政治主体实行的当代和未来全球和地区政治综合性学科,不会局限于地理环境或者地球物理环境,除了陆地、海洋上、航空航天空间外,它应当研究社会空间——首先是精神文化,以及空间的大量变体——经济、金融、信息、虚拟(计算机)空间等等。"[10] 这一观点,显然已经大大超越了19世纪地缘政治理论出现时的强权意识与军事手段的范畴。

　　古代中国的地缘政治版图,按照中国传统的政治家、战略家、地理学家或者说文化领袖们的描述,是一个以昆仑山为核心延伸出的三大干龙(黄河流域、长江流域、珠江流域),和纵向五列(山脉)构成的地理空间。而北京,按照古老的风水形势说,北枕昆仑来脉燕山,左青龙为太行,右则海洋为天然屏障,南则面向广阔的中原大地,前面还有黄河、长江环抱,实乃帝王万世圣地。这是中国古代的"地缘政治学说",符合一个希望安享万世太平、又期盼万邦来朝的"天子"的自满心态。如果我们从地缘政治生态学看待中国的地缘政治理论,就会发现,它追求的是一个帝国有机体肢体性的自然舒展空间、活动空间、安全拱卫空间和文化影响力空间,而不是力量释放空间、军事出击空间、霸权维护空间和文化殖民空间。因此,它从来不思考、更不热衷于地缘驱动力学、地缘政治力学。对于国际地缘政治,君王和大臣们头脑里装的就是怀柔、怀柔、怀柔,为此不断和亲、和亲、和亲。迫不得已,被逼无奈,才会动用武力。这种心态和治国安邦理论,在现时代,同样已经不合时宜。

　　实现"中国复兴梦",要有相应的地缘政治空间,更要有与之匹配的精神与物质的原生力、驱动力和平衡力。既然西方传统的地缘政治理论已经过时,既然美国明火执仗重返亚洲,那么,我们就应当理直气壮地勇敢迎接太平洋世纪的到来,重塑一个地缘政治的新世纪。

第 3 章　中国地缘战略的新抉择

中国国家主席习近平在 2013 年全国两会甫一结束,即启程首访俄罗斯。3 月 23 日,他在莫斯科国际关系学院发表演讲强调,要跟上时代前进步伐,就不能身体已进入 21 世纪,脑袋还停留在过去,停留在冷战思维、零和博弈的老框框内。面对国际形势的深刻变化和世界各国同舟共济的客观要求,各国应该共同推动建立以合作共赢为核心的新型国际关系。他提出,各国和各国人民应共同享受尊严,共同享受发展成果,共同享受安全保障。有西方媒体报道分析,习近平首访选择俄罗斯,是对美国亚太战略的回应,也显示了中国地缘政治战略的新动向。

我们把时间回溯到 2012 年年底,美国总统选战正酣之际,美国《全球主义者》在线杂志刊登了一篇文章《中国是美国头号国内政策问题吗?》(2012 年 10 月 22 日)。该文分析指出,美国大选打中国牌已经出现了三个转变:第一个变化是,以往透过人权棱镜看中国方式,已经转变为通过经济、贸易以及更广泛范围的国家竞争来看中国。第二个变化是,相比其作为外交政策问题,中国现在更多是被当作国内政策问题来看,这是美国政治环境下对中国的一次较为彻底的重新定义。第三个转变是,以前中国都是被用来衡量美国总统候选人的强硬程度,而现在,它已经成为美国国家弱点的衡量标准。

这说明,力量的天平已经开始逆转,地缘政治的格局也相应地发生了变化——一个多极化、多个次中心环绕的"太平洋陆"世纪已经来临。

1991年海湾战争后，美国第41届总统W.布什趾高气扬地提出世界主义观点，以图建立一个以美国为绝对主宰的"新世界秩序"。世界主义的核心思想即全面的全球一体化不可避免。多国家、多民族、多文化将向"一统世界"过渡。但主导者仍是大西洋主义和美国，要使西方及其"进步的"、"人道的"、"民主的"价值观获得绝对优势。

但事与愿违的是，美国的孤立主义越发引起了西方阵营内部的不满与分化。"新大西洋主义"的出现即是不满美国做派的一个思想表征，它的心里话是希望美国多一些和气，少一些霸气。此后，美国的一些战略家们开始热衷于以人权外交、民主价值为武器，达到"颜色革命"的目的。比如，布热津斯基就主张将人权外交作为增强美国在全球意识形态中领导地位的有力武器，乔治·凯南提出了遏制理论，亨利·基辛格则主张均势理论。这些理论和观点，都逐渐将单纯依赖军事干涉的倾向，改为以军事、政治、外交、经济、文化等全方位、全天候地推进其西化、分化对手的方式。用地缘经济、地缘文化来代替地缘政治斗争也成为屡试不爽的策略。

中国地缘政治新战略，面临着这样两个新背景：一是地缘政治空间发生了全方位的变化；二是地缘政治的驱动手段发生了全方位的变化。那么，中国要如何做出自己的战略抉择？

第一，将地缘政治空间从平面向空天拓展。我们要突破传统的平面地理空间、海陆分离的模式，着眼于立体空间、空天空间乃至外太空空间；着力于超政治中心、超地理空间的地缘政治制衡模式和力量的累积培育。传统的地缘政治版图，正向空天—地缘一体化的政治版图嬗变。在互联网时代，政治势力（军事、经济）的流动，很容易就冲破了地理局限，就像大气环流；GPS等卫星通讯技术广泛应用，跳出了地理版图的意义，地缘政治胜负对决可以不依赖地理邻接关系而实现。平面空间—立体空间交织，地理邻接与飞地隔空现象交织，板块邻接与"断层线"战略支点交织，让地缘政治版图充满想象的空间，也充满腾挪的空间。传统地缘政治的驱动方式是靠扩张力、控制力和打击力，充满了敌对和你死我活色彩；现在则可能是制衡力、震慑力和救援力，斗而不破，和而不同。目的是维持和平、促进发展，遏制破坏力、化解包围力、回击攻击力、绞杀颠覆力。

西班牙《起义者报》（2012年11月13日）文章《中国"新军事政策"及其地缘政治影响》指出，"资本主义无论是在国际劳动分工，还是在获取原材料和控制全球市场方面都发挥着影响，从而产生了新的变量，即将商业和军事海上航线都变成了'战略性物资'，因此在地缘战略政策中，如何控制地理空间，尤其是一些特定的地理空间，如被纳入国际海洋法的岛屿，成为一项当务之急。"在这样一种态势下，文章注意到十八大报告中，关于中国"新军事政策"的表述："高度关注海洋、太空、网络空间安全"。积极发展空间—卫星技术，"加强国防建设的目的是维护国家主权、安全、领土完整，保障国家和平发展。"文章分析认为，中国似乎认为对其"和平发展"构成的威胁并非来自国内安全，而是来自美国"重返亚洲"传达出的那些目标。

在多极化时代，多方角力，需要多中心参与。那种以欧亚大陆心脏地带为唯一中心，或以"大西洋陆"美英为唯一领导中心的格局已经悄然发生改变。中国崛起的指向不是地缘政治的霸权模式，而应当是新的制衡模式——突破自然地理空间的局限，建立不结盟的共同体联盟；建立跨地缘中心的政经统一战线；建立破解零和游戏的动态平衡体制。通过制衡策略，达到与世界共享天下、共管危机的战略目的。

这种模式，突破了以往大国崛起之间非敌即友的关系，超越了单一地缘政治中心，寻求多中心、跨地缘空间的联盟战略，与多方、中间乃至敌对的势力构成制衡机制，共同的目标不是你死我活、鱼死网破，而是不要使世界政治版图翘起来，导致集体跌落或者灾难性倾覆。

古代中国，把海洋当作了拱卫政治中心的屏障，把目标集中在北面，靠修长城获得心理安慰。事实上，被动防御是永远防御不住敌对势力的刻意侵入的。长城没有阻挡住忽必烈和努尔哈赤的铁骑,同样,海禁也没有挡住倭寇和英法联军。因此,单靠防御是保护不了国家主权和领土完整的。在超视距军事打击时代,只有点—线—面同时建立起战略联动机制,跳出静态的地缘版图,多点开花、多线出击、多面应对,方能掌握战略主动权。要想让中国陆、海、空天均稳定、安全,一定要将安全防御的种子、战略稳定的钉子,撒到更广阔的外围空间去。要将古代先贤的仰观天文、俯察地理的时空观,转向在陆地和海洋之间找到大中华新的中心点和平衡点。因此,南海作为中国新的前进基地、新的海疆"平原"是必须强力维护的。此外,还有北极、南极。还有月球、火星。恢复古老星象学的政治意义,对中华民族的伟大复兴,同样具有现实的意义——以北斗极星为尊,在北斗星的指引下,刚健进取,赢得空天—地缘政治的阴阳平衡,政治主体的阴阳平衡,地理空间的阴阳平衡,软硬手段的阴阳平衡。

第二,中国要积极谋求战略出击,而不是"防守反击"。中国足球打了几十年的防守反击、边线包抄,结果把亚洲的一流球队踢成了二流球队。几十年前,走向世界是第一目标,现在冲出亚洲成了第一目标,令人唏嘘。

有中国的战略家认为,中国应该西进,也有认为应该南下。其实,从空天—地缘政治大战略视角看,都还远远不够。中国在地理平面空间上,首选战略应当是坐实西北,拓展东南,驰骋太平洋。以环太平洋地区为中心,构建"文明连线",抗衡美日的所谓"价值观外交",跳出岛链,破除封锁,实施反封锁、反包围。

巩固西北,当然首要的是巩固中俄战略伙伴关系。对蒙古及中亚周边地区则实施积极稳妥的以经贸和安全维稳的睦邻政策,谨防黑手介入,在中国的后院培植反华势力。

所以说,习近平总书记首度出访,选择俄罗斯,并非偶然,而是精心安排的战略抉择。中俄缔造坚固的战略伙伴关系,将欧亚大陆的心脏地带一下扩展到"太平陆",真正使这一地区成为全世界的稳定重点,将深刻改写全球多极化后的地缘政治格局与未来走向。

普京再次就任总统后,重新将外交重点转移到远东、亚洲。十八大后,中国也进一步谋求在自己的大后方的安全稳定的战略提升。中俄合作进入全面升级的新阶段。比如,2012年12月5日,中国总理温家宝出访俄罗斯,与梅德韦杰夫举行两国总理会谈,签署了一系列协议,包括:经济发展、能源合作、投资合作、军事技术合作、人文合作、高层进一步接触,以及在国际金融组织、上合组织、亚太经合组织等框架内的合作协调。尽管全球经济形势不佳,但俄中两国经贸额2012年突破了900亿美元大关,预计2020年能达到2000亿美元。此外,《俄中睦邻友好条约》四年期已结束,将续签新的2013年至2016年的四年计划。双方还在制定远东和东西伯利亚与中国东北地区合作计划框架内重点投资项目的清单。两国还积极在民用飞机制造领域开展一系列合作项目,包括研制宽体远程客机和重型直升机。甚至,两国还计划联合开发航天项目。

与此同时,中国已经积极向中东、非洲、拉美地区拓展外交实力。法国《世界报》(2012年11月23日)一篇文章《中国、叙利亚和"倾斜"的时代》就注意到一个变化:当美国转向亚洲时,中国正在转向中东。文章剖析说,对于叙利亚,中国没有军事基地,也没有军火销售合同,只有几千人的侨民。但中国派出了叙利亚特使,希望除了与俄罗斯携手之外,还自己"单飞",想显示自己的作用。

"到敌人的后方去!"这首抗日时期的著名战歌,在新的世纪,重又回响在我们的耳畔。它体现了中华民族果敢、决绝的奋勇精神,也体现了中华民族的战略智慧。

第4章 中国崛起的世界定位

4.1 美国的疑虑,日本的纠结

今天,全世界都在讨论中国经济何时会超越美国成为第一大国;中国成为全球第一大经济体后会走向何方。

最紧张的无疑是美国,最纠结的无疑是日本。美国的紧张在于,中国到底在多大程度上影响美国的独霸地位、会不会最终取代美国的老大地位。日本的纠结在于,它无论如何不能接受中国超越美国成为世界第一,那样,它的内心就会极度失衡和极度变态。我们可以说,至少在相当长的一段历史时期,中国(发展得)越健康,日本(扭曲得)越变态。

中国威胁论的积极鼓吹者理查德·伯恩斯坦、罗斯·芒罗认为,无论中国今后会是一种什么局面,它的基本条件都确保它能够取得超级大国的地位,"中国的目标是取代美国成为亚洲最有影响的力量"。另两位美国评论家认为,"一旦中国拥有足够的军事力量,它就会毫不犹豫地动用武力去实现它的野心"。[11]

《华尔街日报》网站(2012年12月10日)报道,美国国家情报委员会公布了一份最新报告《2030年全球趋势》,预测2030年随着亚洲实力超过北美和欧洲,中国将成为全球最大的经济体。从国内生产总值、人口规模、军费开支以及技术投资来看,到2030年亚洲实力将超过北美和欧洲的总和。但美国在全球力量格局中仍可能是"领军者"。美国国家情报委员会的顾问马修·伯罗斯在媒体吹风会上说,从全球层面来说,中国将不会取代美国。成为全球最大的经济体很重要,但未必成为超级大国。因为,美国是唯一有能力调动及联合各方力量应对全球挑战的国家。而中国意识到自己无法在跨地区和跨国界范围内发挥组织领导作用。

还有的学者是带着反证的(隐含着不屑的抵触意味)心态做出了中国不会超越美国的分析。

美国《基督教科学箴言报》网站(2012年10月30日)文章《中国不会超过美国的三个原因》,援引了哈佛大学约翰·肯尼迪政治学院研究员迈克尔·贝克利的研究说,对于普遍认为中国即将超越美国成为头号超级大国的说法,人们至少犯了三个错误:

一是把增长率与增长总量弄混了。他分析说,尽管中国的增长速度更高,但中国普通公民与美国人相比,如今的收入差距比1991年拉大了1.7万美元。二是许多观察人士依赖有缺陷的指标衡量中国的经济实力。比如,如果把中国政府的国家开支计算在内,估计中国的债务与GDP的比率在75%~150%之间。三是人们错误地把规模等同于实力。规模不等于实力。当英国侵略中国和印度并迫使这两个国家屈服时,它的GDP只有中国的一半,也远远小于印度。

最后,文章表示,"美国人不应该害怕中国。但他们也不应该回避与这个日益崛起的国家争夺在亚洲的影响力。"

某种意义上说,上述分析是冷静的,但美国人为什么又总是不放心,处心积虑地要重返亚洲,构筑对华包围圈,遏制中国的崛起呢?

这主要源于:一,对任何对手都保持天然的敌对意识,尤其是美国这样迅速发迹的超级帝国,自然不愿与人分享统治世界的权力。二,在所谓的价值观、意识形态上,美国对中国怀有天然的敌意和排斥,从绞杀到和平演变,始终是其主要战略,"笑里藏刀"、"糖衣炮弹"这些词用到美国人身上,永远不过时。三,中国自身发展道路的不确定性带来的可能冲突,加重了美国的忧患意识,特别是中国在军事上的崛起,触及其传统势力范围,在涉及势力版图划分上,军方的意志要远远超过经济部门的决断力。四,中国复兴激发了民族主义的激情,带动了一些激进民族主义者们的豪言壮语与偏激行为,增加了美国以及西方人士对中国发展道路的误解。特别是在领土争端、资源获得等方面。例如,中国有的战略研究者提出"全力以赴冲向世界第一的位置",必须确立大目标,"必须是取代美国成为'头号大国'"。这种心情当然可以理解,但无疑会增加西方对中国的防范与敌意。这就不难理解,近几年,在英美报章上中国"咄咄逼人"为什么成了出现频率最高的句式。

中共十八大召开前后,有许多政治家关注未来中国的政治取向。《俄罗斯政治评论网》(2012年11月20日)发表文章《充满期待的会议》,对十八大后中国政局走向进行分析。认为有四大要素决定未来中国十年走向。一是资源不足及其导致的国内生产总值增幅下滑。二是与美国围绕人民币展开的"金融战争"。三是中国新一任领导班子利用日益增长的经济实力实施政治和经济扩张。四是十到十五年后,中国将成为全球头号经济大国,大多数高科技产业和金融中心都将移师中国,那时,中国将自动成为全球头号超级大国。文章认为,"中国开始与美国在军事、经济和技术领域展开积极博弈,这可能令俄罗斯成为中国的唯一盟国。在技术和资源上都非常强大的俄罗斯,加上中国的人口和经济优势,完全能够成为欧亚地缘政治的轴心,与西方(美国、欧盟、日本)分庭抗礼。"

这种分析代表了国际上许多政治家的观点,都认定中国会强势扩张。说到底这些观点是一种西式的强权发展的普遍逻辑,对于中国显然不能以此简单预断。西方政治家、学者们都只是看到表象,而不可能深入洞察。不过,与国际上对中国崛起道路的预测和猜忌相比,我们自己是否也想清楚了呢?

4.2 不能回避的问题

应当看到,21世纪上半叶,中国的生存压力转化为崛起压力,而困难、阻力更为空前,比获得民族解放独立时的难度一点不小,形势比上世纪末更为严峻而不是相对温和。要警醒我们的人民,千万不能麻痹大意、忘乎所以,沉浸在和平发展的环境里,丧失了斗志更丧失了备战的民意。在21世纪的百年崛起历程中,面对外部势力威胁的战争问题绝对不可回避。从战略逻辑上说,我们要有"一战奠定百年太平"这样决然的大无畏气概,方能避免战争、遏制战争。因此,与其围绕战争说事,不如围绕战略思考。

要解决的是中国的战略远景问题——崛起的道路以及崛起后的可能模式,要解决崛起的过程中哪些地缘政治问题是不可能回避也没有必要回避的——这也是西方战略家屡屡指责中国"不透明"、"不确定"的原因。美国人从来不掩饰自己的战略目标就是做世界的领导者、民主制度的推行者。而中国,的确到现在还没有清晰地告诉世界自己的战略是什么。民族复兴梦不仅是对自己说的,而且也应让世界知道,"中国梦"与世界的关系,对世界是福是祸。我们有必要隐藏中国的战略意图吗?没有必要!

以下战略问题不能不做出回答:

1.中国的战略目标是成为地区大国还是全球大国?是扮演某一政治阵营的领袖大国,还是成为超意识形态、超地区的世界级领袖国家?

2.中国如何成功打造崛起过程及崛起之后令人信服的国际形象?

3.在中国完成自己的"中国梦"之后,是否会将以自我为中心的国策,逐渐向以国际社会为中心转变,或者两者兼顾?

4.在伴随中国崛起,世界地缘政治格局发生变化的过渡期、转换期,中国是仍然洁身自好、单打独斗,还是会像20世纪60、70年代那样,开始建立联盟、阵线,从经济共同体进一步发展成为文明、正义的共同体?

是否会如同心圆般逐步推进,从只关注内政问题,到关注解决历史遗留问题,到关注建立文明正义连线问题,从而缔造全球文明正义的影响力和制衡力?

5.关键问题是,如何解决历史遗留的问题——对中国固有领土,台湾、钓鱼岛、南海、藏南地区,等等。这些问题,有的深藏在历史的最底层,交织着纷繁复杂的内政外交关系。这些问题同时也让美国、日本焦躁不安,让周边国家、国际社会心怀疑虑。我们应该有战略远近、战略亲疏、战略先后的抉择,以及分阶段、分层次、分性质、分结果区别对待。对于固有领土、对于核心利益,坚决维护,并告诉世界我们的底线,以绝有的国家和势力的非分之想;同时,也宽世界之心。

6.在崛起成为世界领袖的道路上,如何成功应对美国的围堵、日本的使坏,以及其他敌意势力的煽风点火?

7.崛起后与地区邻国关系如何重构?某种程度上说,崛起后与邻国关系的考验比崛起前更大!

8.如何与美国(或者可能的西方势力替代者)共同引领世界,在经济发展、人类和谐与文明正义旗帜下,引领世界繁荣进步?

9.如何打造空天文明,构筑空天政治版图,甚至与外星文明友好对接?

总之,中国的"新民族"主义者们必须回答——

未来中国崛起的定位是为了超越美国,成一家独大吗?不是。否则,就会成为悲剧性的崛起。就像历史上,他从来没有想过要领导世界,也从来没有真正成为世界领袖一样。在5000年世界体系中,中国不过是最耀眼、最辉煌的星座而已。中华文明,不过是世界文明的一个重要组成部分。在他辉煌的同时,其他地域也并存着伟大的文明。

维护霸权及其世界领导地位是美国的战略,美国抛出"利益攸关者"的诱饵,是希望在其主导的霸权体制内中国做一个对其"负责任"的大国。美国梦是西部梦和霸权梦的复合体。而中国梦,是复兴中华并重构文明之梦,本质上有根本区别。中国崛起,同样要像美国要求中国一样要求美国也成为负责任的大国——维护世界的文明与正义、和平与发展,而不是一心只想着维护自己的超霸地位。要把这样的战略意图告诉美国,告诉美国的盟友,告诉全世界,让所有的国家、民族都来做美国的监督者、制衡者。所谓的价值观、所谓的民主,揭开霸权图谋的用心,就会变成赤裸裸的反价值、反民主。日本人现在还到处拿着"价值观"外交搞反华联盟,一个曾有着军国主义历史、手上沾满亚洲人民鲜血而至今还不思诚心悔过的国家,高举"价值观"、"民主观"旗帜,内心却想复辟军国主义,难道不滑稽可笑吗?!

当务之急,中国除了经济、科技要持续健康发展,继续作为世界经济的引擎外,还要呼唤和重建"春秋战国"时代百家争鸣、百花齐放的哲学文明,不仅要开创新千年的文明思想,而且要与世界其他文明国家一道,共同创建世界文明的新体系。

4.3 中国崛起的阶段定位

那么,中国崛起的世界定位应当如何进行阶段性表述?

中国崛起的世界定位有三个阶段的不同取向:第一,做中华的中国;第二,做中国的国际;第三,做国际的中国。

做中华的中国,指日可待。到中国共产党成立100周年之际,中国全面实现小康社会目标;到新中国成立100周年之际,中国达到中等发达国家水平,而其时经济总量应当会超越美国,成为世界第一,可以说,基本实现了国家富强、民族振兴、人民幸福的"中国梦"。

在这样的历史阶段,中国还只是作为中华的中国,崛起在世界面前。如何理解中华的中国?主要指国家意识、影响力版图还以"复兴"中华的历史地位和伟大荣光为核心。尽管这一阶段的中国在世界的影响力已经占据了主导地位,国际化水平也达到了很高的程度,但,国家与民族崛起的指向尚局限于中华固有的中心地带和文化圈。这一阶段有几个标志:1.中国经济政治军事文化能力达到世界一流水平;2.中国政治地理版图完璧,统一大业得以实现;3.中国南海、东海、藏南等领土问题得到基本解决;4.中国的国际地位得到空前巩固,国际政治新秩序得以基本建立。

未来的30年,毫无疑问,中国会加速崛起,会采取更加积极的外拓姿态,但会不会转向以军事、经济等为手段,以一个殖民入侵者的面目威胁世界呢?答案是否定的。"征服"这个词,历来不会令中国统治者感到荣耀和满足。亨利·基辛格就深刻地认识到这一点。他指出,中国古代圣贤不主张征服,而是倾向于心服、顺服。"中国漂洋过海迫使异族人皈依中国文化,对中国人没有荣耀可言,天朝礼仪因而无法向遥远的异域传播。"[12]中国人一向更满足于传播自己的威名、德誉,一向耻于背负"以大欺小"、"无名之师"的恶名。所以,中国周边的国家几千年算是吃准了中国帝王们好面子的心理,乐得朝拜讨得实惠,更事实上常行苟且不端的小算计。因为,他们深深知道,爱面子的中国皇帝最终会不了了之,吞下"不欺负"人的苦果。

这也是为什么中国皇帝要劳师动众修筑如此壮观却没有多少实质防御意义的长城的缘故。最早修筑长城的是齐国和楚国,之后是魏国。燕、赵、秦在公元前4世纪末到公元前3世纪上半叶修建了北方的长城,本意是为抵抗侵扰他们领土的游牧族而修建的。秦统一中国后,将内部城墙拆除,而将外部城墙连为一体,成为一个连绵万里的宏伟工事。长城正是中国国家特性、民族特性的一个典型符号。对外,它是天朝伟大的象征——可以动员无数的人力和资源,造就辉煌的"观光性"工事;对内,同时束缚住了中国自己的手脚,将自己圈囿在长城之内,满足于被动防御,陶醉在泱泱中华的富足之中,再也没有冲动和志向去扩张版图。中国历史上两次最大的版图都是游牧族入侵后创造的,一是元朝,一是清朝。

因此,"中国梦"是中华民族的复兴梦。它的动力是复兴,目标也是复兴,而不是扩张、建立新的霸业。

几乎可以肯定地说,中国绝不会在崛起过程中主动去挑事,更不用说"侵略"周边小国,不会去主动挑战美国的利益,甚至也不会主动惩戒日本百般挑拨、挑衅的行为。除非,日本、美国,变本加厉到无以复加的地步,阻挠中国复兴大业,甚至以武力相威胁。那么,中国一定会义无反顾、勇往直前,以大无畏气概,粉碎前进道路上的一切障碍。

这是中国的核心利益,中国的战略底线。它的性质是拿回原本就属于中国的东西!而不是侵占其他国家的利益。

这一过程的实现,客观上将带来中国改变目前东亚乃至世界地缘政治格局的事实,但这并不意味着中国是"肇事者"、"挑衅者"。中国复兴是不可逆转的历史大势,美国想阻挡也阻挡不了,只能让出一部分既有的势力范围;但这并不意味着中国要将美国从该地区驱逐出去——这既无必要,也几乎不可能完全实现。

第二阶段,做中国的国际(预计到21世纪的50、60年代之后)。中国完成了祖国统一大业,夯实了东亚的空天—地缘版图,素有忧患意识、居安思危的中国领导者和精英分子,自然会思考中国的历史方位与未来战略取向。中国不可能回到天朝自大、唯我独尊的心态和世态。要持续保持中国的创造活力、发展活力,唯一的道路,就是继续走国际化的开放路线,以国际为背景,而不是以中华文化圈和地理版图为背景,让"中国之梦"成为"世界之梦"。就像今天世界各地的学子、移民首选目的地是美国一样,中国,将成为那些怀揣梦想的世界各国青年人向往的国度。中国,将成为世界的科技中心、创意国度、景观之选、文学之邦,到中国学习、到中国创业、到中国发展、到中国定居,成为精英人才的梦想。不仅北、上、广等一线中国城市,而且二线、三线,甚至四线五线,新乡村、新城镇,均可成为国际人士游学、旅居、就业的栖息地。美丽中国,将真正成为美好生活的代名词。

今天,中国正向全球推广"孔子学院"、传播中华文化。全世界学习汉语、参加汉语水平考试的人数飞速增长。未来的中国,不仅要将汉语发扬光大,还要成为世界各国语言的国际中心、世界各国文化的时尚中心。如果真有这么一天,中国的国际地位、国际竞争力、国际吸引力才是实实在在、扎扎实实的。

第三阶段,做国际的中国(预计到 21 世纪末)。"中国梦"成为"全人类的梦",中国的文明价值观成为普世的价值观,引导人类实现天下大同。做全球的中国,意味着中国将真正肩负起引领世界经济繁荣、和平发展、科技进步以及文化创意的责任,肩负起制衡、平衡一切破坏地球村、破坏和平发展的反动力量的责任,成为世界文明秩序的倡导者、领导者和共治者。做全球的中国,将使中国彻底摆脱五千年文化中自我中心的束缚和自得,勇于承担全人类与全球环境和谐发展的天职。但是,做国际的中国,并不意味中国要做全球的寡头政治,而是要做全球和谐社会的榜样,与其他国家政治力量,比如,与美国共同引导这个世界,共同发展和协调空天世界。

中国有着五千年的伟大文明,它注定要崛起,成为世界卓越的领导者。不管前进的道路是否平坦,是否有灾难,都阻挡不了它的"造山运动"。中国已经"从一个沉浸于旧日屈辱且极易被激怒的国家,一个对于任何承担领袖角色的暗示都十分敏感的国家,转而成为一个自信的国家。这个新的更加自信的中国希望被人视为一支负责任的全球力量,一个有时甚至能为世界贡献富有影响力的观点的国家。"[13]

这只是开始!

第5章 以"文明连线"战胜"民主之弧"

5.1 "西方价值普世"的背后

基辛格对中国的"围棋"情有独钟,他深谙中国人的围棋思维和围棋战略。点面结合,不计较一时一地得失,在大局中精算成败,在关键节点落子布局,每一点都事关局点。这就是中华文明的精髓和奥秘。

日本鹰派人物安倍晋三再次当选日本首相,上任伊始就马不停蹄四处活动,呼吁组织"民主安全菱形"以抗衡中国。据英国《简氏防务周刊》网站(2013年1月10日)报道,新上台伊始,日本首相安倍晋三就在世界报业辛迪加发表文章说,"我构想出一种战略,由澳大利亚、印度、日本和美国的夏威夷组成一个菱形,以保卫从印度洋地区到太平洋地区的公海。我已经准备好向这个安全菱形最大限度地贡献日本的力量。"而日本必须成为可以遏制中国进犯的一个"民主安全菱形"的组成部分。"东中国海和南中国海上仍存在持续的争端意味着,日本外交政策的最高当务之急必须是扩大本国的战略范围。日本是一个成熟、民主的海洋国家,它对亲密伙伴的选择应当反映这一事实。"他写道。他在出访印度尼西亚时,与印尼总统苏西洛举行联合记者会时表示,要扩大民主和人权等普世价值观,推进"价值观外交"。针对中国在海上活动日趋频繁的趋势,他呼吁依照所谓的"法治"解决海洋争端,以牵制中国。他要"与东盟国家一道,致力于普及和扩大自由民主、基本人权等普世价值观"。

"普世价值观"？真是普世的吗？是什么时候开始普世的？又是通过什么手段来实现普世？表面上看，人类文化正在趋同，全世界各民族正日益接受共同的价值、信仰、模式，但并不意味着世界应当由一种统一的价值观来塑造。普世价值不等于单一的价值——虽然有越来越多的交叉与共识，如对民主、自由、人权基本取向的认同，但对其实际含义、侧重点与发展阶段的认识全世界也大相径庭。即使是拥有共同的文明观和相近的价值观的西方，内部也依然可能爆发冲突和战争。一战和二战正是首先在西方文明地区之间爆发的。普世价值的动力和野心，也正在摧毁世界各地的原生态文明，成为文明冲突的导火索。所以，普世价值不过是西方中心主义论的另一种表现，是美国霸权文化的一种冠冕堂皇的幌子和颂词。而日本拿所谓西方的普世价值观说事，其实有其自身的狼子野心：借美国之手，抗衡中国崛起，其实质是复辟自己的军国主义的荣光，重温其"皇道乐土"的旧梦。在日本政客的心底里，其实对美国不知有多么的怨恨，但却能表面上奴颜婢膝、曲意逢迎，安倍玩的就是一套典型的"借刀杀人"伎俩，而且，有朝一日还要杀他的"主人"——美国。只可惜，他叫嚷"西方价值观"越欢，越让人觉得滑稽可笑。韩国新任女总统朴槿惠熟读中国哲学，当然也洞悉安倍的心思，所以，2013年10月在印尼召开APEC领导人会议，中韩领导人全都拒绝与安倍见面。2013年12月26日安倍晋三悍然参拜靖国神社，更是掀起了中韩乃至法德等世界一切爱好和平力量的强烈谴责，连美国也不得不表示"失望"。这给了安倍所谓的"普世价值观外交"最有力的回击。

冷战之后，亨廷顿提出了著名的"文明冲突论"，他的基本判断是，"全球政治开始沿着文化线被重构"。亨廷顿认为，当代的主要文明有：中华文明、日本文明、印度文明、伊斯兰文明、西方文明。还有东正教文明，还应加上拉丁美洲文明和非洲文明。而文明之间的冲突，将不可避免。未来，"世界上将不会出现一个单一的普世文化，而是将有许多不同的文化和文明相互并存"。"在人类历史上,全球政治首次成了多极的和多文化的"。[14]

不同的文明之间是否一定会发生冲突? 如果我们观察历史上不同文明之间"冲突"的案例,就会发现,之所以发生冲突,一定是有一种强势"文明"——并非是真正的更先进的文明,粗暴地对待了另一种文明。如果不同文明之间,平等相待、互相尊重、和平共处,文明的冲突就可以避免。

亨廷顿的理论给我们的启示是:这个世界,不可能以一种文明(一种价值)取代其他文明(价值),不论全球化如何发展,所谓的"普世价值"也不可能变身为全人类唯一的、共同遵循的价值。正因为如此,为中国打造新型的"文明连线"创造了理论基础和行动基础——以历史上的文明发祥地(文明民族、文明国家)为基点,串联起今天一切崇尚现代文明、追求现代文明准则的民族、国家,组建起全世界最大的"文明联盟"——彼此相互尊重不同的文明基质,不以"统一"的价值标准,凌驾或者取代任何文明存在,由此,也避免文明之间的冲突。这样的连线,反对一切赤裸裸的霸权行为,或者以所谓"民主价值"为幌子的帝国主义、军国主义思想。

5.2 中国最有资格主导"文明连线"

"文明连线"理论有着深厚的历史根基。有越来越多的历史学家、人类文化学家主张,世界曾经是一个统一的体系,通过生产力的扩张和积累,推动着世界文明之间发生着千丝万缕的联系。

阿诺德·汤因比发现总结了21种不同的文明,其中5种尚存,16种已经消亡。他反对西方以自我为中心的观念——认为只有一条文明长河,即西方人自己的文明长河。有越来越多的西方学者研究发现,"单一的世界体系中有一条共同的、整体性的历史长河;这条长河的文化起源和表现呈多元性,只是这种多元性完全被欧洲中心论曲解了。"[15]

还有的学者归纳了进入中心文明的14个文明,以及形成中心文明的全球阶段的时序图。它们从约70个文明实体中脱颖而出,构成了世界体系的基干。其中,美索不达米亚文明(公元前3000)与埃及文明(公元前3100年)在叙利亚结合产生中东中心文明而后扩展到全世界。中国文明和中国的卫星文明——朝鲜文明、越南文明、吐蕃文明,合称为远东文明。日本文明虽也是中国的卫星文明,但被升格为单一的日本文明。

各个文明形成了相对独立又相互共存的体系。历史学家们注意到,"文明由于不一定是个'有意义的'统一体,所以不必具有文化所要求的什么大前提、重要信条、基本原理或固有价值观。"[16] 尽管大多数文明在历史上,在一定的地理空间,曾在经济或军事或技术或文化等某一方面或多个方面占有主导地位,但绝不意味着,文明发展必须以一种单一的全球化文明形式统领。

什么是文明观,为什么文明观能战胜西方的"价值观"？中国古代文明一词始见于《周易·乾卦·文言》中"天下文明"一语。在西方,直到1651年英国启蒙思想家托马斯·霍布斯在《利维坦》一书中才首提"文明社会"概念,当时,是指与战争状态相对应的和平状态。不论中西方,对于文明的看法在这些意义上都是一致的:文雅、光明、开化、昌明,与野蛮、愚昧、战争相对立。

"价值观"一词本身就带有强烈的统御意味、某种强烈的主观指向。西方的价值观更是具有西方中心论和优越感的意味,是凌驾于其他民族、国家之上的。相反,文明观就是尊重不同的文明,以文明的行为与世界交往。如果大家都以文明的方式、文雅的素质处理国与国、民族与民族的关系,就不可能酿成文明的冲突！而不同文明之间的文化差异与误解,也很容易释然。

自尊以仁,尊人以德;己所不欲,勿施于人。这些是中国人自古以来尊崇的文明观——这种观念难道不是普世价值？难道不比西方的所谓殖民、资本扩张下的"民主""人权"更具亲和力？中国最有资格做文明连线的重光者、引领者，而美国最有资格做霸权式民主价值的领导者。要树立美国是霸权式民主价值的不二盟主的地位，让世人都认清其推行所谓的民主价值观的霸权真面目。

这么说，一点都没有冤枉美国！我们都知道，正是发表了全世界第一部人权宣言的美国，建国时采取了怎样的种族灭绝的政策的。如1763年美国独立前英国将军艾姆赫斯特在匹兹堡下令向印第安人散播天花。到了1890年，被屠杀的印第安人终于达到了种族灭绝的比例。[17] 美国对邻国、对世界的威胁，从其建国之日起就堂而皇之地开始了，这样的"国家"却成了今日世界的"民主价值"维护者，岂不是一种黑色幽默？而美国口口声声赞扬的同盟国日本，一个手上沾满了亚洲人民的鲜血至今死不悔改还妄图复辟，还反过来指责邻国揪着历史问题不放的国家，大讲"民主价值观"，岂不是一种嘲讽？

5.3 "文明连线"连什么

我们不妨再来看看西方近现代民主国家体制形成的过程。从16、17世纪文艺复兴和启蒙运动开始，西方的民主、自由、法制思想得到彰显，三权分立民主体制得以确立。但与此同时，其民族国家建立又与资本主义的原始积累、海外扩张紧密相连。19世纪，欧洲民族主义开始了由自由民族主义向民族沙文主义和殖民主义（侵略性的民族主义）的蜕变，打着为本民族"谋福利"和"传播文明"的旗号，通过海外殖民扩张与掠夺，确立了以欧洲为中心的殖民体系和世界国际法秩序。"强权即是公理"很好地诠释了西方近现代发展的轨迹。

法国学者魏柳南通过中美历史比较，对"中国威胁论"的观点嗤之以鼻。他说，相比之下，中国对异族采取了逐渐纳入主权统治的政策，从总体上来说对文化差异是非常宽容的。"可以说中国是这种对文化过于宽容政策的受害者——他们从未打算灭绝当地人口并以汉族取而代之。"[18] 基辛格也分析说,"虽然中国人称自己的价值观具有普世意义,但仍源于本国。""中国不对外输出观念,而是欢迎他人前来学习,毗邻诸国只要向中国朝贡即承认其宗主国地位,就可以通过与中国和中华文明的交往受益。"[19] 这种观念固然有封建帝王"天朝自大"的心态,但也的确反映出中国文明在对外交往中具有的"柔性"色彩,甚至还给人造成中国人国际交往是贸易主义、实用主义,而不讲价值观的误解。

美国《外交政策》双月刊网站(2012年3月20日)刊登了一篇文章叫《最孤独的超级大国》,该文这样写道:如今,强大和自信的北京所拥有的朋友比40多年前多了许多,比如,非洲、欧洲,还有土耳其、巴西和南非等等。"然而除了巴基斯坦之外,北京谈不上有什么真心实意的盟友。"作者同时指出,"真正的战略联盟或友谊并不是能够随意购买或交换的商品。它基于共同的安全利益,并通过相同的意识形态价值观和持久的互信加以巩固。中国擅长'交易外交'——在世界各地挥金如土……而由于地理、意识形态和政策这三个相互关联的因素,世界第二大经济体今后仍将继续缺少可靠的战略盟友。"

按照作者的分析,由于中国所处的一个险恶的地缘政治区域,与日本、印度等有领土争端,南中国海也存在争议,与韩国、俄罗斯等也有历史上的纠葛,而剩下的缅甸、柬埔寨、老挝、尼泊尔等弱小国家则是纯粹的战略义务,维持关系需付出的代价十分高昂。而朝鲜也并不因为中国的支持和援助感激中国,并且几乎不会让自己的安全利益与中国保持一致。作者指出,中国面临"安全困境"的挑战:"国力上升没有让中国变得更加安全,反而引起邻国的恐惧,而且更糟的是招致了美国把安全重心转向亚洲的战略反应。这种新出现的战略敌对将严重考验北京的外交技巧。中国在加强其同盟构成方面的战略选择寥寥无几。多数亚洲国家希望保持在本地区至关重要的制衡作用。中国在世界其他地方可以结交的朋友则远水难解近渴。"

文章说了一些表面事实,但更充满了对中国的深刻误解。不过有一点值得我们重视：就是今后中国需要更加鲜明地亮出国际关系战略的理论主张。其中，打造21世纪的"文明连线"，倡导新千年的文明观，用"文明连线"战胜"民主繁荣之弧"或"民主菱形"值得大书特书。"中国梦"——不仅是中华民族的崛起复兴梦，还是中华文明的重建之梦；不仅关注自身的文明重塑，做21世纪的政治文明、经济文明、社会文明、文化文明和生态文明的天下样榜，还要着眼于重建世界共通的文明体系、文明联盟。

地缘政治学家斯皮克曼的观点，从某种意义上可以作为笔者思想的反证。他认为，麦金德过高估价了心脏地带的地缘政治作用。在他看来，心脏地带只是潜在的空间，它从沿岸地带获得所有文化推动因素，而自身不具有任何独立的地缘政治使命或历史推动因素。因此，边缘地带而非心脏地带，是打开世界统治大门的金钥匙。而边缘地带正是中国创建"文明连线"的巨大回旋空间。如果我们翻看人类文明起源史，就会发现，人类文明与大河、大江、大海、大洋的密切关系，都处于环地中海、环太平洋、环印度洋、环大西洋等"边缘地带"。

俄罗斯学者瓦列里·列昂尼多维奇·彼得罗夫提出了建立俄印中伊联盟的战略构想，是笔者"文明连线"理论的另一个直接的思想启发。"首先是民族学的、文化学的和世界观方面的先决条件。显而易见，俄罗斯、印度、中国、伊朗成为联盟，这完全是天意。它们是近邻国家，拥有大国特征，在数千年的文化中具有很多共同的东西，包括几乎所有的保存下来的国家文明方式、世界教义：基督教（东正教）、印度教、儒教、道教、伊斯兰教。""对欧美新自由主义全球政策的非对称的回应，作为所有文明多样性中全世界、全人类文明的支柱，保卫地球生命的使者。这个联盟是在人类生命活动的文化与精神基础上建立起来的，它与北大西洋公约组织和过去与现在意义上的其他军事、政治和经济国际联合组织有着根本原则上的不同。"彼得罗夫充满激情地抒发道，"在对整个人类来说最危险的时期，俄罗斯、印度、中国、伊朗负有联合成一个文明联盟,并自愿承担保护地球生命、保护全世界文明重任的使命。"[20]

这样的联盟,不是一个军事政治联盟,不是经济联盟、思想联盟,而是一个"为和平而构建的联盟","一个否定非法强权的联盟"。这让我们联想起金砖四国构想之父,原俄罗斯总理普里马科夫的主张。最令美国担心的敌对联盟恰恰就是,中国、俄罗斯、伊朗。而今天,中俄印巴南非跨地缘战略准联盟已经成为现实。

由此扩展开去,沿文明的历史发祥地,吸收当代所有认同人类文明价值并践行之的民族国家,我们完全可以建立起一个点、线、面的"文明连线"。它贯穿欧亚大陆、环太平洋、非洲大陆、南美洲等五大洲,联结起人类的所有中心文明地区和儒教、佛教、伊斯兰教、东正教、基督教等世界主要宗教地域。它将最大限度地团结所有加入连线的民族国家,弘扬文明的本质,抵御一切破坏文明的行为,以文明的姿态重光文明的未来。

中国崛起的终极挑战是中华文明的重构,与中华文明价值圈(影响力)的重构。如果能将21世纪全新的中华文明影响力连线同时建立起来,辅以经济与军事手段,将是抗击一切帝国主义、军国主义的强大力量;同时,也必将是维护世界和平发展的强大制衡力量!

第6章　让美国"说了算"?

中美关系是21世纪最重要的地缘政治关系,几乎可以肯定地说,决定着21世纪国际政治关系的走向;决定着是否会爆发第三次世界大战,是否会爆发一场真正的核战争;决定着这个地球资源与环境、生存与发展的命运。

美国担心中国崛起会危及其统治全球的独霸地位。美国对中国爱恨交织,恨多爱少。

中国担心美国在阻碍中国崛起的过程中(阻碍是必然的,中国没有心存幻想)变本加厉、无所不用其极,一条道走到黑。中国对美国爱恨纠结,爱多恨少。

如此说来,中美两国都有互爱的成分,也有互恨的成分。美国恨中国多,因为中国注定要"挤占"原先由美国一个人独享的地盘、独享的话语权。加上意识形态、制度上的天然"对立",美国到任何时候都不会放弃"和平演变"中国的战略图谋。而中国是后来者,也是新的利益获得者,对美国没有天然的敌意,只要美国不总是使绊、不安好心、不施放明枪暗箭,中国都能"忍受",因为中国几千年的禀赋注定了它"熊猫般"的国家品格,注定了它关切的首先是自己的发展。

其实,中美关系处理起来也简单。

6.1 理解美国

随着中国经济、政治和军事影响力的持续提高,多年来特别是进入新世纪后,在剑拔弩张的总统辩论中两党候选人均把矛头对准中国,表明了美国的深度忧虑。据国际货币基金组织的一个预测,最早到2017年(还有说2052年中国就将成为第一超级大国,等等),中国的国内生产总值就会超过美国。而中国的经济增长,军事实力增强,民族主义情绪的高涨,无疑更加深了美国对中美两国关系的担忧。因此,按照美国一贯信奉的理念和一贯迷信的手段,美国自然不会放弃在军事、资源、文化等所有可能的方面绞杀中国的图谋。例如,华盛顿在中国周边及其与中国有战略竞争关系的热点地区发动了一系列的民主制度的策动或政变,就像在乌克兰、格鲁吉亚、缅甸等地区做的一样,其目的,都是为了削弱中国对战略性能源通道的防御潜力,切断中国进入里海地区的通道,以便获得包括哈萨克斯坦在内的里海地区的石油和天然气储备资源。[21]"美国对中国新鸦片战争的主要目标,委婉地称为'促进民主',但实际上瞄准的是中国的关键原材料来源。"[22]例如,将目标设定在缅甸、苏丹、阿富汗,还有西藏地区。

对于美国遏制、演变中国的战略,从旁观者的角色来看:当"老大"不易,要让世界第一超级大国接受一个自己不喜欢或者不属于自己一门嫡系的对手与自己平起平坐,心理的担忧和不快是自然的。

美国的战略家们的这种心情尤其值得同情和理解。他们一则不断给自己鼓劲,找各种美国不可能衰落,即使中国崛起也难以真正取代美国的理由;二则从战略上绞尽脑汁,想尽各种软、硬策略,以图击垮或者至少延缓中国崛起的势头。因此,我们可以看到种种自信、蛮横与焦虑、无奈的混合思维——

2013年1月18日,日本外相岸田文雄访美,时任美国国务卿的希拉里警告中国,不要挑战日本对争议岛屿的控制权,该岛屿属于日本管辖范围，因此是美日安保条约的适用对象。"我们不希望任何一方在此问题上采取可能引发局势紧张或误判的行动，因为那将破坏该地区的和平、安全与经济增长。"同日，日本《朝日新闻》报道，日美两国政府17日开始日美防卫合作指针的修订工作。日本希望2014年夏季的日美外交和防务磋商能就修订达成协议，其中一条根本性的内容就是，日本要获得"集体自卫权"。

（此后，新任美国国务卿克里也是一脉相承，大言不惭地警告说，不要试图改变钓鱼岛由日本管辖的单边行动。所谓的"不持立场"，已经到了何等"立场"的程度。钓鱼岛问题是美国一手造成的，今天美国口口声声说不持立场，而实际上又持美日是同盟的立场，其无赖的嘴脸与其发迹时期是一模一样，难怪与同样无耻的日本能同盟在一起。我们应当理解美日同盟的天然性。）

> 中国的崛起和这个"人类历史上最大竞争者"的日益自我伸张，将在21世纪初给世界的稳定造成巨大的压力。中国作为东亚和东南亚支配力量的出现，与历史已经证明的美国利益相悖。
>
> ——塞缪尔·亨廷顿（《文明的冲突与世界秩序的重建》）

如果台湾那时候无力保护自己的话，美国决不能在军事上无所作为。换句话说，美国将不得不进行干预。但那并不是为了一个分离的台湾，而是为了美国在亚太地区的地缘政治利益。

台湾问题也给美国在同中国打交道时提出人权问题提供了合法理由，中国没有道理指控美国干涉其内政。完全可以向北京重申，只有在中国更加繁荣发达和更加民主之后才能实现统一。

美国要建立新的国际秩序。它的基本特点包括：1.一个集体安全体系如北约、美日安保条约。2.地区经济合作（如亚太经合组织、北美自由贸易协定）和专门的全球合作机构（世界银行、国际货币基金组织、世贸组织）。3.强调一致作出决定的程序，即使这些程序是由美国主导的。4.优先考虑让民主国家加入的主要联盟组织。5.一个初始的全球性立宪和司法结构（从世界法院到审判波黑战争罪犯的特别法庭）。

——布热津斯基（《大棋局：美国的首要地位及其地缘战略》）

如果美国能够保持不出局，它应该会拥有最终获胜的良机。但如果美国及其盟友坐视自己的地位遭受侵蚀，直至来不及作出回应，它就会输掉争夺对亚洲控制权的斗争。

——弗里德伯格（《中美亚洲大博弈》）

这些混合的思维，集中体现了布热津斯基在其2012年最新的著作《战略远见——美国与全球权力危机》中提出的命题——美国怎样才能平衡其在东方的两个战略目标，一方面需要与中国密切合作，另一方面美国在亚洲的建设性作用既不应完全以中国为中心，也不应卷入亚洲的危险纠葛。

围绕这样的思辨，美国近年来也出现了一些比较冷静和理性的反省。例如，美国《防务新闻》周刊（2013年1月14日）一篇文章，《对再平衡战略进行再平衡》，认为美国冲上一线遏制中国不明智。华盛顿正在采取和历史上相同的做法，越过盟友，带头应对与自己相距遥远的地区可能存在的安全挑战。文章提出，聪明的策略是，"更好的再平衡会不仅让华盛顿集中注意力从无休止的中东纷争转向亚洲，还会对谁为亚洲安全作出什么贡献进行再平衡。要想让美国在该地区的盟友和伙伴能够作出更大努力,唯一的方式是华盛顿做得少一些。如果不这样的话,美国会与越来越强大的中国产生更多直接的竞争,而我们的伙伴只是充当旁观者的角色。"

《华盛顿邮报》(2012年10月14日)也刊文《不要把美国的衰落归罪中国》,对在总统候选人竞选中拿中国说事、攻击中国做出了批评。文章指出,"中国是否构成长期威胁,不仅仅与中国人做出的决定有关,而且还在很大程度上与美国人做出的选择有关。美国人只能稍稍影响中国的做法,但美国人可以最大限度地决定本国的未来发展趋势。"文章告诫,"今后几十年,美国的繁荣不会由北京或者中国的政治和社会局势而决定,它将由美国如何对待21世纪的全球经济来塑造。如果美国着重于培育曾在20世纪带来成果的乐观主义、驱动力和技能,那么它就会蓬勃发展;如果美国人醉心于应对东方隐隐浮现的威胁,美国或许就会真正陷入经济衰落之中。选择权在我们手上。"

美联社(2012年9月12日)在有关电讯中,报道了一些美国议员指责中国为强行推行自己在南中国海的领土要求而恐吓邻国,但同时也对美国维持该地区秩序的能力提出了质疑。

共和党众议员迈克·凯利对负债的美国是否有能力维持在世界各地的军事势力提出了质疑。他暗示中国现在是能操纵那里的政策的"该地区最难对付的家伙"。凯利说,"在某些时刻我们最好清醒一点。我们的影响力减弱是因为我们有时候的确没有能力做我们打算做的事。"

上述现象表明,美国智库对待中美未来走向,开始有了比较务实、现实的考量。也标志着美国对待中国战略的一种可能的转变:从接触到遏制,到重返亚洲、再平衡,其实透露的是美国在试图做最后的力量聚集,拼尽最后的可能,削弱乃至压垮中国崛起的势头;如果此轮大张旗鼓的重返战略失效,它也就将无奈地接受中国崛起的事实,中美共治世界的时代也就到来了。这是中国的一个关键战略期。中国既要更加坚强地顶住、挺住,不上美国、日本激将法的当,不落入他们合谋的陷阱,但又要巧妙地因势利导,将计就计,把美国牢牢地吸引在东亚,无暇他顾,未必是什么坏事。等美国徒劳地发现,重返亚洲再度彻底失败时,中国的世界版图已然红遍寰宇!

6.2 就让美国"说了算"

在第一次海湾战争即将结束时,老布什骄傲地说,我们正在建设一个新世界秩序,而新世界秩序的主要原则就是"美国说了算"(What we say goes)。因为,"作为一个拥有压倒性军事力量、无与伦比的安全性、巨大的经济基础和在全世界没有实质性对手的超级大国,这种立场是可以理解的。"[23]

乔姆斯基在《美国说了算》的访谈专著中对美国素以老大自居、自己说了算的做派给予了尖锐批评。他指出,美国"媒体对违背国际法的现象十分担忧,但前提是,违背国际法的是某个敌人。媒体的政策完全是前后一致的。它不应被称做双重标准,而是只有一个标准,那就是对权力的臣服。""霍华德·弗里尔和理查德·福尔克指出了一个因循许久的惯例:如果违反国际法的是敌人,那么这种罪行简直罪不容诛;如果违反国际法的是美国,那就像根本没这回事。"如入侵伊拉克、利比亚等等。

他对美国以民主的名义行帝国主义征服之实做了深刻的揭露。"现代种族偏见在很大程度上是帝国主义征服的结果"。但征服需要冠冕堂皇的理由,不能说"我是流氓,我就想抢你们"。你必须说,征服对他们有好处,他们应该被知道。或他们实际上有利可图,我们是在帮助他们。

乔姆斯基是在批评美国,或许他批得越狠,表明他爱得越切。但是,他给我们的一个启示是,如果就让美国说了算,让他陶醉在"说了算"的自我良好感觉中,对中国并非是什么坏事。要想"说了算",是要付出与之相匹配的资源、能力、代价的;要"说了算",就要压制那些也想说一说的盟友们,长期说了算,意味着盟友就长期没有说了算的机会,盟友就会积怨乃至反目,激化矛盾。

　　因此,对付美国的最好策略,就是让美国继续当世界警察,365天,美国到世界各地指手画脚、忙得不可开交才好呢,让他背上越来越沉重的债务负担和军事负担,他就无暇"平衡"中国了。如果美国一下子变得对世界其他地区的事务都漠不关心,一心回到美国本土专注于美国自身的建设,就像中国一样一心一意谋发展;或者,别的地方都不关心,只关心中国何时崛起、以何种方式崛起、崛起后对美国有何直接或间接的影响,这两种情况对中国都不是好事。因此,要多做美国的工作,承认中国永远也取代不了美国,中国无意取代美国成为世界第一超级大国。中国要对美国极其诚恳地表示,并且让美国真心地相信,中国绝对不会取代美国世界大家庭"家长"的角色地位;除非美国做得实在不像话,不公正了,中国才会站出来,说几句公道话,主持下正义。其余情况,还是由美国坐第一把交椅。中国不仅要让美国乐于这样做,还要积极阻止美国假谦虚,或者真的体力不支不堪重负,而有退居二线的心思。中国要"一心一意"让美国继续做老大!因为,以美国的综合国力、军事力量、科技水平、市场经济、安全环境、资源储备、联盟体系,如果美国不到世界各地穷兵黩武,安心回到北美大陆经营自己,那么,它绝对还是世界第一,而且还将把中国远远甩到身后,拉大与中国的优势差距。所以中国的策略要像当年美国对苏联的模式一样,让对手消耗自己、折腾自己,而无暇安心内修自己。那么,中国的崛起就将大大加速,中国对美国的差距就会大大缩小,直至彻底超越。

　　这么说,不是没有缘由。美国也不是没有有识之士深刻地认识到这一点。美国前共和党总统候选人帕特·布坎南就在英国《金融时报》(2012年7月24日)刊发文章《美国不再需要新帝国主义的废话》。他指出,"我们再也经受不了更多的新帝国主义废话了。万亿美元的赤字、激增的国家债务、每天还有1万名婴儿潮时期出生的人达到社会保障和医疗保险的资格,在各种义务重压下的美国正开始崩溃。"作为资深政治家、总统候选人,能发出这样的喟叹,可谓忠言逆耳,也说明美国的现实问题达到何种程度。

他呼吁,"美国需要一种植根于今日之现实而非昨日之冷战或明日之全球民主梦的新的外交政策。正如土耳其的雷杰普·塔伊普·埃尔多安提醒我们的,在他所在的这个地区,民主是一辆到站了就可以下的公共汽车。"由此,他发自肺腑地提议,"让我们停止干涉活动,让我们呼吁中止无休止的欺凌。其他国家如何管理自己并不关美国的事。如果有建国的工作需要完成,让他们自己开始好了。罗姆尼竞选活动以及总统任期的口号应该是开明的民族主义。我们应再次把美国摆在第一位。"

6.3 中国应当将计就计

美国的战略家们当然不会可爱到接受布坎南的话,否则他们就要集体失业了。如果布坎南本人当上了美国总统,他也同样不会可爱到真的放弃美国世界领导者的地位与责任。布热津斯基认为,美国超级大国的唯一性表现在政治、经济、军事、科技、文化等各个方面。此外,还表现在,相当长的时期内没有一个国家或集团可以对美国的首要地位提出挑战。美国应该做世界的领头人去领导世界,而不要做世界的主宰者去支配世界。

美国和西方常常攻击中国政策不透明、军事不透明,对中国横加指责,并为其自身加强军备、反制中国提供借口。

中国的应对策略应当是:把底线告诉美国、告诉世界、告诉周边对中国误解的国家及打小算盘的政治集团。中国应当就势借势,默认美国将中国引入"世界秩序",做"负责任的利益攸关方"的努力,从内部知悉美国运作"世界新秩序"的规则与软肋,在这一过程中建立起中国自己的规则意识与影响力范围,从而从内部实现秩序的重构与平衡。

美国不是抱怨中国不透明嘛,那就把底线告诉美国,让美国放心,中国不想超霸也不可能超霸!如果中国想超霸,那以他的智慧、他的文明、他的人口、他的资源,是绝对能够实现的。如果美国执意要跟中国为敌,发动全方位战争,那将是美国的末日,更是世界的灾难。

把底线告诉美国,即使中国崛起,在若干指标上成为世界第一,成为超级大国,其目标也不是为了超越美国,更不是为了威胁美国。中国无意于从美国手里取得世界领导权,更无意于主宰世界。中国因为崛起获得相应的空间,美国因此退出相应的空间,那是世界力量此消彼长的逻辑必然。中国的军力发展,是适应中国崛起的保障,是应对威胁和围堵中国的图谋的必然要求。但不指向任何势力,除非其要处心积虑与中国为敌。

把底线告诉美国,所谓中国崛起带来对地区和国际事务"咄咄逼人"行为的指责,事实上"逼人"的恰恰是不公正的殖民历史及其背后的黑手!中国复兴,首先要从1840年以来的屈辱史中走出来,复兴中国作为文明古国应有的荣光。所谓南海、东海、藏南等领土"之争",都是历史上中国积弱积贫时期殖民主义、帝国主义制造的后遗症。没有任何人、任何力量能够阻挡中国人民收复原有的失地,实现国家的统一,重振民族的荣耀。

最后,把底线告诉美国,中国崛起,终极目标是与美国(或另一政治集团)"共制"(制衡而不是治理)世界。中国将作为维护和平发展的制衡力量、文明力量的形象出现。中国追求的是多极世界中的一极,是平衡其他破坏力、失衡力的一极,不是追求独霸的单极、超极。

中国的战略,就是通过"文明连线"建立有效的"文明共同体";不惧围堵,跳出包围,突破周边,北固南扩;以发展太空权,来带动海权、强化陆权,全面制衡霸权。中国要养地力(保护好耕地、生态、矿产、水土)、强人力(人口数量、素质、教育)、创活力(制度活力、文明活力和创新活力)、振军力、保和力(和平、和谐、和气),创建新世纪的中国新文明、新哲学、新科技、新民生、新文化,实现新千年的世界新大同。

第7章　如何对待邻国的民族主义

7.1 且看国际舆论的"好心"

看看美国、日本历史上是怎么对待邻国的,再来看看今天他们的政治家、学者们是怎么规劝中国的,两相比照,就会发觉其中的说辞有多么的荒谬可笑。

时下,似乎国际舆论都在"好心"地帮中国"反思"中国的国际形象问题,告诫中国不要恃强凌弱,不要成为自己成就的受害者。安倍晋三2012年12月初率领自民党重新夺回执政权后迫不及待地宣布,要强硬对抗中国,在钓鱼岛问题上决不退让之时,好心的西方媒体、西方战略家却提出,"中国政府应当明智地向新的日本自民党政府发出安抚信号。"日本《外交学者》(2012年12月15日)发表的美国克莱尔·蒙特麦克纳学院教授裴敏欣的文章《北京的恃强凌弱:中国的形象问题》就很有代表性。作者为"中国如何化解'周边关系危局'"支招,认为,"中国现在处于最糟糕的地区环境,与日本的关系处于历史最低点;中国与东盟关系也因为南中国海纠纷和中国粗暴使用其影响力分裂东盟的举动而遭到类似恶化,中美关系日益转向一种战略对抗关系。"可作者却没有分析造成这种状况的原因,没有分析是谁推波助澜、暗地使绊。作者还貌似高明地指点到:"新一届中国政府应当采取的果敢之举,是在南中国海问题上实现一个彻底的逆转。可以通过宣称愿意在一个多边场合展开协商以及遵守当前的国际法而不是坚持声称历史上的所有权来实现这一点。"这样做，就可以修复中国恃强凌弱的"野蛮国家"的形象。

这真是一篇绝妙好辞！

包括一些对华友好的人士，在帮助中国出谋划策时，难免也会不知不觉落入西方的思维陷阱。

例如，《参考消息》（2012年12月11日）曾刊载了一篇该报记者专访新加坡国立大学李光耀公共政策学院院长马凯硕的文章，他很善意地提出，中国需要学会"驾驭成功"。其中，中国应吸取美国的教训。——这句话意思是不要像美国那样横行霸道，我行我素。比如，针对记者就南海问题的提问，马凯硕回答说："我也同意菲律宾的有些做法太过挑衅。但即使如此，今年（指2012年）7月东盟峰会无法就共同宣言达成一致，全世界其他国家都相信是中国向柬埔寨施压，虽然中国也许不这么认为。不管事实是否如此，也许是错觉，但人们都这么认为。而在政治中重要的不仅仅是事实，也包括人们的看法。作为中国的朋友，我要说，就政治而言，中国在这一问题上失了很多分。中国在下一次峰会上一定要避免这样的局面出现。如果再次出现，将是非常糟糕的局面。可以这么说，中国的日子越来越不好过，当然，中国必须维护自己的国家利益，但你们在这么做的时候必须特别小心。照顾别人的感受，就是因为你是本区域最大的国家。作为这一地区最大的国家，还必须要最小心谨慎，这看似矛盾，却是现实。"

一个是希望中国能遵守"国际法"，一个是希望中国能照顾到那些蛮不讲理、罔顾历史事实、结成团伙"明抢暗夺"中国领土的那些人的心理感受！这些都是典型的站着说话不腰疼的主儿。如果是美国的领土被一些蛮不讲理的小国攫取了，美国会怎么做？他们想过吗？他们会向美国如此建言吗？美国发动利比亚战争、伊拉克战争、阿富汗战争、科索沃战争、海湾战争，以及图谋发动叙利亚战争时，他们提忠告了吗？中国大使馆被北约野蛮轰炸时，他们又在哪里呢？

让中国遵循当下的"国际法"——一个被美国所主导的所谓国际新秩序下的国际法;一个纵容贪欲而不惜罔顾史实,甚至要求中国放弃被殖民历史、被不公正的内部非法交易剥夺了应有权益的国际法——这不就是布热津斯基们的战略远见吗?——将中国牢牢套在他们制定的游戏规则里,做一个任其摆布的"好学生"。我们不要忘记,南联盟是怎么被美国为首的北约野蛮地肢解的。明明是他们野蛮入侵、野蛮屠杀、野蛮轰炸(包括我驻南使馆),却要以反人类罪、种族灭绝罪将南联盟领导人送上海牙国际法庭!这真是莫大的讽刺!

而一些东南亚国家对南海岛屿主权的所谓声索,完全承袭了美式无赖的嘴脸和做派——不顾历史上自己对中国领土的承认,完全出于因为南海资源的现实贪欲,而不惜引狼入室,把昔日压榨自己的殖民者、侵略者奉若上宾,只要看看现今叫嚣最欢的两个国家——日本、菲律宾,无不是美国昔日的殖民地、占领地,而他们也的确得到了老美的真传,还真没枉被殖民过——那种厚颜无耻、无视历史、浑水摸鱼、暗藏祸心、贪得无厌、狐假虎威、为强是从、好战迷战、热衷霸权的嘴脸,真是青出于蓝而胜于蓝。谁为野蛮,一看便知。而有的小国如柬埔寨、文莱,为何都能觉悟到毅然不为胁迫利诱,做出正义之举呢?这么做难道他们没有权衡过真理究竟在谁手里吗?刚接手的新一届东盟轮值主席国文莱,早在 2012 年底就宣布,原定 2013 年 1 月召开的东盟非外长会议取消!因为,菲越又要借此生事。如果不是真理在手,有底气、骨气和真气,还不早被老美及其跟班们做局整死?

中国要感激柬埔寨、文莱,这才是患难之交见真情!更难得的是,在患难之际见真理!见天理!

美国作为一个国家,短短两百多年,就实现了从建国到崛起为超级大国的历史荣耀,自然有其独到的过人之处,但就发展的历史而言,从发育的规律史而言,它还远不成熟。美国还没有经历过什么大的失败和大的磨难,就轻易获得了统治世界的权力,达到国家、民族声誉的顶峰,站到了世界最高舞台。这不是什么好事,就像青涩的青年,靠一股朝气和蛮劲,获得了丛林的统治权。如果美国不认清这一点,必定要遭遇大厄运。中国经历了五千多年的辉煌与苦难交织的历史。其间,承受了多次从巅峰坠落到谷底,又从谷底跃上了巅峰的大喜大悲,是全世界唯一有资格对历史周期律现身说法的国家、民族。也正因为如此,中国在崛起的过程中,应该更好地体谅和理解邻国的合理感受,重视和内省邻国同样高涨的民族主义情绪。对其立场和诉求给予设身处地、推己及人的宽宥,避免邻国的愤青们被他们的舆论、当权者的利益所驱使、蒙蔽,被美国、日本等敌对势力所利用。同时,对那些因不了解历史而误解中国的领土主权权益的人,要做更多针对性和以理服人的外宣工作。至于一小部分冥顽不化、借题发挥、肆意挑衅的激进民族主义情绪,则完全可以不予计较。这是"新民族"主义者应有的胸怀。

7.2 我们了解邻国的愤青吗?

冷静地看,中国以什么姿态应对邻居们同样日益高涨的民族主义,这个问题不容回避。我们了解邻国那些愤青吗?理解他们围着中国大使馆激动地高呼反华口号的动机与缘由吗?他们激昂的情绪源于何处?指向哪里?为何在我们眼里、在历史上没有任何是非之争的问题,在他们看来却是振振有词、满腔激愤?坦率地说,中国的青年人不了解,当然,正像他们也不了解我们一样。他们能感受到中国人抖起来的那种豪气和嗓门渐粗的语气,甚至也不排除网络语言上个别人的蛮横和霸道。这就像相对弱小但脾气却倔强的邻居小男孩,看待隔壁大户人家家道中兴的孩子,与其相处的感受与心理矛盾。这种心理落差或纠结感我们要知晓并能体察,才能在现实的经济、政治、外交和文化的交往中,既体现大国风范,又体谅小国心态;既能维护我们的核心利益,又不至于引发邻里的逆反心理。今天,中国已成为环太平洋经济圈的中心市场。中国大陆海岸线18000多公里,是周边各国特别是东北亚国家与东南亚国家间相互往来的桥梁。切实重视、塑造中国的国际形象并让邻居们安心、放心,无须担心、烦心、不要多心、揪心,放弃蠢蠢欲动的不安分之心、顺手牵羊的贼心,剔除靠美国来撑腰以叫板中国的狼心,是崛起的中国必须正视的课题。当前,中国的邻国对待中国的态度各有心思,特别是美国高调重返亚洲之后,闻风而动、借题发挥的颇有人在。

其中,如何正确对待日本是中国崛起道路上首先要面对和解决的"难题"。如,曾在华任法国外交官的魏柳南就敏锐地指出,"中国的民族主义主要表现在中日关系上。中国面对的是一种更加强烈和锋芒毕露的民族主义——日本的民族主义,其几十年来为亚洲带来的后果是毁灭性的。一个多世纪以来,日本的政治举动实际上是中国民族主义运动的主要动力。"[24] 中日问题是中国崛起的一块试金石。许多问题因它而起,许多问题因它而伤,许多问题也因它而解。中国崛起,一定同时也是合理解决了中日关系问题的崛起——如何将日本不敢正视历史污点的卑劣心态,不愿正视现实落差的扭曲心态,不想融入亚洲的傍大款心态,不知天高地厚的军国复辟心态,矫正到一个拥有健康人格的民族国家轨道上来,中国(当然还有美国)肩负国际责任!否则,长此以往,日本就会扭曲成整天价在大街上欺行霸市、狐假虎威的泼皮无赖。

美国康奈尔大学教授贝内迪克特·安德森对此有着强烈的共鸣(参见日本《朝日新闻》2012年11月13日文章《有关民族主义的思考》)。他认为,日本应超越狭隘民族主义,而不能像石原慎太郎所宣称的那样,"他认为自己的国家的确出了一些问题,但是又不愿意承认这些问题是自己造成的。这种时候人们往往愿意将罪责归咎于那些移民或者外国人。日本对中国、韩国以及在日外国人的敌对心理就是这么产生的。这与其说是民族主义,不如说是种族歧视。美国也发生过同样的事情。由于大部分民众相信美国的优势地位正在丧失,国家已经开始走下坡路了,于是'美国的新敌人是中国'的宣传开始大行其道。"

他主张,民族主义应该得到升华。例如,"2002年韩日世界杯期间,当日本队被淘汰后多数日本球迷转而支持韩国队。不因为本国球队输了球就不再对比赛给予关注,而是转而支持其他球队。民族主义在此得到了升华。"正确对待邻国的民族主义,升华狭隘的民族主义,也同样是我们"新民族"主义的态度主张。

越南是另一类邻里的典型。

越南从公元前2世纪一直到907年唐朝结束前始终处于中国的版图治下,此后才逐渐成为独立的国家。基辛格评价说,越南的民族特征反映出两股互不调和的力量:一方面,它吸收中华文化;另一方面,它反对中国的政治和军事统治。对中国的抗拒培育了越南对独立的强烈自豪感,也造成了它迷恋军事的传统。基辛格评价说,"越南人对他们北方邻国的不信任到了疑神疑鬼的地步。""统一后的越南对中国的战略威胁比对美国大得多。"[25]

此外,围绕南海资源的现实利益之争,菲律宾公然站到与中国叫板的位置,充当了美国重返亚洲的"再平衡"战略的马前卒。政府带头煽动不知情的民众,特别是容易激动和出格的青年学生与中国抗争。例如,2012年11月25日菲外长德尔罗萨里奥在菲律宾军事学院公然宣称要"捍卫属于我们的东西",督促学院的学生支持政府,并说,"属于我们的东西就是我们的。我们应该保护我们的东西。"(这种小偷、无赖加海盗的逻辑,的确能够煽动些不明就里的热血爱国青年)。类似的情况,如《参考消息》(2012年9月13日)一则报道说,越南教育培训部和胡志明市共青团签署年度合作计划备忘录,将增加向学生提供南海(越南称东海)有关信息,以加强越南青年的南海主权意识。该部负责人表示,官方将加强宣传及教育,以提高学生和教师的政治认识。这两个国家,为南海石油,不惜抹杀曾经公开承认南海九段线内中国领土的事实,频频挑战中国核心利益底线,甚至不惜发出战争动员与叫嚣。

还有一类是如蒙古国,百多年前实实在在属于中国的领土。由于特殊的政治地缘背景,今天的蒙古国制定了"不结盟、等距离、全方位"的多支点"外交政策。主要目标是与中俄友好,同时全面发展与美、日、德、印、韩等国家的关系。蒙古对中俄都不放心,存在不同程度的疑虑与戒心。"[26]

再有一类是总体上对中国友好的国家,但由于对中国人的一些行为或政策误解,引发了一些担忧与批评。例如,新加坡就有相当一部分人,对中国、对自己的中华血脉颇不认同,甚至发表过激言论。而像缅甸等接受大量中国经济援助的国家,在政治、经济之外,对于一些给当地带来负面问题的情况也时有微词。有时候,我们会很抱屈,给了对方大量的资金和各种援助,换回的却是抱怨、冲突与疏离!不是一个个白眼狼吗?请且慢生气!一个巴掌拍不响。我们需要就事论事的基本心态和包容反省的胸怀!

例如,新加坡《海峡时报》(2013年1月14日)刊发一篇文章,题"反华情绪对缅甸是个挑战"。报道称,反华情绪在缅甸民众中抬头!

文章提到,吴登盛总统2011年决定屈服于舆论压力,停止中国支持下修建的克钦邦的密松大坝项目。此举被视为向北京发出一个信号,表明北京的影响力受到限制。而此举赢得了缅甸民间的称赞。

但后来,缅甸军方和一家中国公司联合投资项目再次引发争端。据称,因为礼勃东铜矿附近的当地居民要求签订对他们更有利的征地协议,为了铜矿扩建,这些居民必须迁走,他们还希望保留一个具有历史意义的寺庙。结果,总统府一个部长去造访该地发表讲话时称,缅甸惹不起中国。此话一出,旋即引发了反华情绪抬头。一位分析人士指出,"记住,很长时间内,现政权都是喜欢中国的,但缅甸人民却不是。"

这是令我们心里郁闷和不平衡的事——中国支援一些亚、非、拉发展中国家经济建设,却没有达到理想的效果。通俗地讲,就是你帮了别人,换来的却是对方不承情。或许事实并非如报道所称的情况。所谓的"人民"也并非广义上友好意义上的"人民",而是些紧盯自己利益、讨价还价的个别人。但中国以经济援助换回的"冤大头"结果的确不少!而中国公司到海外投资，因不了解当地民族文化，或者因劳资纠纷，或者因环境问题等引发的冲突也日益增多。这需要我们高度警觉！中国的国家投资、民间资本，包括劳务者、移民，都肩负着郑和的使命。每一个中国人到了海外，都应当自觉地做一个文明传播者和践行者，以文明的观念和行为重新树立中国人的时代新形象！

7.3 我们怎么打造软实力？

历史上中国对待邻国向来首选的都是怀柔与和亲政策——用女人安抚、用封赏安抚、用贸易安抚（名为朝贡，其实是倒贴）。以致中国几千年的历史，对待邻里就是一个老好人、周济者的形象，培养了一批习惯吃大户、反而不念情的主儿，甚至是以怨报德、恩将仇报之人。因此，借鉴历史，一味用经济杠杠、怀柔宽仁，并非是解决国际政治关系问题的最佳方式。应该恩威并施，以威为先、辅以宽仁。《易经》教诲，"君子以避小人，不恶而严"，值得深思玩味。

但是，不论是立威还是怀柔，前提都是必须放下身段、伏下身子，去理解、倾听邻国民族主义的心声——分清合理与偏激；区别良知与歹心；辨别精英与民众，政府与民间；识别台前与幕后，有形与无形。

在坚决维护国家核心利益的前提下，区别性质、分别应对。

对于殖民历史留下的纠葛，要充分疏通、还原真相、尊重历史、寻求共赢。对于那些反悔翻案、反攻倒算者，要坚决打舆论战，再打网络战，再打精神战，再打经济战，最后打军事战。要立足向邻国民众广而告知历史真相、中方立场，对外国政府无理声索、煽动情绪的做法，要知晓国际、普告其民，对于执迷不悟、恣意妄为者，再坚决予以全方位回击，而不是退避三舍，好似理亏词穷一般。要构建以政府对政府，精英对精英，民众对民众的应对体系，见招拆招，敢于揭盖子、捅疮疤，以破求立。用文明力量、精神感召和经济、军事后盾，最终获得地区的和谐稳定，利益的共享共赢。

应对邻国激进的民族主义,中国显然不能回以同样偏激、狭隘的民族主义。"新民族"主义的态度,就是以开放、文明的民族主义,彰显民族主义的正能量。以强大的经济、军事作为后盾,以文明、精神的面貌与言行,化解地区民族主义之间的冲突,共建新千年的地区新文明。

因此,软实力建设不应或不只是针对国内而言的,更重要的是面对邻国、走进国际。

俄罗斯之声电台网站(2013年1月19日)发表了一篇名为《中国:软实力和伪公共外交》的文章,作者是俄罗斯外交学院副院长亚历山大·卢金。他直言不讳地指出,套用苏联模式的"民间外交"难以提升中国软实力。在当代中国,有数十个民间基金会、协会和研究中心及其他机构开展得红红火火。中国软实力方面展开的攻势尽管有坚实的物质基础,但成果有限。"因为中国没有考虑到以下一点:'软实力'首先需要有价值观,需要高水平的富裕和开放度,具有榜样的吸引力,然后才是如何将它们便捷地传授给外国公众。在富裕和吸引力上中国取得了一定的成就,但是影响力有限。"

中国对外传播,不是仅仅传播所谓的中国历史文化,而是要传播今天可亲可爱的中国(中国人)形象,以及价值观、文明观。

面对邻国高涨的民族主义思潮,我们迫切需要高扬新中国的新文明形象——文明的精神、文明的外交、文明的经济与文明的军事。

第8章 搬掉中日关系的绊脚石

8.1 日本早在600年前就没安好心

中日是一对历史冤家！严格说来，中日亲善或许只能算在千年前大唐盛世时期。自从日本全盘吸收了大唐的先进文明化为己有而迅速摆脱了野蛮、愚昧、落后的状态，脱胎换骨锻造出独树一帜的日本文明之后，它对中国的情感与认知也就迅速地急转直下。据史料记载，倭寇、日本浪人滋扰朝鲜始于元至正十年(1350)，到侵扰中国边境最早是明洪武三年(1370)。史载，"洪武三年，三月，倭扰登莱，六月，倭扰浙江、福建。"而到明永乐元年(1403)之后，倭寇大规模侵犯沿海，成为大明王朝实施海禁的重要原因之一。丰臣秀吉时代，他更是做起了覆灭当时世界上最强盛的帝国大明王朝的狂妄之梦。直到明治维新后，日本军国主义终于践行了他们先祖的"日不落"理想，向他昔日的恩人举起了屠刀，采取了极度残忍的"三光政策"，制造了举世骇然的"南京大屠杀"事件以及无数的惨案。日本对中国犯下的滔天罪行，罄竹难书！而同样令全世界不齿又无法理解的是，日本人居然对自己的侵略犯罪史，极尽狡辩、篡改、粉饰、复辟之能事。可谓阴魂不散，乃至还想旧(厄)梦重温。

中国崛起，中日关系是一道坡坎，中日两国都必须坚决地跨越过去！中国崛起，必须把中日之间的历史问题解决好，划上句号。这不仅是对中国而言，对日本也一样。如果日本不能真正深刻地认清自己的狂妄症和偏执症，不真正从内心深处甘于与中国为邻、为善、为友，那么，未来的400年，日本还想像历史上那样袭扰中国、欺凌中国，其结果一定是万劫不复！

8.2 日本民意右转对中国未必是坏事

距离广岛、长崎原子弹爆炸已70周年了。每年，日本都要举行纪念活动追悼亡魂。日本人民拒核的心情和意志，从福岛核电站事故后，反对重启核电计划的民意中可见一斑。但事实上，却不能阻止政府和政界对核弹的钟情。日本右翼势力，几乎是世界上最完美的实用主义者，是不折不扣的实力崇拜者，但绝对又是世界上最不总结教训的玩火者。当美国吉普耀武扬威地驰过东京街头时，日本人的心态，居然能够即刻从战败的屈辱感和被核弹毁灭的惊惧感中迅速转变为崇敬感、羡慕感、服膺感，继而是死心塌地的仆从感。为了维护天皇体制而宁可玉碎的"面子"心结背后，折射的是日本民族精神中倔强和认死理的性格。而这种"死理"是源于民族集体潜意识之中，发于民族意识最深处的岛国自大心态。"日不落帝国"，有它超凡脱俗的理想抱负的一面，面向大洋，一望无垠，谁能与共？脱亚入欧的国策——除了对西方近现代工业科技文明的尊崇之外，就是不屑与亚洲这些"落后、愚昧"的民族为伍的自傲。所谓"支那人"之称，就典型地反映了日本人对中国人的轻蔑感。

而今，中国崛起，令日本的心态更加扭曲、更加无所适从。抱美国的大腿，虽然总体上说是心甘情愿做仆从奴才，但有时也心存暧昧（正如大江健三郎在获得诺贝尔文学奖上的演讲题目"暧昧的日本"一样）。中国再度崛起，令日本不得不又要面对经济上抱中国大腿，政治与民族感情却满心抵触的尴尬窘境。日本夹在中美之间，指望它自己摆正心态、刮骨疗伤是没希望了。中国加速崛起，日本将加速扭曲；中国发展越健康，日本心理越变态。

近年来，日本的所作所为提供了鲜活的佐证！

2013年1月安倍再次就任首相，就迫不及待地将首访地定为东南亚。从1月16日起访问越南、泰国、印度尼西亚。与此同时，副首相麻生太郎出访缅甸，外相岸田文雄也访问菲律宾、新加坡。日本的所作所为，都是紧随美国，构筑对华包围圈。

其实，日本谋求政治大国和军事大国的心态早已蠢蠢欲动。其所针对的靶子，显然指向的是它的几个近邻。

冷战后，日本加快了向军事大国转变的步伐。特别是近十年来已经逐步实现了安全保障政策和立法层面的历史性转变。例如，以1992年海湾战争为契机，派出自卫队维和，相继制定新的《防卫合作新指针》、《周边事态法》、《自卫队修正法案》、《武力攻击事态法案》。2004年底，日本公布了新的《防卫计划大纲》，对日本安全战略进行了方向性调整。从"专守防卫"走向"全球性防卫"，强调加强自身建设，推动国防由被动到主动，消极到积极，由静到动的转变，欲求实现军事化上"普通国家化"，强调与美国保持战略上的一致性和军事上的一体化，明确将朝鲜和中国视为防范对象。同时积极谋求进入联合国常任理事国，同步实现政治大国的抱负。

然而，日本的大国梦却始终是以攻击性为旨归，本质上与东条英机建立"大东亚共荣圈"梦想一脉相承。

安倍晋三2006年担任首相时就提出了要构建"自由和繁荣之弧"的口号，加强与美、澳、印度等海洋联盟。其目的，就是借口朝鲜问题，防范中国的崛起。对这一点，美国战略与国际问题研究中心日本研究专家、乔治敦大学学者迈克尔·格林在美国《国家利益》杂志网站（2012年11月28日）刊发文章，就"日本有没有战略？"做过深刻分析。

尽管日本政治及社会表现出右倾化和外交乱象，好像"日本这个国家正在中国海岸附近某个地方漫无目的地漂流、挣扎，并最终将被海浪吞噬"，但实际上，日本精英对国家战略有高度共识，政治上，中右派政治领导人将主导今后十年的日本命运。日本的战略目标：

一是清楚地认识到中国的挑战。一方面日本离不开中国，中国是日本最大的贸易伙伴，对日本旅游和出口发挥着越来越重要的作用；另一方面，中国在极力突破第一岛链，这将大幅压缩日本的战略空间。为此，应对之策，就是巩固强化日美同盟。

二是必须激活自卫队集体自卫权。必须取消有关自卫队的一些限制，修改宪法第九条，赋予自卫队更多的行动自由和武器装备。

三是致力打造海洋同盟，与其他海洋国家结盟，以维护太平洋地区的平衡，从而保障自身利益。日本2007年就与澳大利亚签订了安全协议，2008年又与印度达成了类似协议。2011年，野田佳彦在印度尼西亚巴厘岛出席东亚峰会时，更是提议，由日本协助地区建立一个规则明确的新海洋秩序，以维护和平与稳定。

四是努力实现经济增长。日本将加入由美国主导的TPP，它必须找到实现经济增长的方法。

从以上战略思路看，日本除了要解决自己的经济发展问题（内政）外，就是为了防堵中国崛起，以及可能对日本既得利益的冲击。日本的选择是与美国一鼻孔出气，充当美国遏制、阻止中国崛起的马前卒。这种选择从战略上说必将是一种跛脚战略。不与周边国家，尤其是中国修好，既想得到中国的经济支撑，又要与中国为敌，这种想法连中国的三岁小孩都觉得愚蠢。

然而，日益右倾化的日本政坛，不是反思反省日本自不量力、最终以卵击石的低级战略，而是在政治、军事和舆论战等各个可能方面，强化与中国崛起的历史潮流背道而驰的势头。有报道指出，日本政府当下缺少对华沟通的民间渠道。据《环球时报》（2012年10月8日）报道，以前友好团体曾是日中交往的主渠道，即使在2005年，因为小泉纯一郎参拜靖国神社导致中日关系降至冰点，两国仍能够保持"政冷经热"的关系。这与当时执政党为自民党，而日中友好的7个团体会长多为自民党不无关系。而近些年，右翼势力抬头，鹰派人物煽动，日本国民的对华反感情绪开始增强。而媒体也把那些发言倾向于中国的政治家和经济界人士当作靶子攻击。就连鸠山由纪夫到访中国，参观南京大屠杀纪念馆并承认历史错误，都被媒体和政府官员斥责为"国贼"，可想日本舆论环境之差。据日本内阁公布的调查资料，1980年代，日本人对中国抱有好感的人高达78.6%，但到了2010年，降低到了20%。2012年秋《朝日新闻》的一项最新民意调查显示，90%的日本人认为日中关系处于不良状态，这是该民意调查历史上最差的一次。

日本民意集体向右转，发出的危险信号连日本的一些有识之士都开始注意其可能导致的难以预料的后果。《日本经济新闻》（2012年10月14日）刊登了芹川洋一的一篇文章，题目叫《两个"主义"的对峙》。作者不无忧虑地指出，日本社会正弥漫着两个"主义"：一个是以国家和民族为单位理解事物的Nationalism，即"国家主义"或"民族主义"；另一个是Populism，即迎合选民的好恶并操纵他们的情绪以获得支持的"民粹主义"，两个都是不好对付的东西。文章分析说，"引发问题的是此次领土摩擦（应当指中日围绕钓鱼岛的摩擦——笔者注）中体现出来的封闭的试图与外界一决高下的民族主义。政治家利用了这种情绪并操纵媒体迷惑选民，因而从始至终都让人不爽。"作者呼吁媒体要做的不是煽动狭隘的民族主义情绪，而是保持冷静。"遏制狭隘民族主义与浅薄民粹主义的王牌就是澄澈的现实主义。而承担这一重要任务的媒体必须是报业。"

同样，约瑟夫·奈对于日本的民族主义狂躁症也表示了担忧。他在英国《金融时报》上撰文（2012年11月27日）《日本转向民族主义表明它的虚弱》，认为，日本民意变得更具民族主义色彩。以石原慎太郎为首的新党成立表明了日本的民族主义立场，而长期低速发展又导致严重的岛国心态。"真正的问题不在于日本正在国际事务中变得太强大，而在于它或许变得太虚弱。问题是，日本究竟愿意继续做强国，还是满足于沦为二流国家。……如果这意味着日本要把重心转向国内，转向一种被动的民粹式民族主义立场,而不是在国际舞台上扮演积极角色,那么世界和日本的状况都将恶化。"他告诫说,"危险在于,民族主义情绪会导致象征性的平民主义立场,这有助于赢得国内选票,但是却会引起日本邻国的敌对。"

日本民意右转对中国来说,未必就是坏事。它可以让国际社会警醒,对日本产生道德的质疑。

8.3 要制服日本,不能单靠经济

中日关系的核心,是日本的心态问题。中国经济、军事持续强大,未来即使经济总量跃居世界第一,军事进步达到与美国平起平坐的地位,日本会服气中国吗?会诚心诚意与中国为善、为伴吗?可以肯定地说,不会!从明治维新时起,日本就确立了与强国结盟的外交信念,并因此崛起。二战后日本与强者为敌,惨遭战败,战后又回到了与强者为伍的轨道上,将对外政策的基石和主轴定位为与美国联盟。[27]

中日关系要稳定发展,拥有一个光明的未来,必须让日本折服:中国在综合实力方面,或经济、或军事,必须给予日本以"重击",让其在事实面前不得不"臣服"并"与强者结盟";这还不够,还必须给予日本精神上的"重创",让其在心理上、精神上,彻底丧失优越感,彻底心甘情愿回到东亚地缘的现实,重新"认祖归宗"、真心实意与中国做好邻居、好朋友、好亲戚。

中国需要认真处理对日关系,"新民族"主义者的应有态度是:不能以简单的"复仇"心态、老大意识粗暴以对,而是要正视日本的心态和心结,要对日本同样施行"惩前毖后、治病救人"的方针,对症下猛药。将日本从变态、狂躁、扭曲、压抑、郁闷、抱屈的泥潭中解救出来,将其纳入中、日、韩共治东亚的轨道,不让它脱轨,并且给予它应有的尊重和合适的地位,让它脚踏实地而不是飘在云端做着不切实际的"复辟梦"。必须想方设法给日本套上如来佛的"紧箍咒",让它"放下屠刀,立地成佛",

否则，日本人总会心有不甘、蠢蠢欲动！在东亚，中韩共治日本；在国际，中美共治日本。

中国靠什么"治住"日本？经济超越日本，尚不能令日本心服，只有经济之后，科技（包括军事科技）、文明（最重要的是文明行为和价值观）的全面超越，才可能真正令日本低头诚服。

第9章 钓鱼岛是中国崛起的磨刀石

9.1 钓鱼岛,是中国和平崛起的磨刀石

钓鱼岛,中国内地名之;中国台湾叫钓鱼台,属宜兰县管辖。早在明朝时,就在中国的文件上作了记载,归属福建省管辖。日本人在19世纪70年代吞并琉球国时还没有将钓鱼岛包括在内。日本窃取钓鱼岛是在中日甲午海战后割占台澎列岛之前。二战后,本应按《波茨坦公告》要求将钓鱼岛与台澎列岛一并归还中国,但狡猾的日本却按照私下与美国签订的《旧金山和约》将钓鱼岛交由美军"托管"。当时的中华民国政府即作出了严正声明,但此后国共内战,以及冷战开始,钓鱼岛被历史所遗忘。直到20世纪60年代后期,联合国宣布该岛附近可能蕴藏有丰富的油气资源,这才重新进入了人们的视线。20世纪70年代初,美国准备将琉球群岛与钓鱼岛列屿的行政管理权移交日本政府,钓鱼岛主权归属争议方成为国际焦点。据解密资料显示,当时美国在内部文件上,是明确了钓鱼岛的主权归属问题的,因此,才在今天口头上声称在主权问题上"不持立场"。两岸当年迫不得已,也只能作口头上的抗议。但是,日本趁两岸政治交恶之机,偷偷摸摸从美国手中窃取了对该岛的所谓"管辖权",却居然口口声声狂言所谓的"法理性"和历史性,足显日本从来都不光明磊落的小人做派。

今天,钓鱼岛既是中国"和平崛起"道路上中国内地与台湾在民族

大义面前恩怨两消、同舟共济的试金石；又是中国与日、美战略意志、战略对决的磨刀石。因此，小小钓鱼岛，有着千钧之重，承载着中华民族一百多年来的荣辱。钓鱼岛虽小，却涉及中国崛起的大战略、大棋局，因而，又是牵一发而动全身，不得不审慎对待、通盘谋划。反过来看，如果连一个小小钓鱼岛问题都迈不过去，中华民族的伟大复兴，就会受到极大的冲击！钓鱼岛问题，是中国走向大洋、突破岛链的首要关隘，其意义犹如诸葛亮经略中原必出祁山一般，战略意义和历史意义非同小可。1970年9月2日，台湾《中国时报》记者团冒着政治和生命风险，勇敢地率先登岛，向全世界宣示主权的行动，迅速在全球华人中掀起了保卫钓鱼岛的声势浩大的运动，并在1971年至1972年达到高潮。当年，由于两岸政治处于对立与隔绝状态，保钓运动难以形成合力。今天，世界情势、两岸情势已经发生巨大变化，保钓运动也到了应当集合两岸政治智慧、人民智慧，形成夹击之势的时候了。

  钓鱼岛作为磨刀石的意义在于，通过解决钓鱼岛问题，中国寻找到一条正确解决中国与日本关系的模式，同时也是未来正确对待美国、对待世界关系问题的一个缩影。这里，不单关乎经济战、军事战，还有心理战、舆论战。中国老一辈领导人在朝鲜战场、越南战场上敢于直面美国，赢得了对美的心理均势乃至优势；但在中日关系上，日本对中国存有心理优势，对战败投降从来是口服心不服。钓鱼岛就是一个小样本，如果连钓鱼岛问题都解决不了，中日关系永无宁日。这是中国崛起道路上具有标志性的地缘政治"引爆点"，必须坚决拆除、平息。

  中日钓鱼岛之争起因于"旧金山体系"而发酵于冷战后期，复杂于新世纪中国崛起战略机遇期。美国麻省理工学院名誉教授约翰·道尔分析说，日中、日韩的历史认识和领土问题反复紧张，为什么同一个问题会反复出现？其中大部分重大问题是根源于冷战初期，追溯到1951年签署《旧金山和约》和《日美安保条约》。由于韩国、中国没有参加旧金山和会，而签署涉及的问题，包括北方领土，钓鱼岛、台湾、独岛等，都与

"旧金山体系"以及冷战相关。在这个方面,作为始作俑者的美国,表面上称"不持立场",实则是支持日本对抗中国。"不持立场"本身就是偏袒日本,因为,钓鱼岛原本就是中国的固有领土,被美国私相授受给日本,就连当时的"盟友"台湾都坚决反对,按理美国的立场就应当明确表示,钓鱼岛主权归属中国。不持立场,意味着肯定当初私相授受的行为,并且,还要以所谓法律和条约加以保护,叫嚣给中国划底线。中国怎么办?毛主席早就一针见血地指出,美帝国主义和一切反动派都是纸老虎!区别是纸的质地和老虎模型的大小。美国连一个朝鲜、一个古巴、一个越南、一个伊朗、一个伊拉克、一个阿富汗、一个利比亚、一个叙利亚,等等都无能为力、都无可奈何,或者都治理不好、深陷泥沼,还有什么资格与底气给中国划界限、发恐吓、搞再平衡呢?中国应当有真胆略,敢于亮剑,敢于"以战止战",以制衡和连线来针锋相对瓦解"再平衡"图谋。

9.2 坚决回击美日安保条约的恐吓

可笑的是美国一些所谓的政治家、战略家们,还怀着冷战时期对付苏联那一套的思维与做法,对中国搞两面派,妄图以威慑加恫吓唬住今日之中国,岂不是自欺欺人、口言心虚?

香港《明报》(2012年11月2日)曾采访美国著名智库——战略和国际问题研究中心的中美专家葛来仪(邦尼·格拉泽)。她说,不论是共和党还是民主党上台,对华基本已有跨党派共识。更大问题反而是中国不明白美国"重返亚洲"战略对华其实利多于弊。钓鱼岛问题若处理不当,更可能严重影响中美关系。她认为,美方认为近年中国一些举措"过火",美国觉得有必要给中国的行为划定界限。

葛来仪表示,现在美国最关注的是,中国是否真的以为,若日本失去对钓鱼岛的行政控制权,就意味钓鱼岛再非日本实际控制之地,因而不能再列入美日军事同盟的安保范围。她警告,"中方如采取这种策略,后果会很严重。"她解释,"一旦对峙形势急转直下,例如,中方有人员登岛,届时日本若要求美国出手介入,美国将极难拒绝",因为舍弃日本等同于撕毁安保同盟,美国也难望再维持驻日美军基地。但驻日基地对美国来说太重要了。一旦失去,美国就不可能继续在亚太区域有效发挥影响力。她说,"所以美国必须展示力量,划定界限,并就中国的行为定下不可逾越的底线。"

这种明目张胆的恐吓实在像一个巨人对一个孩子说的话,而不是一个巨人对另一个道行更深更厚的巨人说的话。中国应当礼尚往来正告美国,中国在钓鱼岛问题上的底线。正如中国必须解决台湾问题一样,中华民族实现国家统一、领土完整的决心和意志是不容挑战的,中国崛起、"中国梦"就是要首先终结19世纪以来因帝国主义、因冷战而给中国带来的创伤和后遗症!这是中国的国家意志!以此让美、日知难而退。否则,对中、日、美都是一场灾难。

中国持续加大对钓鱼岛的巡航力度,顶住美日压力在东海坚决划设了防空识别区,客观上形成了中国实际存在的局面,一改过去完全由日本单方面掌控局势、独霸钓鱼岛12海里内海域各项权益的态势。仅仅是这样的逆转,就让日本朝野上下忧心忡忡。日本《读卖新闻》就此专访自民党副总裁高村正彦(2012年11月4日),提出"变日中'互损'为日中'互惠'"。从高村的分析应答上可以看到日本的焦虑以及不得不寻求与中国"战略互惠关系"的现实途径。"在尖阁(中国钓鱼岛)问题上,日本主张'不存在领土问题',在国际上,这是己方实际控制和对主权拥有绝对自信时经常采用的说法。如今,在中方施加强烈压力的情况下,如果变更说法,将会给中国和国际社会发出错误信息。另一方面,日中两国见解相异,这也是事实。关键在于两国是否能够找到双方都可以接受的维持现状政策。两国仍需要进行正式和非正式的对话。"他的对策是,"重建坚固的日美同盟,将是对亚洲外交好转的必要条件。在此基础上,再与中国重新落实战略互惠关系。如今的日中关系已经是'战术互损关系'了。"高村的言外之意,是日本想以所谓的实际控制赢得国际法的支持,一方面维持现状,一方面还想与中国建立战略互惠关系。而其重要的手段,就是想以日美同盟来威慑中国,以为中国害怕日美联手,而不敢对钓鱼岛问题予以终极解决。

中国对这样的幻想应该坚决粉碎。要在言行上正告日美和世界,如果以为中国为了顾及改革开放、社会稳定,顾及美日同盟而不敢以战止战,那就大错特错了。美国不可能为钓鱼岛而战,更不要说全面开战。日本如果敢于进行全面战争,以它的国力、人力、战略纵深论,注定要被彻底摧毁。而美国也完全可能打自己的如意算盘——让中日相争,彼此消耗,它再坐收渔利——降服日本逆动之心、削弱中国崛起势头,确保其唯一的超级大国地位。中日相争,看客众多!也正因为如此,钓鱼岛之战,绝不可能演变成中、日、美的全面战争。

从战略上说,钓鱼岛问题还可以与台湾问题的解决相互联动。解决钓鱼岛问题,对于完成祖国的统一大业,也有着极为重要的影响。

第10章 中国越健康，日本越变态

10.1 日本变态病入膏肓，我们得帮他

不知道从何时起，日本对于中国居然潜意识里累积了无比的优越感，对待它的文明源头，不是感激与报恩，而是充满了不屑、欺凌乃至毁灭的心态。这种精神上的幻象与虚胖，在中国晚清到20世纪中前期达到了登峰造极的地步。之所以能够制造无数起类似"南京大屠杀"的事件，完全与希特勒从根子上鄙视犹太人的心理一样，把中国人视为猪狗不如，才能肆意杀戮而不眨一眼，充满鄙夷和仇视，才会痛下杀手，比赛杀人游戏。日本发动侵华战争和太平洋战争是日本自我膨胀的野心发展到极致的结果，也是其自我膨胀心态扭曲到极致的结果。这是一种变态表现。此一表现直接导致日本在战后迟迟未能彻底反省、真诚悔过，也迟迟难以赢得亚洲各国和世界的谅解、宽宥。日本背上的历史包袱越久，其变态心理发酵越烈。

另一种变态，则是二战之后，在美国的扶持下，日本获得了经济繁荣，再次带来了虚胖的精神幻象，颇有超越美国实现经济统治世界的抱负。没曾想，美国的一招"广场协议"，令日本从此进入了经济低增长乃至一蹶不振境地，而它的政治大国梦、军事大国梦也因为美国的暗地钳制，屡屡破灭，使其郁闷无比。在美国面前，日本备受压抑，其心理累积到一定时刻，胸腔也必然要爆裂。此为第二种变态表现。

第三种变态,源于中国改革开放30年来的巨大成就,带给日本心理上的巨大反转。日本从经济援助者、貌似中国的发展繁荣"恩人"的姿态,逆转为其经济发展要靠中国,中国经济总量反超日本,其失落感、不平感、委屈感还有与生俱来的不屑感,交织在一起,加剧了日本当下对华心理变态的浑浊状态。

三种变态心理搅和在一起,的确够日本受的。从这个意义上说,日本够可怜!作为近邻,作为有历史文化血缘关系的文明近亲,我们不能坐视不管,得帮它!怎么帮?要从根子上将日本人的变态心理纠正过来。要从物质和精神上彻底让日本敬服、敬畏,让日本彻底失去"变天"、"捣乱"的蠢动之心,彻底灭绝其侥幸之心,彻底粉碎日本的精神优越感,才可能将其变态心理与行为矫正过来。

10.2 再给日本两颗"精神原子弹"

日本的变态首先表现在其不知天高地厚的岛国封闭心理。

日本人瞧不起中国人,认为中国是土老农的形象;而日本是工业化、精工化的国度。殊不知,其实日本的心态恰恰是典型的小农意识。曾经是日本战后知识分子代表的田雄次就曾一针见血地指出:日本人的精神构造始终是农民式的,是一种弯着腰低着头,只将五感集中于内的形象。

"心胸狭窄、单调乏味、排外性强、好好先生、自我封闭,正是这些使日本、日本国民在国际感和国际意识上依然沿袭着战前的水平。"[28] 在外国人眼里,日本的形象仍旧如此。

岛国根性加上文化的单一性、民族的单一性,注定了日本民族形成一种自高自傲但本质上却脆弱、敏感、自卑的内向性格。金文学在《新丑陋的日本人》中评价说,"日本人由于文化单一性强,因而在民族性格上是一种不愿主动表露自己的内向、狂躁和抑郁的性格。对与他人接触极其敏感,因而容易变得神经质,气量小,并且容易害羞,反过来又有容易兴奋、容易情绪化的一面。"这是一种生活在岛国上产生的心胸狭隘、小气、缺乏从容的根性。一旦进入到国际交往的层面，就会发现日本人缺乏面向世界的堂堂正正的自信，有一种恐惧感，老是担心会被孤立、被嘲笑。所以，其在行为上崇尚"偷偷摸摸"——偷袭、偷拍、偷盗、偷学。看看日本的军事思维、军史案例就一目了然：如甲午海战对北洋水师、九一八事变、皇姑屯事件、七七事变、珍珠港事件等等。

第二，日本的变态表现在极端偏执的民族主义（实质是种族主义）意识。

《参考消息》（2012 年 9 月 12 日）曾发表该报驻东京记者蓝建中的文章《"购岛"闹剧刺激日极端民族主义抬头》。其中提到的日本学者四宫正贵的观点就很有代表性："虽然表面上被封锁了，但是日本民族的民族主义和爱国心在战后 60 年也没有枯竭。回顾我国历史，在国家危机之时，尊皇精神和爱国心就会兴起，超越危机。现在日本的危机状况，通过民族主义的兴起和日本传统精神的复兴，必然能够度过。"

令人难以理解的是，日本偏执的民族主义，却始终是以其"先师"和"恩人"中国作为靶子，人为制造外来威胁和危机感是这股民族主义情绪的重要推手。在中国贫弱时如此，可以肆意侵凌，在中国强大时更如此，可以强调威胁，制造危机，转化矛盾。这是中日关系的一个"死结"。2012 年 3 月 21 日，石原慎太郎在东京首都大学的毕业式上对毕业生表示："不把中国说成支那是不行的。"这种狂妄态度和言词，从他多次当选东京都知事的选票上可以看到支持者的倾向，反映了日本社会的一种普遍态度。而网络右翼活跃度则是另一个有力的佐证。日本最大的网络留言板"二频道"里充斥着这种无知、偏执、变态的种族主义狂言。特别是针对中国人、朝鲜人的种族歧视语言。如，将中国人蔑称为"支那畜生"、"清国奴"等。很多日本网民对中国人民遭受日本侵略和南京大屠杀心安理得，认为"不过是杀了 3500 万蟑螂"，"展示了日本的工业化实力"，"保护了地球环境"。

那么，日本为什么总跟中国较劲呢？蓝建中对此做了分析。他介绍道，日本国际论坛理事长伊藤宪一早在2004年时就指出："最近，日本人的民族主义情绪认为正在高涨，民族主义的本来姿态应是为了本国的尊严、独立、领土完整，对侵犯国家根本利益的侵犯者进行的反击，但是最近日本的民族主义倾向，却主要是反击中国，对俄罗斯却非常宽容，可以说这种民族主义显然缺乏平衡。"这种情况在8年后更加甚嚣尘上。其根源在于日本人的一种心理变态——对强者服膺，哪怕是对自己犯下罪行者，而对弱者则莫名蔑视。对于中国，令人匪夷所思的另一方面是，当年日本浪人骚扰中国沿海时，明朝可是世界上最强大、最富庶的帝国。为什么丰臣秀吉还敢于叫嚣，要打到北京去，由日本来坐天下呢？可以类比的是，一些日本人天生对中国就有一种怪异的逆反心理，就像是家奴从主人家发达出来，不仅不感恩，而且还以扭曲、委屈的小人心态变本加厉报复一样。日本人津津乐道于圣德太子两次给隋炀帝的国书中，以"日出处天子致书日没处天子无恙"，和"东天皇致白西皇帝"，无非是处心积虑要与中国平起平坐。到近代，日本人开始在心理上完全"战胜"了中国。1868年，日本开始明治维新，只用了不到30年，就走完了西方国家三百年才能走完的道路。除了学习西方的科学技术、思想、宪政之外，就是拿他的恩人开刀，对已经腐败衰落的中国动手，通过侵略中国以及侵占朝鲜、在中国土地上打击俄国，获得了赔款、割地等金钱和物质资源，从而迅速崛起。日本的国民教育基础，军事和工业化实力，就是靠中日甲午海战后清政府的巨额赔款扶持起来的。[29]

日本在二战中的变态达到了登峰造极的地步。1927年，日本进入了明治维新之后的第60个年头。7月25日，田中向天皇提交了"田中奏折"，叫嚣，"如欲征服中国，必先征服满蒙。如欲征服世界，必先征服中国"。田中又建议，在占领中国之后，再利用中国的资源征服印度和南洋各国，进而征服小亚细亚和欧洲。1929年，明治维新第61年，日本军内最大的法西斯组织樱会成立。1931年9月18日，发动了侵略中国的九一八事变,打响了征服中国的第一枪。日本认为是吃定了中国,毫不考虑日本的人力、能力,居然有征服世界的野心——其疯癫和变态达到登峰造极的地步。对于战败投降,日本认为是被美国人和苏联人打败的。中国虽然是战胜国阵营,不过是搭了顺风车而已,因此,从没有对中国产生敬畏感。中国主动放弃战争赔款,被许多日本人认为是没有能力向日本索要而已,因为中国没有能力向日本派一兵一卒。

深究日本人对于中国的变态心理根源在于:农业中国、工业日本。中国永远在日本之下,中国永远是愚昧落后的,而日本则高人一等,是日不落帝国。而今天,中国正全面超越日本,日本的优越感一下又逆转到失落感、不服感和质疑感的多重交织状态,其心态扭曲则到了无以复加的地步。

蓝建中在文章中援引了日本华侨创办的中国通讯社营业部长姜德春的话指出:现在,战后出生的政治家主宰着日本国内政治舞台。他们本身就是接受日本战后扭曲的历史教育的一代政治家,具有狂妄的民族主义情绪,内心并不服气日本战败的结果。同时,民族主义情绪强烈的这一代年轻政治家却又偏偏赶上了其内心认为无比强大的日本在走下坡路,而中国、韩国却保持高速的经济增长,其心理难以平衡,所以行动上显得更急切、偏激。与之相应,日本的选民也多是战后出生的,接受了同样的扭曲的历史教育观。日本右翼势力的挑衅行为,也因此更容易得到选民的支持。

日本对于中国尚且如此,对于其他民族更是不屑一顾。这种莫名其妙的种族主义潜意识,将日本民族视为高于中国人、朝鲜人、韩国人,高于亚洲、中东甚至欧洲人的心态,不是十足的变态是什么?

大凡去过日本而对日本有深入研究的人都会得出类似的结论:"日本人的国际化有其双重结构。即对欧美的自卑情结带来的卑躬屈膝与对亚洲的优越而带来的色厉内荏。这完全是两个极端,在西方人面前是自惭形秽,在亚洲人面前则是自高自大。"[30]

如今，外国留日生已达到十万之众，这些人同时也是日本国际化、全球化的直接主力军。然而，由于在日本所受到的歧视、蔑视、忽视，最后便出现了所谓的"留日反日"的现象。这种现象已经由来已久了。这与留学美国便会"留美亲美"的现象截然相反。思绪所至，笔者忽然觉得日本挺可怜的。其变态是一种病，且病得不轻！因之，原先对它死不悔改的痛恨，忽然就变成了怜悯——因为它是十足的病态、病人！

2005年，联合国人权委员会负责现代种族主义、歧视和排外等问题的特别报告员杜杜·迪宁在其撰写的报告中，专门有一章节分析了他于2005年7月到日本考察时发现的问题。报告指出，日本国内受到歧视的人主要是当地少数民族、韩裔、华裔以及来自亚洲、中东、非洲和欧洲的移民。作者建议日本应就打击种族主义进行全面立法，呼吁日本政府就石原慎太郎的排外言论表明立场，明确历史对日本人的作用及怎样开展历史教育。

第三，日本的变态，表现在二战后日本处于耻辱感和被抬高为"日本人论"、"日本文明"的两极分裂又交织的怪诞现象之中。金文学评价说，"战后以来一直在失败的阴影中饱受挫折感煎熬的日本人，从欧美人的'日本人论'中享受到的一种快感与安心。这种所谓的'日本人论'，已经作为一种用来满足挫折感、自虐式疯癫与自狂自傲的日本病固定了下来。""战后日本人完全沉溺于西方人的魔法当中，丧失了自身的身份认同感，从而形成了一种全民族的'日本型自虐人格'。"[31]

日本的耻感文化也特别怪诞。本尼迪克特认为，日本人在道德和精神上，对自己所发动的战争，以及对战败会觉得"耻"。但与德意志民族的真诚忏悔相比，其耻感文化却真正是可耻——不是因为悔过而后勇的耻，而是因为战败所以一心要翻案、一心耻于正视自己之耻，最终令天下人所不齿。这反映了日本人扭曲的国际观。自卑与羞耻心，导致他们否认历史，不敢正视历史伤疤，结果试图以忘却来掩盖自己的心理障碍，反过来指责中国、韩国等亚洲邻国紧揪着历史不放、不面向未来。而其自编的历史教科书,则完全颠倒黑白或者肆意删改历史、忘却历史,还美其名曰,要让日本的年青一代不背精神包袱,面向纯净的未来。

对于日本殖民时期及其战败导致与中韩的领土争端,其不反思自己的无理取闹(如所谓对钓鱼岛国有化行为),反而借机鼓动国民情绪。《读卖新闻》(2012年11月25日)一则报道《内阁府调查显示对中国无好感者占80%》披露,日本内阁府公布的《有关外交的舆论调查》(2012年9月27日到10月7日,以日本各地3000名成年男女为对象)结果显示,对中国"没有好感"的日本人高达80.6%,与2011年的上次调查相比增加了9.2%,创下了自20世纪70年代以来此项调查的新高。

同样情况也发生在对韩国身上。回答对韩国"没有好感"的也增加了23.7个百分点,达到59%,处于历史第二高的水平。其原因是因与中国有钓鱼岛之争,与韩国有独岛之争。

撇开因领土之争导致的情绪化因素,让人无法理解的是,一个历史上满身污点、对邻居作恶多端的民族,却屡屡不仅不反思,反而振振有词地动辄说"反感",动辄喊"交战",讨厌邻居,而不是取悦于邻居。

第四,日本的变态,还表现为美国在政治、经济、军事等全方位主宰使其倍感压抑上。日本既要巩固日美同盟关系,以此抗衡中国,但骨子里又对美国佬恨得咬牙。在日本欲圆联合国入常梦问题上,美国人明里支持,暗里使绊的做法,就已经让日本人倍感悲哀。一纸"广场协议"使日本经济崛起的豪气一夜之间化成了几十年的衰退情绪,日本却对美国无可奈何。

日本在中美两国面前,欲逞强而实质难强,又偏偏不能理性客观务实面对的心态,注定了它永远只能是小国心态——充满了猥琐和诡诈,就像神风敢死队破罐子破摔一样,明明是无奈地以死相争,却要做出大义凛然的果决样子;就像至今死抱靖国神社的幽魂不放一样,明明是侵略者的可悲下场,却愣要被塑造成民族英雄的形象。日本右翼大得其势,充分反映出21世纪日本国家与民族对未来的迷茫感、焦虑感。而日本右翼的主张很有可能从一种社会思潮发展成具有体系性的国家政策，并得到巩固和强化。美国《华盛顿邮报》(2012年9月21日)发表了一篇《右倾化的日本》的长篇报道，指出，"如今的日本对周边国家采取了战后以来从未有过的对决姿态。"并断言，"严格地说，日本的右倾化不是社会问题，而是反映在外交和防卫方面的动向。"中国崛起伴随对海洋权益维护的相应扩大，加上日本国民急于摆脱"失去的20年"不景气的背景，加剧了日本民族主义、排外主义乃至法西斯主义的偏激趋势。挫败感、压抑感、不平衡感、孤独感再加上集体潜意识中虚幻的"优越感"交织在一起，足以构成日本民族特别是政治精英人物的扭曲、变态心理与行为。可以断言，如果按照日本现在的右倾化政治路线发展，中国越健康，日本将越变态，抗衡中国、构筑反华包围圈的心情越迫切！而美国则乐于鬼迷心窍的日本冲在其重返亚太战略的第一线，与中国明里暗里对着干！消耗中国，同时也消耗日本。消耗日本越多，日本对美国的依赖度越大。美国的如意算盘就是刺激日本，鼓动日本充当遏制中国的马前卒，调唆日本越发起劲地挑衅中国，然后假惺惺地劝架，其实是拉偏架，就像在钓鱼岛争端中发出"适用美日安保条约"一样，时不时给日本打支鸡血针。

在相当长一段时期内，由于有美国因素在背后作祟，日本注定是要跟中国过招的。如果中国经济增长放缓甚至步日本后尘，军事实力发生逆转，日本的变态可能会缓解；如果中国持续强大，越发健康，日本的变态就必然恶化，其扭曲的心理就必然外露在脸上。

要彻底解决之，日本得来一次大放血，大排毒；可能还得再经历一次大"战败"——不单是军事上的还是经济上、文化上的大"战败"——日本才能正确认识自己、选择正确的发展道路。

解决日本的变态问题，靠日本自己不行，靠美国也不行。唯有靠中国和美国一起去帮助日本，救日本于玩火自焚的困厄迷途之中。要最终解决日本问题，赢得对日较大的心理优势，要像当年美国坚决地连续投下两颗原子弹一样,坚决地给日本再来两颗精神的原子弹。一颗投给钓鱼岛问题!一颗投给靖国神社问题!彻底摧毁日本右翼的精神支柱以及历史神经官能症。前者一劳永逸解决其妄图复辟殖民历史旧梦问题;后者一劳永逸解决它与邻国的历史恩怨以及民族精神跑偏问题。钓鱼岛是中国的固有领土,而日本却欲攫取之,并将所谓的管辖权转变为主权。靖国神社供奉的幽魂是对人类犯罪的战争罪人,日本人却称颂为民族英雄。精神原子弹投在日本头上,不仅可以摧毁日本的精神底线,也可以震醒美国的痴心妄想。

第11章 中美"共治"日本,世界福音

11.1 "共治"日本是中美最大交集

近来,日本将钓鱼岛所谓"国有化"的购岛闹剧越演越烈,安倍政府更是大肆扩充军备预算,铁了心要修宪重释"集体自卫权"。值此中日大有擦枪走火危险之际,中国曾向美国郑重发出"共管危机"的呼吁,将事实上早已存在的中美私下曾有的"共管危机"磋商与共识公开化、国际化。面对日本这个难以驯服的"发育异常"的"怪胎"国家,中国或者美国单独管制,都终难奏效。尽管日本侵华战争因太平洋战争的爆发而导致失败,但日本"灭亡"中华之心未泯。所以,安倍晋三才有"侵略未定论"的说法,坚称"什么是侵略是一个学术问题"。全世界只有日本这个国家(民族)才会"不屈不挠"地否定自己的侵略历史,"不屈不挠"地对自己一手制造的"南京大屠杀"进行学术研究,希图以精确的数字之差来否定南京城没有"30万"之众因而"大屠杀"是编造的史实。同样,日本以议员的名义成立专门机构,"不屈不挠"地研究大东亚战争,得出了一个歪论:日本是在美英等西方列强的逼迫下才发起太平洋战争,是一场民族自卫的战争;日本非但没有侵略东南亚国家,反而是亚洲唯一敢于反抗西方列强的国家;是日本将东南亚从西方殖民统治下解放出来的,所以,亚洲要感谢日本才对。所以,日本的政客们才对靖国神社、对天皇心怀敬仰,顶礼膜拜。所以,安倍才会说,"保障向尊敬英灵表达崇敬之意

的自由是理所应当的事"；桥下彻才会大言不惭地公开表示，慰安妇是维持日军军纪的必要。这一言论，使无条件袒护日本的美国都实在坐不住了，逼得美国国务院发言人公开予以严厉批评，美国的议员甚至用了"令人恶心"一词。足见他们内心对日本的真实态度。

中国的禀性是仁慈、宽厚；美国的本质是实用、贪婪。中国因此讲情怀，总是希望以心交心、以理服人、以诚化人；美国因此讲利益，总是希望颐指气使、盛气凌人、以强力打压。所以，美国为自己的国家利益考虑，把日本当枪使，让日本充当马前卒，制衡中俄，制衡一切对美国利益有显在或潜在威胁的力量。而日本呢，其禀性是自大、使诈、心比天高却其志难酬，因而哀怨、不服、压抑。所以，日本对待中国，是不屑的心理；对待美国，是不满的心理。如果说未来发展，只要有可能，日本还会想侵占中国；只要有能力，日本会狠狠报复美国。其实，日本人对美国的仇恨，要远远比对中国的不屑积郁得多。两颗原子弹之仇，它可以一千年之后再报。除非它彻底醒悟，"放下屠刀，立地成佛"。可是，如果那样，日本就不是日本了。

中国最了解日本，只是出于儒家的禀性，不对日本下手而已。日本有识之士心知肚明。如果中国决计对日本动手，日本没有机会。因此，日本不会傻到不知死活。

美国也了解日本，只是出于战略的需要，纵容日本而已。日本有识之士心如明镜，忍受着美国人的霸道，将计就计发展自己的军事科技。如果美国一味放手，终有一天会养虎为患，日本再咬美国一口不是不可能的。因此，美国不会傻到没有底线。

在中日美三角博弈中，与美国希望中日火拼相比，日本最希望中美大战。中日火拼，消耗了中国，剔除了美国最大的威胁，同时，也削弱了日本，使其能老老实实听从美国的钳制。但问题是，中日火拼，日本必亡，美国有"美日安保条约"，美国不得不出兵，这就触及了美国的底线。美国的实用主义不可能为日本而损害自己的利益。所以，美国会有限度地刺激中日交锋,但不会使局面失控。

相比之下,日本的阴险本质,是巴不得将美国拖下水,让中美之间拼个鱼死网破,日本一箭双雕坐收渔利。一则它可以东山再起,重做"皇道乐土"之梦;二则借刀杀人,报两弹之仇,冷眼旁观美国的衰弱,自己借机甩掉头上的紧箍咒,为所欲为,成为一个"正常的大国",甚至堂而皇之坐到联合国常任理事国头把交椅也未可知(它不是不敢想)。

因此,面对日本加速"变态"、日益复辟"军国主义",重整军备的态势,最大的交集无疑是中美共治日本。这不仅是中美之间的大事,也是世界的大事。治住日本,对中美利大于弊;对世界则绝对是一个福音。而治理的方向,就是让日本像德国一样,成为一个真正"正常的国家"(民族),重新赢得世界的敬重。

有美国的战略研究者从美日同盟的角度认为,中国会通过离间美日关系来达到制服日本的目的。如《中美亚洲大博弈》作者阿伦·弗里德伯格分析说,日本而非台湾地区将日益成为北京的战略焦点。"即使实现了两岸统一,北京仍面临着如何应对日本的问题。因为只要东京和华盛顿保持密切关系,北京在东亚的实力提升仍会被抵消,它的影响力也会受到限制。倘若日美同盟土崩瓦解,无论日本独自还是与俄罗斯、印度等其他亚洲大国联手,都仍会构成威胁。中国若想取得优势,必须找到将日本与美国分离的方法,但不能激起日本采取其他武断行动。"他并认为,"截止到本世纪之交,中国采用的战术似乎都产生了相反的效果。狡猾的日本政治家非但没有如同过去可能做的那样试图安抚北京,反而通过唤起长期处于休眠状态的民族主义和爱国主义情绪对冷战后民众日益感到的脆弱和不安全感作出了回应。"[32]

这种分析显然是缺乏大智慧与远见的。想从日本身上下手,让日本疏远美国而达到自身目的,日本不会理睬,而美国也不会坐视不理。根本的方法,就是让美国知道日本的虎狼之心,只能关在笼子里,一旦放虎归山,就会为祸无穷。

11.2 最好让美国自行清理门户

中美共治日本,不仅有战略可能,也有现实的需要。因为,单就东北亚地缘政治格局看,美、中、日、俄等大国围绕东北亚战略进行博弈,形成交错之势。美国要遏制中国、防范日本、牵制俄国,结果"造成了东北亚地区大国间牵制与反牵制、遏制与反遏制、利用与反利用的斗争时明时暗,纵横捭阖,云谲波诡。美国的'一超主导'地位正在受到中国崛起、俄罗斯复兴和朝鲜桀骜不驯的有力挑战。从长远的观点看,日本走向政治大国、军事大国的抱负和不甘屈居人下的民族性格对美国的东北亚霸权也是一种潜在的威胁。"[33] 对于这一点,美国的战略家们心里清醒得很。布热津斯基就公开表态,美国要"非常细致巧妙地鼓励日本实行自我约束"。他甚至担心将来中日之间结成了战略轴心,共同抗美。"中—日轴心可能会带来一种在地理上比较有限,但潜在后果却更为深远的挑战。这个轴心可能在美国失去在远东的地位和日本对世界的看法发生根本改变之后出现。联盟将把两个有非常巨大的生产能力的民族联结在一起,并可能利用某种形式的'亚洲主义'作为联合反美的学说。"[34] 当然,布氏认为,这种情形几乎不可能出现。

既然美国人连未来中日轴心的可能性都想到了,他不可能没有想过通过中美共治日本,达到美中日三方共赢的可能性。事实上,正如笔者上述分析指出的,中美共治日本比中日共治美国、美日共治中国,更具有战略利好和战略实现的可能性。也正因为深入分析了这种可能性,布热津斯基才会在其《战略远见》一书中提出,"美国在东方的和解者角色至关重要,尤其是在促进日本和中国之间的和解方面。美国可以通过美日关系去促进中国和日本的和解。""中国人知道美国对日本的承诺是坚定的,知道美国和日本的联系是深刻和真实的,知道日本的安全直接依靠美国。日本人也知道,与中国人发生冲突对双方都是毁灭性的。所以,美国与中国对接,能从侧面对日本的安全和福祉有帮助。"[35]

中美共治日本,当然不是幼稚到把美国人当作同志与伙伴,而是要让美国人明白其中的利益得失。其中,也包括瓦解美国的策略,消解美国对中国的敌意。

香港《南华早报》(2012年10月16日)曾刊发一则消息《前外交官说中日纠纷是美国计划的一部分》,就日本前外交官孙崎享出书《战后历史的真相》披露道,美国自二战后就操纵日本,以"清除"试图与北京进一步发展关系的首相。书中说,有关钓鱼岛的持续争论以及泛太平洋伙伴关系的讨论,都与华盛顿的全球地缘政治利益密切相关。他说,美国"鼓励像前原诚司这样的政客采取行动反对中国,因为这对美国有利"。他揭露,美国政府实施的政策是"离岸平衡战略"。在这种战略下,中国的邻国,包括韩国、菲律宾、越南和日本,得到鼓励采取行动,以遏制中国及其不断扩大的地区影响力。因此,钓鱼岛问题是这一战略的一部分。甚至有的人希望日本拥有核弹,这也与平衡战略有关。

因此,中美共治、共同管理日本,并不是盲目相信美国,将美国列为同盟、同志,而是要让美国知道,中国洞悉美国培植代理人和"鹬蚌相争,渔翁得利"的策略。要让美国明白没有什么滑头可耍,中国也不会上当。而日本的蛮动如果不共同治理,就会失控,反而危及美国自身。还有,中国也完全可以以其人之道还治其人之身,将计就计,就让日本自我膨胀,就像一个毒瘤一样,任其发展到不得不破口流脓之时,让美国不得不去收拾残局。中国也可以将美国的策略移植到美国的盟友身上,譬如日本、菲律宾们,让他们明白自己被美国当枪子使,使其警醒,不至于傻乎乎地往前死冲。同样可以达到"共治"的目的。

日本本身就不乏自我教育的事例。冷战后,"已经有迹象表明,日本、东亚以及欧盟,在经济上将是美国霸权的主要挑战者。1990年以后,美国把这种经济上的挑战列为地缘政治的焦点。"[36] 20世纪90年代的亚洲金融危机,许多日本人私下都认为,这一结果是美国为了削弱日本经济在世界上的影响而蓄意制造的。因为,当时美国担心,以日本为中心的亚洲经济集团正在形成，相对于苏联，日本甚至可能是更大的威胁。

因为，20世纪80年代末，日本被认为在世界上具有领先的经济和金融实力。人们都在讨论"日本可以说不"和日本经济挑战带给美国的威胁。而与此同时，美国经济特别是银行业陷入了持续的严重危机之中。最终华盛顿通过签署《广场协议》《卢浮宫协议》，对日本强制施压，迫使日本政府提高日元对美元的汇率，日元大幅度升值，终至日本经济产生巨大的金融泡沫、房地产泡沫。到了1990年初，日本才恍然大悟，可为时已晚。这个盟友已经极度受伤。

美国的所作所为，恰恰说明，一旦美国认识到日本对其威胁的存在，一定不会坐视不理，一定会痛下狠手。中美要"共治"日本，也要让美国意识到日本对其国家战略造成了重大威胁，方能奏效。随着日本社会日益右倾，日本"修宪"已是箭在弦上。国际社会对日本试图重整军备甚至核武充满了警惕。就让日本好好表演吧，让安倍多穿几次迷彩服、多坐几次731飞机、多祭拜几次靖国神社、多说几次侵略未定论，甚至多造几颗核武吧。中国不怕日本的核武，倒是美国要提防日本终究要报两颗原子弹之仇。就让美国自行清理门户吧。

第12章 中美"共制"世界，理想还是现实

12.1 "共制"是制衡，不是治理

早在2008年奥巴马首次访问中国之际，就曾提出中美G2的主张，即由美中共同领导世界，当时未得到中方的响应。显然，不仅仅是中方未做好领导世界的准备，中国也没有能力、实力领导世界，中国领导世界也还不能够得到世界的认同与响应。但更深层的问题在于，这是美国制造的一个"陷阱"，试图将中国纳入美国设计好的套路之中，把中国套牢，按照美国人的逻辑，承担由美国人说了算的"世界责任"，比如在利比亚问题、叙利亚问题上"共担责任"。中国当然不会上这个当。

然而，中美作为世界经济体最靠前的两个大国，作为两个代表性阵营的首要大国，在面对世界的时候，不论是敌是友，抑或亦敌亦友，都必须"共同"处理好世界性的议题。这里的"共同"，并不代表中国加入了美国的阵营，当然也不代表美国就放弃对中国的围堵与戒心。

"共制"是制衡，不是治理。

中美之间不应该直接走向对抗，否则一定是彼此的也必然是世界的灾难。这就是中美两国最大的利益交集。此外，中美还有共同需要解决的问题，比如全球气候与环境、世界经济、朝核等地缘政治危机，等等。中美之间共同的关切面越来越多，互动也越来越深。中美之间又合作又对立的局面，与美苏之间冷战时期的对立有根本的区别。前者没有

彼此致对方于死地的仇恨和冲动;而后者因为霸权+意识形态结合的因素,从一开始彼此就将对方定位为敌人。前者本质上可以调和;而后者本质上势不两立。

因此,不论是从理论上还是历史上,不论是从地缘关系还是从现实利益看,中美必须"共制"世界,从不同的角度、不同的方向发力,以保持世界秩序的平衡,确保人类共同利益得到发展。"共制"不是一个管理世界的共同体,而是两个共同体,分别代表着更多的共同体。

这是一个看似复杂实则简单的共同平台。在这个平台上,各方力量在其上角力、对弈,充斥着明枪暗箭、明争暗斗。但也正因为有对抗有顺应,才确保了世界政治的跷跷板不会失衡、不至于倾倒。

美国《基督教科学箴言报》网站(2012年10月30日)发表了一篇文章,题目就是《中国对美国不是威胁而是机会》。文章的核心观点是,美国不应抱着对抗心态看中国。作者认为,奥巴马在第二任期要对美国第二大贸易伙伴中国强硬起来的做法是错误的。"美国需要更多了解一下中国,与中国老百姓和领导人多接触接触,将两国利益连在一起,背后再心平气和地谈判,进而努力把中国变成个好伙伴,共同繁荣。"由此,作者提出,"许多美国人都抱着'对抗'的心态看待中国:他们赢了就意味着我们输了。这种观念不可取。实际的情况不是'对抗',而是'合作'。中国和印度的发展对美国意味着机会。"

日本《外交学者》杂志网站(2012年11月19日)也发表了一篇类似文章,题目是《公海上的文明冲突》,作者为美国海军军事学院战略学副教授詹姆斯·R·霍姆斯。文章提出,中美关系不应屈服于"文明冲突论"。作者分析道,"中国经济迟早要超越美国。中国拥有不同的价值体系、世界观和政治制度,代表不同的文明,美国应该如何保持和处理与中国的关系?"美国应该如何以平衡为基础应对来自另一个文明的大国?他的建议是,"不要太在意文化差异。""文化差异是重要的,但通常不起决定性作用。不同的社会关注点不同,但其政治和战略道路没有本质区别。"

"我们发现国家利益、地理距离与文化同等重要。相同的文明之间不一定会和谐,而不同的文明之间也不一定会开战。"所以,作者最后得出结论,"我对华盛顿的最好忠告是,不要屈服于文化决定论。文化在战略方针中只是一个因素,也是很少起决定作用的因素。"这类观点显然是对亨廷顿著名论断的一种反拨。亨氏认为,冷战之后,冲突将更多地在文明断层线之间国家展开。而中美两国的文明恰恰是两个极端,似乎水火不容。但他忽视了一点,中华文明是世界上最为特别的文明,具有无与伦比的兼容力和同化力,正像老庄哲学所阐述的,水至柔但驰骋天下而至坚。这个特性,决定了中华文明可以与任何对手合作,可以与任何对手博弈。

西方的一些学者显然也开始认识到与中国打交道的个中三昧。香港《南华早报》(2012年11月26日)曾发表加拿大研究者的一篇文章,直接点名称"中国这个精明的超级大国"。文章指出,哪些因素才能成就一个超级大国?是精神、信心、影响力、耐心、决心和老练程度。而中国当前能满足超级大国具有的所有这些特征。

中国有句俗话是"四两拨千斤"。一位精明的行事者能以很少的努力赚取很大的利益。作者举例说,"美中在对其他国家运用自身超级大国地位时的手法形成鲜明对比。当拥有核力量的朝鲜威胁发射一枚火箭时,日本惊恐不已,美国发表了一份外交文件,然而朝鲜火箭还是腾空而起。相比之下,中国通过增加或减少援助来制约朝鲜。中国能够抵消或强化西方势力,中国利用此种势力来获取对朝鲜的控制力。此外,中国利用摔跤者的策略对付美国:对手毫无章法的蛮力对中国有益。"作者由此呼吁,"现在是建立能连接东西方的共识的时候了。而且,应该在确保彼此尊严和相互理解的精神下,接受如今亚洲具有超强地位的现实。其他选择将十分危险。"

当然,中国并不像外人评价的总是处处精明,而美国也并非总用蛮力。但至少说明,西方开始注意到中国正在使用老祖宗留下的巧实力、巧思维；包括有时有意使一些"蛮力"。中国现在使用"蛮力"恰恰不够！以至于让菲律宾这样的三流对手误解，认为中国只会打打嘴仗！

回想冷战后期，中美这个昔日最大的敌人，居然能够握手言欢共同对付北极熊苏联的霸权企图，就不难想象中美"共制"世界的未来图景。

冷战后期，为应对苏联的威胁，布热津斯基提出与中国结盟。他回忆说，"我们认为只有一个中国，总统（指尼克松——注）认为中国在维持全球均势方面起着中心的作用。总统相信，在我们这个多元世界里，一个强大而独立的中国是维持和平的一支力量。"[37] 既然冷战时期，中国能起到平衡世界均势的作用，那么今天，中国更有能力起到制衡世界多极化发展趋势的作用，包括对美国为所欲为的霸权进行制衡——这一点，俄罗斯、欧洲、日本、韩国无疑对美国的单边主义同样心存不满，中国并非没有同道者。遏制美国无限扩张的霸权胃口，客观上对美国（人民）也有好处。

12.2 "如何管理竞争与危机"考验中美领导人

近年来，美国高调宣称重返亚洲，骤然激化了亚太局势。而中国持续崛起，中美之间的竞争与冲突，由过去的间接转向直接。造成这种局面的责任首先在美国。因为美国至今还抱着过时的麦金德主义、马汉理论，对于霸权，它还抱有浓厚的兴趣，还想紧紧搂在怀里，不想须臾撒手。

早在1905年麦金德写作《历史的地理枢纽》一书时，美国只是作为英国军事半殖民地战略延续而进入"外新月地带"的陆上强国，那时"美国刚刚成为东部强国。它对欧洲的势力均衡的影响不是直接的，而是通过俄罗斯实现的。"[38] 而马汉则在《美国对海上力量的利害关系》一书中预测了美国截然不同的命运。马汉主张，为了使美国成为世界强国，它必须完成下列任务：1.积极与大不列颠海军强国合作；2.阻挠德国海军觊觎；3.警惕日本在太平洋的扩张并对此加以阻挠；4.与欧洲人一起协同联合作战分别应对亚洲各民族。

他特别提出,对于海洋文明来说,主要危险就是欧亚大陆国家,首先是俄罗斯和中国,其次是德国。对海上力量来说,主要的长期战略任务是与俄罗斯,与这个"从西方的小亚细亚向东方的日本经线延伸的连续不断的俄罗斯帝国大陆部分"作斗争。

美国正是循着马汉等人的海权战略,通过第二次世界大战实现了自己的梦想,又通过冷战确立了自己在西方世界的老大地位。美国自然不会轻易放弃霸主的权杖,而任由其他势力坐大,对其形成挑战。

2000年时,美国共和党提交了《美国新世纪计划》,提出了一个问题:"美国是否对形成一个有利于美国原则和利益的新世纪有了解决方案?"报告提出,美国是当今世界唯一的超级大国。当前,美国在全球范围内没有竞争对手,美国的最高战略就是要维持和扩展这种优势地位,越久远越好。为此,他们提出不仅要控制地球,还要发展空间力量控制太空,控制网络空间,发展特定的生物物种的生物武器等等。

一个是致力于伟大复兴的中国,一个是致力于维护超级霸权的美国,从逻辑上看,似乎两者注定要发生对立与冲突。如果任其发展,而没有任何沟通管道和制衡措施,那么,未来的世界必然充满了灰暗和灾难。这样一种可怕的前景,深深攫住了两国的战略家们。由此,"管理危机"就成为必然的选择。

美国之音电台网站(2012年11月30日)就此采访了若干美国著名专家。乔治·华盛顿大学中国政策研究项目主任沈大伟说,"美国和中国之间的合作一点儿都不好。在亚洲,很明显美中两国在该地区进行一场战略竞争,这场竞争正变得越来越恶劣,而不是更好。"他认为:"美中关系永远都是合作与竞争的结合。到最近两年前,美中关系中的合作还是多于竞争。但现在局面改变了。现在美中关系中多数议题都是对抗,而非合作。"

而美国前副国务卿理查德·阿米蒂奇指出:"(美国转向亚洲)完全

是冲着中国。中国的再度崛起是我们在21世纪上半叶所面临的最重要事件。"

作为一个中国通和政坛不老松,基辛格告诫说:"我认为中国和美国之间的冲突对两个国家来说都将是一场灾难。"约翰斯·霍普金斯大学中国问题研究部主任戴维·兰普顿认为,"重新树立两国间的战略互信,以及在国际问题上如何合作和处理彼此关系达成一些共识,我想这是一个很大的挑战。"

美国之音报道建议,"对于美国来说,一个以消费和服务拉动的中国经济将有利于恢复美中之间的贸易平衡,从而帮助美国增加就业并减少国债水平。而中国在政治上的开放透明也符合美国的价值观。有鉴于此,美国的政策分析人士建议下一届美国政府应该营造一个有利的环境,让新一届中国领导人有机会着手解决国内问题。"

这种建议固然很好,但首先需要美国转变思维,美国会转变吗?可以说,指望美国率先转变冷战思维、放弃超霸地位,是绝无可能的,也是极其幼稚的幻想。就连基辛格都充满疑虑地发问:"奥巴马入主白宫时,两国关系陷入了一个独特的模式。两国领导人都宣称致力于协商,甚至建立伙伴关系,但他们的媒体和精英却日益支持不同的观点。""留待处理的问题是从危机管理转向确定共同目标,从解决战略争议转向避免战略分歧。中美关系有可能演变成为真诚的伙伴关系和以合作为基础的世界秩序吗?中国和美国能够培养真正的战略互信吗?"[39]至少目前来看,答案似乎是否定的。

中美竞争,中国始终是被动、落后、处于下风的一方。中国不论是现在还是将来成为全球第一经济体,都不会主动去挑战美国。虽然中国对资源的渴望、中国军力的增强和影响力的扩大会客观上给美国带来空间的挤压感,与话语权的分化对立感,但中国主观上怀有真诚与美方合作共赢的愿望。而美国则是主观和客观上都会极力压制中国崛起,极力将中国纳入美国的秩序轨道。只要有一丝可能,山姆大叔都会坚持到最后一刻,不让别人(不光是中国)挤占他超霸、独霸的座位,让他往旁边挪点屁股,直到没有办法,不得不挪开为止。而且,即使他人挤占了座位,他也还会千方百计再将其挤下去。如同对待苏联一样。所以,中美之争将是历史性的东西方价值观的对垒,但不是对决。中国一贯擅长于用时间换取空间,用空间赢得时间。如果美国决计将中国逼成敌人,那么,从时间和空间看,中国最终都将获得胜利。因此,中美别无选择,只能不断推进共同管理竞争与危机的机制。在最高的战略层面上,达成共识,走出互疑。

现阶段,首先要解决的是军事互疑问题。

新加坡《联合早报》(2012年10月11日)有一篇文章《中美能否走出"军事互疑"》分析说,中国从文化哲学与历史上看,一向重内,不太习惯到国外动武驻军,开发殖民地,直接干涉他国事务,往往视之为帝国或霸权主义行径。而美国是一个责任和使命感较强的国家,认为世界上的事情除了主权范畴外,还有一个公共范畴需要有国家站出来负责和实施管理,且只依靠联合国的作用还远远不够。美国也愈发相信,随着中国力量的不断增长,中国也会更多地介入国际公共范畴,或者有把国际公共安全范畴纳入中国主权范畴的倾向。这些宏观原则与认知上的差异,使得中美建立"军事互信"的基础颇为薄弱。作者建议,"作为古老文明的中国,目前应再主动一点,这样才能帮助美国这样较为年轻的文明,同时也帮助中国自己。""中国应当帮助美国认识到,中国力量不只是为自己的领土主权利益而存在,还为了世界及区域和平与发展秩序而努力,这有助于缩小双方的观念差距。"作者还就日本右翼和朝核问题提出了中美合作的具体看法。认为,"在战术层面,中国应帮助美国认识到日本右翼抬头,会重新构成对中美和亚太地区和平的共同威胁。日本民族对战争罪行的缺乏反省,及对现实中国经济重新崛起的心理失衡,都极大增加了日本右翼复活反弹的可能性。"具体而言,就是为了维护亚太地区和平发展,"中美双方应联手制约朝鲜核能力和日本右翼抬头。"

可以说，但凡是头脑冷静的人，都不希望看到中美走向对抗，乃至发生直接的战争冲突。在2012年美国大选期间，两党候选人不免依然要拿中国说事。而这时，更多的人保持了一种清醒的姿态。美联社（2012年10月17日）记者就发出一篇题为《迷失在辩论中：美中关系的现实》的报道。报道说，"没有什么关系像美中关系这样对今天的世界如此重要，管理世界超级大国与其正在崛起的对手对全球影响力的竞争，避免使这种竞争发展成直接对抗，这将是总统大选胜出者的工作重点，无论胜出者是谁。"因为美中是世界第一和第二经济体，贸易额接近5000亿美元，支撑着全球经济，并且在诸如朝鲜、伊朗核计划、叙利亚等热点地区问题上，必须进行协调。

基辛格说，美中之间没有历史问题，也没有根本的利益冲突。因此，美中共同治理全球有一定的现实基础。但中国不能因此而放松警惕，存有幻想，去讨好甚至祈求对方保持克制、共管危机。在中国还没有攀登到顶峰之前，美国还没有真正衰落之前，中美注定要进行抵制和反抵制、制衡和反制衡的拉锯，要形成中美之间成熟的制衡机制，还需要相当长一段时间。

12.3 现实终将使美国回到谈判桌前

美国是实用主义至上的国家，而中国也奉行经世致用的圭臬。两个国家都重务实，都很现实，这就为中美"共制"机制提供了可能。"共制"——美国制衡中国，中国也制衡美国，中美共同制衡日本，以及一切危害世界和平发展、生态环境、空间利用等等的反人类、反宇宙的破坏行为。中国在这一过程中，将担负更多的世界性责任，由此也学会如何引领世界（但不是领导世界）。中国可以出让领导权，让美国去陶醉和享受当领导者的滋味。中国就做个引领者吧，做个规划者吧。

就美国现实而言，今天的美国年青一代在互联网上成长，他们有着更为通融的意识,而更少冷战的思维。他们看重美国的安全问题的同时,也更少一些对美国承担国际责任的期待。

美国《基督教科学箴言报》(2011年9月9日)对此做过一个报道分析。作者彼得·格里尔在《9·11如何塑造了一代美国人》一文中解剖到,"千禧一代"是在不安全的时代长大的,在紧急事态频发的10年间成长起来,当中经历了9·11和经济"大衰退"。他们第一次感受到安全面临威胁;第一次透过电视屏幕去感知外部世界,并且发现这个世界与自己紧密相关。因此,与父辈相比,他们更具有团队精神。民调显示,他们坚决支持军方,他们会在必要时毫不犹豫地对你动用武力,以爱国主义热情支持军队。从某种角度看,他们的人生观比较传统,但与此同时,背负着实现宏伟目标和消除全球弊端的沉重压力。

据皮尤研究中心的一项民意调查显示,在美国18~29岁的选民中,只有27%的答问者认为,"美国凌驾于其他所有国家之上",在各年龄群体中,是比例最低的。而且,在2009年的另一项调查中,说到美国的国际作用,"千禧一代"没有过分理想化的想法。

这显示了美国年青一代更加务实和低调的想法,对中国的年轻人也是一种启迪和反衬。中国的新一代也注定与美国的年青一代一样,有着高昂的民族情怀,拥有抱负,敢于担当,对世界舞台充满渴望。两国的90后、00后们,将缔造有别于历史上任何霸权崛起与势力更替的新型模式,因为,现实是最强的黏合剂。

《奥巴马和习近平的合纵连横外交》是韩国《中央日报》一篇文章的题目。作者回顾,美国2008年就想以G2概念来设定美中关系,这是美中两国领导世界的结构。但中国极力否认,并称这种想法本身就是"霸权"。之后,中国提出了C2来取而代之。C意为协调(Coordination)、合作(Cooperation)或共同体(Community),意在突破历史上大国之间不得不冲突的西方传统逻辑,建设新型的大国关系(习近平2012年2月访美,提出"新型大国关系"概念,即"切实尊重彼此核心利益和重大关切"、

"努力深化中美合作互利共赢的格局"——笔者注)。文章指出,针对美国"重返亚洲",加强与韩日同盟关系,在澳大利亚驻军,在菲律宾和新加坡寻找基地,奥巴马第二任期首站出访缅甸,都是为了"合纵",围堵遏制中国崛起。中国的策略就是要"连横",但靠什么连横?又如何连横?

现实将为所有可能性提供答案。

中美彼此之间在足够的威慑力和可预见的破坏力之下,最终趋于一种制衡状态是有可能的。但取决于——美国是否最终让步,默许中国重回被殖民之前的势力范围,并至少心理上认可中国重新赢得大国辉煌,行动上则克制自己,甚至做好一帮"小兄弟"们的思想工作,将中国的固有领土归还中国。还取决于,中国在实现了第二阶段,即国家统一和领土完整之后,是否也懂得尊重美国的利益和面子,重新划分势力范围,并在利益相互交集的地带,礼让美国,共同管理好这个地球。两个超级大国实现了相互制衡、相互克制,世界的前景就是光明的。如果第一回合,中美不会发生肢体冲突,那么,第二回合也肯定不会。如果第一回合,美国就按捺不住,赤膊上阵破坏中国的统一大业和势力回归,那么,中美的全方位对抗就不可避免。那样,虽然对中国将是一个重创,但对美国也是一个炼狱。还有一种可能,美国通过打代理人牌,达到削弱中国、阻挠中国统一进程的目的。如果那样,谁会当炮灰呢?越南不会,菲律宾不配,韩国不可能,欧洲不情愿,只有傻乎乎的日本。那样,对日本则是万劫不复,而美国也将被迫绑在同一战车上。

美国会冒这个险吗? 现实将迫使美国回到谈判桌前。对此,我们有充分的自信。

第13章 不要让"和平崛起"成为压在崛起身上的大山

13.1 和平崛起不是紧箍咒

中国注定要走和平发展的道路,这不仅是中国历史发展的必然逻辑,而且是中华民族崛起的必然要求,也是中国人民幸福的根本旨归。当然,也是国家的核心战略。所以,"和平崛起"以及建立一个和谐社会毫无疑义成为国家与人民的双重意志。

但是,和平崛起不能成为中国给自己戴上的紧箍咒;成为别国指责中国扩张发展、走向世界的绝好托词;成为个别国家侵犯中国核心利益和领土主权的护身符;成为国际敌对势力压制中国、瓦解中国的一个借口。

一个现实问题是,中国正在受制于邻国与美国等国际势力越来越"强烈"的"指责"——因为他们认为中国改变了以往"韬光养晦"的外交与军事战略,开始更具"进攻性"和"危害性"。

纽约大学政治和经济学教授戴维·德农就认为,(美国《国家利益》双月刊网站 2012 年 10 月 16 日文章《中国不再优先考虑经济》),过去"从 1997 年到 2005 年,中国有着非常灵活老练的外交政策。北京策划了很多举措来赢得邻国以及美国众多观察家的好感。"但"自 2005 年以来,中国开始了一种过于自信、较少协作的外交政策。最重要的是,中国在一系列领土问题上采取更加咄咄逼人的立场。"无论是钓鱼岛、南海争端还是与印度在藏南地区存在的问题上均表现如此。报道指出,"在南海有关争议上,中国一直使用强硬手段将自身意愿强加于越南和菲律宾,在尖阁群岛(钓鱼岛)争端中,中国对日本采取了非常咄咄逼人的政策。"由此,作者怀疑,"经济是不是中国关心的头等大事"。

再如,美菲近年频繁开展年度两栖登陆演习。针对2012年10月的一次演习,菲律宾《马尼拉公报》网站(2012年10月8日)就发表了一篇题为《美国对抗欺侮他国的中国》的文章。文章这样写道,在年度两栖登陆演习开始之后,一位美国海军军官说,"美国在亚太地区的强大军事存在会阻止中国欺侮像菲律宾这样较小的国家。"他还煞有介事地说,"美国必须在这一地区保持我们的存在,这样,像菲律宾这些较小的国家才不会受到中国,甚至伊朗的欺侮。这正是为何要展现我们在该地区的强大力量的原因。"

与此类似,彭博新闻社网站2012年12月11日发表了一篇文章《基辛格和盖特纳受到批评》,以介绍华盛顿战略与国际问题研究中心高级研究员爱德华·勒特韦克的最新专著《中国实力上升和战略逻辑》一书为由头,指责中国陷入了"大国自我中心主义",并点名批评基辛格和盖特纳。文章以貌似客观的笔法写道:传统观点认为,只要美国实施明智的政策,中国就能实现其领导人承诺的和平崛起,勒特韦克表示并不确信。因为中国外交政策趋于强势,其与菲律宾、越南、日本等的领土争端,体现了"骇人听闻的争夺权力的行为",而北京未能意识到其专横态度造成的影响,这就是"大国自我中心主义"。别国也可能会存在这种问题,但中国是全世界人口最多的国家,其历史发展又比较孤立,所以尤其容易出现这一弊端。

作者分析,"中国的骨子里仍然存留着2000多年前形成的朝贡思维。因此,北京对国家间关系的态度仍然含有与'蛮夷'打交道的意味。"进而他批评基辛格对孙子兵法的推崇,认为孙子兵法不适用于中国以外的环境。作者提醒道:我们对中国著名军事思想家的敬畏之心可能放错了地方。尽管他们的著作无比精妙,但未能阻止中国屡屡被为数不多的原始入侵者征服。他赞成希拉里对中国的强硬态度,提出,"大国的自我中心主义",将使中国意识不到它会成为自己成功的受害者。

类似的文章要检索起来不胜枚举。这种逻辑不免让人哑然失笑,也恰恰暴露了以美国为首的西方战略家们的"大国自我中心"心态。当美国四处出兵,充当国际警察,以反恐名义发动侵略战争,践踏国际法和人权时,他们说过美国哪怕一个不字吗?为什么对动辄提出先发制人、斩首策略的美国,反而少有舆论谴责其"咄咄逼人"、帝国主义?明明是菲律宾这样的小国在"欺侮"中国,中国忍无可忍被迫发声,却被集体口诛笔伐?明明是美国明火执仗跑到中国的家门口耀武扬威,高调宣布"重返亚洲",要"再平衡",却还要冠冕堂皇地倒打中国一耙,但西方的媒体和政论家们却熟视无睹,甚至还振振有词,认为中国正变得"蛮横"、强硬起来。

面对美国、日本构筑的民主之弧的围堵,中国已经不是要不要和平崛起的问题,而是奋力"突围"的问题;面对菲律宾、越南等国对我南海固有领土的胃口越来越大、强词夺理的现状,中国已经不是好言相劝的问题,而是强力维权的问题。

"和平崛起"是目的,不是手段!是过程,不是路径,至少不是唯一路径!不能把和平崛起,简单地等同于以求和、祈和、维和的方式实现崛起。和平崛起是讲给全世界热爱和平、渴望和平发展的人听的;但绝对不适用于强盗和打手!更不适用于强权和敌人。我们千万不能幼稚到以为我们高举和平崛起的旗帜,天下人就会与我们讲和平、谋和平。和平从来不是靠和平获得的;崛起也从来不是靠和平实现的。我们要坚定不移地追求和平、谋求和平、保卫和平,这是与霸权、强权、帝国主义、军国主义截然对立的目标取向。正因为世界上有反和平的力量存在,和平崛起就注定不可能一帆风顺。我们要有这样的战略准备,要教育我们的人民有这样的心理准备。

面对西方善意或者恶意的批评,我们要镇定自若,不必"忐忑不安",更切不可被国际舆论牵着鼻子走,"屈从上当",以自己主张的"和平崛起"理想,画地为牢,束缚自己的手脚,而听凭他人为所欲为。

如果稍稍分析那些善意的批评与提醒(恶意之言就不足为评了),可以发现,他们都是只及表象,未究根源;只看中国未及他方;只看眼前中国的作为,而没有看到近百年来乃至千年中国发展的历史曲线。要读懂中国、理解中国,必须以千年、百年的时空坐标去审视才行。目前,所谓的"强势"和"咄咄逼人",不过是恢复中国应有的大国地位,抚平一百多年来帝国主义、殖民主义、冷战给中国造成的创伤与不公而已。和平崛起——是参照西方的殖民历史、西方大国的崛起历史而提出的;是针对中国不主动扩张,不谋求殖民地,更不占领别国领土的国策而言的。中国之所以反复宣称自己绝对不称霸、绝对不首先使用核武器,体现的是中国传统的德政思想,体现的是中国人传统的仁者意识,因之,中国也最在乎自己的国际形象,最在意国际的舆论反映,最害怕被人控诉以大(国)欺小(国)。然而,这种心态有时反倒给人中国以前称霸过、首先使用过核武器似的感觉,效果适得其反。反观美英法等老牌帝国主义者历史上殖民扩张、榨取第三世界人民血汗,为所欲为却满口法律、自由、民主、人权的做法,他们从未宣布自己不称霸,反而毫不掩饰地宣称要向全世界强力推行他们的"民主制度",而世界舆论却没有半点质疑之声。因为他们的强权、霸权行为本身就是西方的崛起史,人们已经习惯并接受了这种历史。如果美国和西方不搞强权、霸权,反倒可能引来一片质疑之声。这难道不值得我们很好玩味吗?

有一阵子,在国际关系问题上,我们特别在意被别人抓把柄说"中国威胁论"。外交部门的这个意见甚至传达给了国内的新闻媒体部门。笔者有印象的就有几次,建议我们的书报刊出版物,少报道我们的军事装备建设情况,少报道我们军队赴海外远洋拉练情况,以及南海维权等情况,以免予人以口实。

13.2 我们为什么要害怕"中国威胁论"?

美日等高喊"中国威胁论"不过是为他们强化军备、重返亚洲寻找借口。一些南海周边国家高喊"中国威胁论"是为了掩盖他们小偷小摸的侵占行为并倒打一耙,恶人先告状,以博取国际舆论的同情。所以,控制我们自己的声音,显得有多么的幼稚,自古文人外交思维的余波也可见一斑。要害的问题是我们要真正重视国际宣传,懂得针对性地做好国际宣传,而不是靠约束国内报道来传达"中国没有威胁"的善意。

亨利·基辛格回忆中国老一辈领导人体现出的外交智慧时,笔端情不自禁地流露出敬佩之意。1978年他在与中国建交谈判中,真切地感受到当时处于险境中的中国却有着坦然的自信:"中国领导人深知他们身陷战略险境,但他们分析时不谈本国的关注,而是从更为广阔的视角纵观全球形势。""中国的处境尽管极为困难,但黄华丝毫不显得有求于人,而是像授业儒师一样,谆谆教诲来宾如何推行全面的外交政策。"[40]。这种泰然自若的大国风范,实在值得好好学习和承继。

既然我们没有威胁他人,又何故怕授人以柄呢?显然,问题的核心在于:一、要及时向世界发声,持之以恒地传播中国的和平主张、和平作为;二、要击破敌对方的嫁祸与渲染,及时揭露那些侵占中国固有领土与利益的恶人坏事。我们不可能天真到让世界上所有的人都理解和支持中国崛起的复兴伟业,我们同样不可能天真到我们不说"中国威胁",外人就不议论不编排"中国威胁"。正是因为我们以往总是一厢情愿地去传播中国的古老文化、中国的老好人形象,才落得在当代国际传播中,处于被动局面和下风地位。譬如,明明是菲律宾强占了我8个岛礁,却恶人先告状,跑到联合国舞台上作悲情状,并且堂而皇之地申诉到国际法庭,要求国际仲裁。尽管中国明确拒绝,但有关国际组织却依旧组成了一个五人仲裁小组。中国的主张在国际上没有声音,或者少有人听!中国真是冤屈到家了!到底谁威胁了谁?为什么会被动到如此境地?

当别人以无赖手段巧取豪夺之时,我们还要彬彬有礼、引而不发吗?

我们有必要将历史和实情告知世界。做到了这一点,如果他人威胁到我们,我们又有什么顾忌怕他人妄称"中国威胁"呢?大国被小国欺,美国不可能,俄罗斯不可能,英国不可能,法国不可能,就连日本也不可能。只有被儒家仁政熏陶千年的中国有可能。因为,历史上吃哑巴亏最多的也是中国。

面对"中国威胁论",倒是有些国际人士看不下去了,法国前驻华外交官魏柳南就用反问的方式,多少也含有不屑的意味回答了这一问题。他认为,中国从长远看不会构成威胁,"因为她缺乏最关键的王牌:虚拟统治权。今天的世界只有美国才握有这张牌,并且长期独自把持。这种不容反抗的统治可以解释为霸权,具体表现为美国影视作品在世界范围内的传播,好莱坞大片的梦想生活方式、美国的强大(就像科技含量高的战争电影里展现的那样)在某种程度上强烈地影响着全球,尤其是年轻人。""中国尚不具备这种精神统治能力"。[41]

他道出了问题的实质。要想获得全球统治权,除军事科技的霸权能力外,还需要有强烈的精神统治力。中国的道德哲学,儒家与道家思想,从来讲究的是己所不欲,勿施于人;追求无为而治,因而不具有精神的强制力,也缺少肌肉般雄健的魅力。儒家和道家思想可以被统治者用来统御人民,但绝不可以用来统御王权。因此,在适者生存、优胜劣汰的丛林中,这种思想从来没有真正支配和影响过全世界,未来也绝不可能。

害怕别人说"中国威胁论"者,是担心中国失去朋友,或邻里对中国怀有戒心。其实,细细想来,现实世界中,谁的朋友最多、最牢靠?一定是强者、有能力者。老好人、居德行善者固然也有许多朋友,但如果他不自强,是一个弱者,其真实境况会如何?

有一阵子,国际国内有一种声音,说中国在世界上没有什么真正的朋友,缺少有着深厚历史渊源的所谓"阵营"、联盟、同盟,为此提出要进行反思、反省。其实,只要稍稍有一些近现代世界史常识,就会发现,今天西方所谓的联盟关系(比如美菲关系),更多的是殖民时期宗主国与隶属国、殖民地国之间形成的扭曲的"纽带"关系。中国作为文明古国,近现代数百年间从没有域外殖民史,甚至自己还曾沦为半殖民地。因此,我们大可不必为这样的谬论而伤情动容。

至于西方学者分析说,中国的孙子兵法并不适用于中国之外,倒是说对了一半。一方面,依旧传递出的是"西方中心论"的余音,充满着对东方智慧的藐视。另一方面,也说明东方智慧讲仁义上的智,而西方讲究马基雅弗利的技。中国汉民族中原王朝之所以历史上数度被北方落后的少数部族所征服,恰恰是仁的思想对国民造成的后遗症的结果。人民不崇尚武德、不喜好征服,对待铁血兵戈,人民选择以德报怨,以文化人。讲仁义道德,只能适用于中国内部、适用于中华文化内部,对于国际外部环境,对美日的确不适用,甚至对菲律宾、越南等在南海问题上的作为也往往不适用!

13.3 中国必须强势进入"国际法"领域

和平崛起,是中国自我告诫的座右铭;是解决祖国统一的一颗定心丸。但敌对势力不会领情。他们最希望的是将计就计,将中国导入和平崛起的幻象之中,自我陶醉、自我麻痹,从而丧失警惕、丧失斗志,最终丧失崛起的能力!

毫无疑问,国际上有那么一批人希望中国在核心利益受到他们小偷加强盗加诡辩般的侵犯时,还能用温和的、安抚的、息事宁人的,外加经济援助和投资的方式,予以安抚,并且独自吞下苦果。那些善意和恶意的观察家们都习惯了以前那个无奈的、老好人的、吃哑巴亏的中国形象,甚至不怀好意地将中国的和平崛起挂在口头上,反过来将之套在中国的脖颈上。他们根本不去批评、告诫、分析谁在挑起争端、谁在逼中国"咄咄逼人",反而热衷于做中国的"牧师",教导中国要施行仁政,与邻为善。这岂不是颠倒是非混淆黑白了吗?!

国际关系与邻里关系一样,并非小国就都"安分守己",倒是一些有德行教养的世袭大族人家,顾及颜面,中规中矩,努力息事宁人、安定团结,省得落下"仗势欺人"的把柄。正是看清了中国人历史上这种美德"缺陷",在国际关系问题上,一些国家精于算计,屡屡陷中国于尴尬境地。

亨利·基辛格在《论中国》的前言中提到中印之战。"用毛泽东的话说,这场战争给人的启迪是,中国和印度并非注定是宿敌,两国仍可以长期和平相处,但为了做到这一点,中国不得不使用武力'敲打'印度,迫其回到'谈判桌上来'。"[42]伟人就是伟人,毛主席的话对今天中国走和平崛起道路,仍然有着非常现实的指导意义。和平从来不会从天上掉下来。在今天复杂的国际大环境下,就算和平从天上掉到了中国土地上,也不意味着中国就能享有和平。我们要明白一个简单的道理,靠和平的愿望是绝对维护不了和平的。连菲律宾的媒体都呼吁,菲律宾要在南海"勇敢面对"中国。《菲律宾每日询问者报》网站(2012年12月17日)发表一篇文章,题目是"勇敢面对中国虚张声势的吓唬"。这个标题本身就很值得玩味——勇敢,虚张声势是两个主题词。文章写道,"菲律宾或许是该地区军事上最弱的国家,但假如中国海监船向菲律宾海军和海岸警卫队船只发动攻击,菲律宾绝不能坐以待毙;他们可以开火还击,击沉一些中国船只。"就连菲律宾都如此狐假虎威,中国还能一厢情愿地享有和平吗?

和平崛起,意味着中国不求霸权,但不是不要霸气!因为,我们的对手、敌手乃至朋友早已摸透了我们的老夫子心态和面子心理,屡屡陷中国于尴尬困境。2012年底,朝鲜不顾国际社会强烈反对发射远程导弹,中国在联合国大会积极斡旋,对谴责和效力都大大减弱的决议案投了赞成票,却被公开讥讽为"糊涂",之后,有关方面更是不顾中国的一再劝慰,不断挑动战争神经,提升对抗层级,将半岛局势推高到朝鲜战争终战以来最危险的境地。结果导致美国日本以此为借口,升级反导系统,强化美日韩三方同盟关系,大量部署重型新式武器,直接危及中国家门口的和平安宁,以致中国被迫发出"不允许任何一方在中国家门口生事"的警告。因此,中国要保持适度强悍的霸气,和说一不二的王者风范。

关于南海,将面临无休止挑战——面对无理声索国,要坚决斗争,弃绝其幻想;面对非声索国,要最大限度让其理解,而不能粗暴以对;面对居心叵测、不怀好意、落井下石者,则要直面挑战、智强并举。在和平崛起道路上,有两个重点工作:一是将和平崛起的意愿、根源和历史真相,广泛传播,让地球人都知道。这点我们做得尚不够,就连国人都不清楚,何谈国际友人的理解与支持呢。二是让热爱和平、维护和平的队伍越来越多、越来越大,这点现在做得也不足。仅仅用贸易投资是换不来真正的朋友情谊、患难之交的。要建立从和平崛起到文明崛起的统一战线,让和平崛起、文明崛起成为新型的大国崛起的样榜和价值观,让全世界支持中国和平崛起的人士同情、理解中国的言行,反感、反制对中国无理取闹者——这一点目前也做得远远不够。在上述问题尚未很好解决的情况下,如果情势逼迫我们单刀赴会,那就勇敢地去吧,那就用正气、胆气、豪气和霸气击溃对手,用不着有任何顾虑。因为后面有十三亿中国人民!有五千年不朽的文明积淀!

在中国与东南亚等国家领土争端中,不少国际人士、国家都呼吁中国要按国际法和平解决争端,好像中国不遵守国际法,如"海盗"一般。2013年4月,菲律宾更是给中国发来外交照会,要求中国与菲方一道组成合议庭,到国际海洋法庭去"评理"。一个小偷或者强盗,抢走了你的东西,然后振振有词地说东西是他的,并且要求对簿公堂。这个世界的法律秩序就是这么扯淡,法律反倒成了海盗的护身符。但问题是,即使是不公正的国际法律秩序,如果你始终不介入、不进入,你可能就被越描越黑,最后三人成虎,颠倒黑白,历史真相随时间的流逝而难以恢复,更难讨回公道。

所以，中国必须强势进入"国际法"领域，在国际法庭和国际公约中主持公道，保有强势的发言权。如果能改变不公正的国际法律秩序当然好；如果不能，也要让世界让历史知道今天的国际法有多么不公正。譬如，在钓鱼岛问题上，日本居然也堂而皇之跑到国际上厚颜无耻地宣称日本有无可辩驳的历史依据和法理依据。中国在涉及自身历史问题和领土问题上，固然可以不理会那些不适用和不公正的"国际法"，但是，如果我们不占据一块阵地，发出我们的声音，就不可能掌握斗争的主动权，就永远没有机会革除不公正的国际法律秩序，重塑正大光明。因此说，在国际法领域，中国也不能一味以"和平"的思维被动应对。

今天，中国在世界上的实际影响力依然处于弱势，一个重要原因是没能更多地强硬发声，不如俄罗斯，有时也比不上伊朗、朝鲜。当然，更无法与20世纪60、70年代中国代表在第三世界发声时的豪迈与雄壮相比。所以，中国雄起——中国声音也要雄起，对外新闻发布要改变程式化、木偶式的外交辞令，要有生气、有胆气。在国际上，不管我们是采取怀柔策略，还是被迫采取"咄咄逼人"的强硬手段，都有必要昭告天下、周知世界（当然也包括告知国民），以平等、平易、平和之心，让地球人都知道我们渴望和平崛起，又为什么被迫"咄咄逼人"！

第14章　不上美国"利益攸关者"的当

美国正在精心地设局，软硬兼施希望中国"入瓮"——"利益攸关者"之瓮。佐利克发明"利益攸关方"一词，绝对堪称"天才"。其妙就妙在表面上，美国给足了中国面子，让中国进入美国的高级俱乐部，享受"利益攸关方"待遇，以满足中国向来注重的面子心理。而实质上，要达到一箭双雕的目的：将中国纳入美国的如来佛掌心，听从美国的利益摆布；施压中国，以"利益攸关"警告中国勿多事、勿生事，不要挑战美国，特别是在事关美国利益（更别说核心利益）、美国势力方面。

美国对中国的接触＋遏制策略是长期的、必然的选择。从尼克松到老布什、克林顿、小布什、奥巴马，已成为一项长期方针。2005年，美国国务卿罗伯特·佐利克在一次演讲中就非常明晰地做了阐述：认为"全面接触"的初衷已经实现，中国已经被成功地拉入国际体系中并在参与各种规则和制度中受益匪浅，现在应当是向"接触"的下一个层面迈进——对北京施压，使其成为一个"负责任的利益攸关者"，一个乐意"与我们合作维持这套成功国际体系"的国家。他表示，让中国承担更大的角色，可以使其节制自己的行为，使其目标修正到与美国的目标更紧密结合的方向上来。如果按照这一逻辑，即使中国还保持共产党的领导体制，也不能说中国不是个良好的国际公民。这一段表白已经清楚无误地说明了美国人的初衷和目的。这是美国人直白坦率的可爱之处。

但美国聪明一世的同时，也显露其"糊涂"一时。这就是，与"利益攸关方"出镜频率同样高的词是"不要改变现状"。在台湾问题上如此,在南海问题上如此,在钓鱼岛问题上更是如此。近期,随着安倍晋三政府不断提高右翼政府的强硬调门,2013年春,多达160多位政府阁僚集体参拜靖国神社,安倍更是亲奉祭品。钓鱼岛上空阴云密布,美国居然直接跳出来警告中国,不要挑战日本对钓鱼岛的管辖权,不要改变钓鱼岛现状。甚至不得不直接表明,如果一旦钓鱼岛出现战事,美国将按照《日美安保条约》规定的义务,为日本提供军事援助。美国的无赖和无奈的嘴脸俱现。

为什么说其"糊涂"呢?中国的崛起,本身就是对世界地缘政治格局现状的一种改变,承认中国崛起,提出要与中国接触并遏制,本身就是对改变现状的一种承认与现实对策。美国的现实主义算盘,居然糊涂到想要守住"最底线"——让中国不要改变现状,真是可笑到"掩耳盗铃"的地步了。

美国是现当代实用主义哲学的鼻祖,突出表现在其国家政策尤其是军事安全政策上。美国的"利益攸关方"在其崛起的200多年历史中,不断走马灯似的更换。没有一个国家,包括其坚定的"盟友"真正成为其自始至终忠诚不渝的"利益攸关方",连英国也做不到这一点。这是由美国的国内政治走向和政治思维决定的。美国的FBI做的所有事,就是无时无刻不在寻求新的"利益攸关方",又每时每刻都在提防每一个"利益攸关方"。在盟国、盟友之间不断爆出类似斯诺登所揭露的间谍门、窃听门事件就是最好的证明。而那些非天然盟友的国家,又有多少被美国用之一时,弃之一世呢?乔姆斯基在其访谈著作《美国说了算——乔姆斯基眼中的美国强权》中,就做了大量的揭露:例如——

1976年,叙利亚在美国和以色列的支持下进入黎巴嫩屠杀巴勒斯坦人。可现在,它却成为美国的眼中钉、肉中刺,必欲拔之而后快。为什么?因为,第二次世界大战后,美国一直是极端宗教激进主义最强大的外部支持者,目的是借以消灭世俗的阿拉伯民族主义,因为阿拉伯民族主义者希望将本地区的资源用于满足本地区的民众,而这是美国所无法容忍的。然而,现在局势倒转了过来,极端宗教激进势力抬头,所以,美国又要开始反对原先支持的对象。如当年的萨达姆·侯赛因,恰恰是一个狂热的世俗主义者,但华盛顿还是支持他入侵伊朗,因为符合美国的利益。而随后,萨达姆的下场尽人皆知。美国的实用主义,完全由其利益指挥棒翻手为云,覆手为雨。只要配合华盛顿的政策,华盛顿可以支持任何一个人。而所谓民主,不过是一个幌子而已。

"从华盛顿的视角看,任何新出现的民主都必须服从美国的利益。"[43] 如果不符合其利益,任何民主价值都将成为其毁灭的对象。

布热津斯基直截了当地指出,日本应该是美国在处理世界事务新议程中的全球性伙伴,地区内举足轻重的中国则应该成为美国的远东之锚,由此促使欧亚大陆出现一种力量的均势。表面看,日本欣喜莫名,被视为全球性大国,殊不知是因为日本被绑在美国的全球战车上,所以,它是全球性的,而不是地区性的;它身在亚洲,其"精神"与"梦想"却被不断带离了本地区,它身躯与灵魂分离,长此以往,终将身首异处,国将不国。

而中国,按美国的希望是永远被固定在远东,让中国成为符合美国利益的地区大国,满足中国的自大自乐心态;默认中国的崛起并在地区中发挥作用,给予中国在美国主导的秩序下应有的荣耀。布氏认为,中国作为地区大国,如果被吸收进广泛的国际合作中,就可以成为保障欧亚大陆稳定的重要战略资产。他的信心满满,因为,"无论如何,出于历史的和地缘政治的原因,中国都应该把美国视为天然盟友。美国从未像俄罗斯和日本那样企图夺取中国领土,也从未像英国那样羞辱过中国。另外,如果没有同美国的经得起考验的战略共识,中国就不大可能不断吸引大量外资,以保证其经济增长并取得地区性的举足轻重地位。"[44] 客观地说,布氏的"大棋局"的确考虑了中国的位置,给予了中国在美国眼里所能接受的地位——就是不要挑战美国利益,安分守己好好呆在自己家里,不要想改变现状,更不要想讨回以前被夺走的东西,当然也不要到世界各地闯荡、淘金。除非美国允许,美国乐意。同样客观地说,相比200多年来世界格局变幻,与20世纪50年代比,美国在面对中国崛起这个问题上,还算是"冷静"和"友好"的,因为,他们深深懂得,中国崛起是任何势力都无法阻挡的历史必然。对此,美国智库其实别无选择:对抗、绞杀已然失效,只有接触、遏制,然后节节后退,直至达到新的战略平衡。

如果我们将中美两国的崛起做一个概括的比较,就能看到中国崛起的逻辑与未来。

1.不同的崛起文化:美国是巨无霸型;中国是龙型、大象型。美国的崛起如鲨鱼(海洋文化,虽然它也同时属大陆),中国的崛起如大象(习惯于陆地文明)。

2.不同的影响力、领导力模式。美国是扩张、输出型;中国是自持、内敛型。

3.不同的发展梦想:美国是普世传福音,热衷于当世界警察;中国自尊自足自主,梦想世界和平。

4.不同的民族心态:美国是淘金梦和亡命徒的乐园,移民国家,每个细胞都洋溢着冒险与创新;中国祖祖辈辈崇尚乡土,脚踏实地,落叶归根。

5.不同的对外族、世界的态度:美国标榜"民主"制度,强制要求世界与他站在同一阵营;而中国主张"和而不同",求同存异。

因此,从历史发展的时空看,谁更有持久的生命力、更能得天下人心?就算中国在丛林世界缺少些勇武精神、大哥气概,但至少,他的发展不可限量。也正因为如此,世界上只有中国文明能够绵延不绝五千年。

面对这样的中国,美国的明智选择一定是尽最大可能与中国合作,斗而不破。当然如果可能,他做梦都在挖坑,在和平演变,殚精竭虑使中国成为第二个苏联。有西方学者形象地比喻中美两国的博弈智斗,认为中美两国正在下赌注,美国赌的是,随着中国更加强大,它会更加社会化,贯彻国际体系的各项原则,由于与美国相互依赖,最终成为稳定国际体系中一个"负责任的利益攸关方"。而中国赌的是,尽管对中国力量有许多负面传言,但美国会逐渐系统化地看待中国力量的增长,会最终坚定地帮助中国力量的增长。[45]

这种"赌局"充满了不切实际的幻想。中国不会主动与美国对峙,但也绝不会落入美国所谓的国际体系的圈套,成为符合美国利益的"不折不扣"的"负责任的利益攸关方"。中美不是利益共同体,但是利益共存体;不是文化共同体,但是文化共建体。中美之间有利益的交集、有共同的责任。所谓的"负责任",不是为美国负责任,而是为世界政治平衡与和谐负责任,这其中,绕不过美国,必须面对美国说 yes 或 no 的各种可能;所谓的"利益攸关方",不是中美之间私相授受的利益交易,而是共同面对世界利益时中美相关利益的平衡,同样也绕不过美国这个四处插手国际事务的警察。

那么,中国的方针应当是,以其人之道还治其人之身!让美国也切实负起责任,成为中国的"利益攸关方",尊重中国的核心利益、重大关切,共同平衡国际事务、国际政治格局中的利益冲突,以坚定的意志、果决的行动、高韬的谋略,回应美国的掣肘,迎击美国对中国核心利益的侵蚀。唯有如此,中国才能在国际上树立勇于担当的"负责任"的形象,才能使美国认真以"负责任"的态度,平等地与中国一道处理国际事务中各利益攸关方。

第15章 不要霸权,但要有点"霸气"

中国不要霸权,但要保持适当强度的"霸气"。与之相应,可以提出,中国要"平权",不要霸权。什么是"平权"?可以直观理解为平等权、公平权、衡平权。以"三权"处理国际事务,既是中国的基本原则,也是衡量美国(国际)对待中国时的一个标尺。

所谓平等权,就是要求在国际事务中,不论国家大小、历史先后、经济状况、文明程度,都要一律平等,而不应施以歧视心理、双重标准。

所谓公平权,就是要秉持正义、公道之心处理国际交往与国际事务,考虑各方利益关切,遵循历史渊源,体现各方最低限度的权利。而不能以集团利益、眼前利益,抹煞历史、抹煞良心。

所谓衡平权,借用英美法系中的"衡平法"一词,可以进一步理解为在国际事务中要善于平衡,敢于制衡。按照百度百科的解释,衡平法(Equity),也称平衡法、公平法、公正法,源于英美法系,是根据公平与正义比普通法更重要的思想而建立的一些法则。在法律诉讼裁决时,如果法律原则与公平原则发生冲突,那么公平原则应占上风,法庭应当按公平原则作出裁决。目前,英美法系法院可同时适用衡平法和普通法。而当衡平法与普通法出现矛盾时,便以衡平法为归依。它产生的理由是"法越严时无辜者伤害也就越大"(Summum jus, summa injuria, summa lex, summa crux),通常指普通法过严,约束一人也就有害于他人,如无衡平法来调节,则可能法律本身就不公道,所以衡平法代表公平

（Equity dele gate equality）。

事实上，在国际法中，在国际法庭仲裁中，此类案例比比皆是。科索沃战争就是一个典型。眼前，明明是菲律宾侵占了中国8个岛礁，居然倒打一耙，将中国告到国际法庭，要求进行国际仲裁。而国际法庭居然不顾中国的强烈抗议，在中菲岛礁之争完全不适用国际海洋法公约的情形下，在中国缺席情形下，组成了五人仲裁小组。对于未来事态进展我们拭目以待。但就连中国自身也深受这种貌似公平实则毫无公正可言的所谓"国际法律秩序"伤害，更遑论其他弱小之国了。

因此，面对不合理、不公正的国际秩序，必须建立公正、公义、公平、公共的"衡平"体系，避免国际法庭为少数国家、少数利益集团所操控。特别是在一些国际仲裁案件中，对于为美国（西方）所操纵，体现美国（西方）的单一标准，打着所谓国际人道主义、人权、自由等口号，肆意干涉他国内政，甚至侵略、欺凌他国的行径，要敢于替天行道、呵护苍生。切不可做缩头乌龟，事不关己，高高挂起。连崛起的中国如果都不敢于、不勇于仗义执言、维护公道，那么，世界未来还有公正、还有希望吗？

按西方一批研究世界体系演变的学者观点，当今世界从远古到近现代5000年以来，是一个一体化的演进体系。不同民族、地区和阶级之间构成了中心—外围—边缘网络关系，在这一结构中，各民族、各国、各阶级势力所处的地位因经济与资源推动，通过不断竞争、崛起、衰弱过程而发生位移，以此推动着世界体系的历史发展进程。"这种资本积累一般认为是公元1800年以后才开始，或者1500年开始。但有学者认为，这种资本积累的扩展期和收缩期可以上溯到公元前1750年。甚至上推到公元前3000年和4000年。"[46]而霸权国家或集团的兴起与衰替无疑是推动世界体系格局变化的主要动因。霸权从一个强国转移到另一个强国的"强而强"序列是大国兴衰的普遍模式。

研究表明，中心—外围，霸权—竞争，上升—下降的周期性转移与螺旋式发展始终是主旋律。大约5000年来，似乎一直存在着交替更迭的较快(较高)和较慢(较低甚或负增长)的积累时段。公元前500年至公元1500年这2000年里,每个周期时长大约四五个世纪,其中上升和下降时段各约两个世纪。这一点,同样体现在中国历史的演变轨迹中。我们可以发现,中国封建王朝大约60~100年间奠定了霸业和中兴的基础,在经济、文化、学术等方面同步呈现出该朝代的个性特征,之后再有60~100年左右达到了最高峰,之后开始衰落。

研究霸权的兴衰史可以发现:

一、霸权中心不会只有一个,即使是在超强霸主出现在某一地区中心的时候。世界经济增长明显较快时期与若干地区性的霸主同时兴起有关。而这些霸主之间会有一个显然是跨地区甚至是世界体系范围进行超常积累的超级霸主。如公元前5—前4世纪阿契美尼德王朝时期的波斯,公元7—10世纪中国的唐朝,公元11—12世纪中国的宋朝。但说是霸主,并不意味着对其他世界体系进行实际的控制,如宋朝、阿契美尼德王朝、唐朝只是部分对中亚地区实行过控制。由此,我们可以得出一个结论,"世界体系的多中心发展是一种正常的格局。不但在中国内部,特别在早期,而且也在中国漫长的历史上许多次地一再重新表明这一特征。就是说,历史上一再有过中央帝国崩溃和多个邦国体系出现的时期。因此,总是有许多民族和许多邦国影响中国和东亚的历史发展道路。"[47]

二、霸权的兴起不仅仅是——甚或也许在很大程度上并非是——由于其自身的"内部"实力,而是其邻邦和竞争对手绝对或相对地衰弱了。

三、霸权不会维持太久,这可能也是因为衰弱时期普遍不利于资本的积累。霸权与竞争间的交替,地区性霸权和竞争紧接在前一霸权时期之后。经济周期的上升期与下降期交替的周期,大致250年左右。而且研究越深入,越相信历史上的霸权出现与实际影响要比以前认为的更为局部。

既然"整个世界体系绝不会由某一大霸权国独立主宰,而是由相互关联的多个霸权国——它们相互关系的特点是既相互竞争又相互合作（亦即'独立'、'相互依存'和'隶属'关系）——共同主导。这些霸权国所形成的关系结构之演变会对历史和社会发展产生实实在在的深刻影响。"[48] 那么，中国崛起又有什么必要去寻求霸权甚至超霸乃至独霸呢？前面笔者一再表明，中国有五千年的历史，在九州大地上，已经上演过无数的争霸史，也经历了无数的衰亡史。中华民族有着世界上最绵长深厚的悲欢离合史，有着最缠绵悱恻的大开大阖演义。我们的目标，不过是重返巅峰，重新体验一次"一览众山小"的高远气势。而美国不同。区区200多年的历史，它还极度贪恋权力的宝座，舍不得松开至高的权杖，还没有经历衰落的痛苦。因而，要倾其全力维护自己的超霸地位，阻止任何挑战者。加上资本主义每个毛孔都沾上了铜臭与鲜血，所以，其"原罪"的本质无处不在，绝难做到幡然悔悟、顿悟成佛。

　　美国不仁，中国不可以不智。中国没有一条理由要与美国争夺世界霸权，但中国有一千条理由不让美国为富不仁。中国崛起的目标应当是什么？中国要做什么样的"负责任"的大国？答案是清晰的，战略也是明确的，这就是，国内目标：民族的伟大复兴；国际目标：世界和人类和平发展的推动力与维和力。由此，决定了中国的作用，一是创新与引领；一是监督与制衡。由此，也革新了传统霸权理念与强国逻辑：强盛并不意味着要主宰一切。中国就把对霸权的兴趣与责任，让美国去担当享受吧，让美国乐此不疲才好。世界上没有美国这样的类型国家也不行，就像市井之中总要有乐于出头露面的人、敢胁迫耍横的人，才能对付得了另一些地痞流氓、寻衅闹事者。

　　中国不要霸权，但要有适度的霸气。中国崛起，没有一点霸气，一味隐忍，一味讲求以德服人，就会被别人视为一条画龙、一只驯化之狮，而得寸进尺、肆意妄为，结果使我们的崛起道路更加艰辛。

　　要赢得"平权"，用好"平权"，也需要适度的霸气。平等权、公正权不会从天上自己掉下来，需要我们去争取、去谋求、去维护。如果没有能力、没有一点霸气,谁会给你平等、公平?公平的背后是主持公平的能力在说话。贫弱之国要想在国际事务中获得公平难上加难,所谓弱国无外交是也。贫弱之国要想获得公平权,一要靠奋斗,二要靠良知,三要靠团结,就如同中国20世纪50、60年代前后作为第三世界人民的代言人,抗击美苏霸权一样。

要赢得衡平权,敢于行使衡平权,更需要适度的霸气。路见不平、拔刀相助,自己得有真本事才行。有主持公道的德行,为众人所信服,依靠的是其超群的才智和傲视群雄的功力。正如俗语所言,没有金刚钻别揽瓷器活。当然,拥有这种霸气何用?一则赢得众人心里信服,大家有依靠,感到跟这样的大哥安心、放心;二则震慑对手,警示敌人,使其使坏时多一分忌惮,少一分妄动。光有一团和气而没有霸气、豪气、英气,百事不成,更不要说千秋功业了。

第16章 在国际关系上"补钙"很重要

16.1 国际关系也讲狭路相逢勇者胜

在国际关系问题上,同样讲狭路相逢勇者胜。什么勇?战略胆气与决绝胆魄!亨利·基辛格对中国擅长围棋的斗争艺术颇为赏识。他说,中国人推崇围棋策略,黑白棋子犬牙交错,不计较一城一池的得失,看的是大势。一方常常仅占微弱的优势,积小胜为大胜。这是一种战略包围与反包围的艺术。"西方传统推崇决战决胜,强调英雄壮举。而中国的理念强调巧用计谋及迂回策略,耐心累积相对优势。"[49] 中国固然有出奇制胜的优良传统,但也有必要向西方的决战决胜思维学习,以其人之道还治其人之身。

中国历代国土安全的威胁主要来自陆地的西北方、北方。这两个大方向的游牧民族从来都是中原统治王朝的心腹大患。不说北宋、南宋的数百年间承受的战争袭扰压力,就是一统江山后强大的大明王朝,也面临着北方蒙古族与满族虎视眈眈的威胁。明成祖时主动出击,五次亲征北方的蒙古,最后在班师回朝途中病逝。但即使如此用心也始终未能消火蒙古主力。到明英宗再次御驾亲征,结果在"土木堡之役"全军覆没,皇帝本人做了俘虏。因此,长城既是中国被动防御的雄伟形象,同时也是屡屡被侵扰的尴尬形象。[50]

中国自古历朝历代对东边、南边海防从未担心过,均将大海视作了天然屏障。明太祖立国之初,便将朝鲜、日本、大小琉球、安南、真腊(柬埔寨)、暹罗、占城(越南南部)、苏门答腊(苏门答腊西北部)、西洋(印度南部)、爪哇、彭亨(马来半岛)、白花、三佛齐(苏门答腊东南部)、渤泥(婆罗洲)等15国列为不征之国。然而,正是海防薄弱,最终庞大的中华帝国从海上被击垮了。自明成祖永乐年间起,日本浪人开始变本加厉袭扰东南沿海,而海上走私贸易更是屡禁不绝,加之明初建文帝和清初郑成功等带来的因素,导致明清两朝不得不采取海禁的闭关锁国政策,直至海防之门被西方船坚炮利洞开才如梦方醒。自以为最安全的天然屏障,恰恰给中国的封建王朝打上了屈辱的印记,余痛至今难消。如果我们稍稍研读一下中国历史,就能猛然醒悟,泱泱大国,竟然处于难言的安全困境之中。

　　让人忧虑的是,历史上中华民族在对外国际关系处理上往往缺钙,好似患有软骨症。因为从统治者到治理者均表现出仁和之心,信奉出师有名、与邻为善。这种善心善道好则好矣,但难以安抚侵扰者的虎狼之心,反使国民容易失去应有的斗志。林语堂就入木三分地指出,"和平,亦即为一种人类的卓越的认识。若使一个人能稍知轻世傲俗,他的倾向战争的兴趣必随之而减低,这就是一切理性人类都是懦夫的原因。中国人是全世界最低能的战士,因为他们是理性的民族。她的教育背景是道家的出世思想糅合以孔教的积极鼓励,养成一种和谐的人生理想。他们不嗜战争,因为他们是人类中最有教养,最能自爱的民族。""他们痛恨战争,永远地痛恨战争,好百姓从来不在中国战争。"[51]

　　老庄哲学的无为、不争、尚柔、谦下,对中国人处理国际关系同样影响深远。如老子主张"以道佐人主者,不以兵强天下,其事好远。""大国不过欲兼畜人,小国不过欲入事人。夫两者各得其所欲,大者宜为下。"推崇和欣赏"哀兵必胜"的境界。这种独善自身、严格自律的品德,用在国际关系上,特别是对那些无良无德之国显然是农夫与蛇故事的翻版,少不了吃亏上当而损害民族国家利益。

我们必须警醒,中国在对外关系上要强力补钙!要敢于告诉那些侵占或试图侵占中国领土和核心利益的国家或集团中国的底线,以斩断他们的念想。

亨廷顿曾引述1994年的一项调查很能说明一些问题。该项针对35000名美国民众的调查中,问及哪个国家对美国最有威胁——前三名分别是伊朗、中国和伊拉克。亨廷顿认为,儒教与伊斯兰教阵线将结成联盟,成为美国(西方)的敌人。

为何一向在国际关系上极力追求温良恭俭让的中国反被列为危险的敌人?中国在大呼不公和委屈之余,难道不值得好好反思吗?除了意识形态的因素,除了中国崛起带来的格局改变因素之外,还有一个可能的原因,是中国正在被自己的信条束缚住手脚,又成为自己信条的受害者。同时,我们的信条还反成了攻击者手中的武器。因为,中国历来讲中和、平和、温和,努力维护大局,而一旦稍稍改变现状,只是自然舒展手脚并不危及任何人,却被横加指责。一些国家在我南海、东海占了便宜,明明属强盗行径,却打起悲情牌,博取国际社会的同情和国际反华势力的支持。面对这种新的国际态势,中国必须改变历史上文人外交的传统思维与作风,在国际关系上强行补钙——昭告天下,划出底线,揭露真相,同时敢于硬碰硬,对于那些虚妄的猜忌和倒打一耙的指责,针锋相对予以坚决回击。要完整、全面、系统地学习领会好小平同志改革开放的思想,也要学习小平同志以战促和的大智慧、大胸襟和高度自信。

16.2 对外宣传要调频

当今世界,拿中国说事、拿中国"开刀"的事例比比皆是。如果我们还一味退让,一味示弱,一味买好,其结果适得其反。澳大利亚《时代报》网站(2012年11月27日)发表一篇文章,题为《中国激起日本鹰派的崛起》。文章就石原慎太郎辞去东京都知事职务,与大阪市市长桥下彻一同组建日本政治第三股势力日本维新会发表评论。认为,日本鹰派合流将成亚太政治转折点。其主张全面武装日本,鼓吹日本要用核武器将自己武装起来,引起了人们对日本右翼极端主义思想的担忧。石原慎太郎尤其一心想与中国交战。过去从事小说创作的石原是日本最臭名昭著的右翼分子,已经80岁的他直接一手导演了将钓鱼岛所谓国有化的闹剧,并把中国2010年因钓鱼岛领土争端向东京施压比作黑帮抢地盘。他主张日本应毫不犹豫地与中国交战。"如果日本不直面中国,那么,日本会成为中国国旗上的第六颗星。"石原还建议日本与越南、菲律宾结成联盟,共同对抗中国的领土诉求。文章最后指出,"日本人民支持当前的宪法,反对用核武器武装自己,但中国正在给日本的新民族主义力量提供一个好机会,他们也正在抓住这个机会。"

这是一个很吊诡的悖论,因为中国重新崛起,恢复其历史上本来应有的荣光,收复历史上原本就属于中国其后被殖民统治强取豪夺的失地,有什么过错吗?又违反哪条国际法呢?反过来,美国大张旗鼓重返亚洲,拉帮结派,明里暗里怂恿日本、菲律宾、越南、印度、澳大利亚等周边邻国与中国对抗。我们要问,是谁在制造紧张,都紧张些什么?这么一问,答案就清楚了,是那些不愿中国崛起,因中国崛起而心态不平衡的人和力量在紧张;是既得利益者,如美国,怕中国崛起而削弱其号令天下的超霸地位和权力而紧张;是那些趁中国积贫积弱时巧取豪夺了中国历史地盘的人,害怕失去而紧张。

那么,中国如何做到让世界绝大多数人不紧张、不抵触、不对抗,并且接受中国和平崛起而带来的世界新格局呢?答案也是明确的:继续保持大国谦下姿态的同时,对外要敢于亮剑,刚健刚强。以柔克刚,贵在能克。太极不是花拳绣腿,太极也内蕴竞技克制之道。

与中国崛起相适应,我们采取的对外姿态也有三大阶段。

第一阶段,中国自身综合实力的崛起。经济增长,军力提升,文化发展,但国际影响力还未彰显,国际地缘政治格局尚未发生大的变化之前,必须高度重视并做好外宣工作——不是宣传中国的武术、中医、美食等历史文化,而是应着重宣传当代中国,特别要向世界宣传今日中国崛起的现实图景,人民的观念,未来的战略。让世界理解中国崛起的诉求,接受中国崛起的取向以及带来的改变。

第二阶段,收复失地,实现中国统一。这就必须改变美国人所划定的所谓"现状"。如何应对?外部势力不可能拱手出让已非法占有的中国领土;而要等到中国高度强盛之日,通过谈判实现"主权在我,共同开发"则时过境迁,被强盗以所谓"法律的名义"固化,犹如日本对钓鱼岛强调非法的《马关条约》《旧金山和约》一样,那时更无从下手。因此,千万不要心存侥幸,没有牺牲、没有代价,没有决胜的意志,是不可能顺利实现祖国统一、领土完整的伟大复兴的。必须以铁的意志和强大的综合实力做后盾,以决绝的牺牲精神迫使外部势力退缩。同时,要站到道义的制高点上,让世界各国人民理解和支持中国的行为——要打破和超越"拿回原本属于自己的东西,却反被外人误解为强徒,而真正的盗贼却鸣冤喊屈"的被动窘境。

第三阶段,中国崛起成为世界一流强国。此一阶段面临着肩负人类哲学思想与文明重建的责任,勇于承担起人类文明重塑的制衡力量的角色。中国会承担与己无关的国际事务和国际责任吗?如果那样,势必与美国发生冲突;如果不是那样,那么,中国的大国地位、强国梦,充其量只是一个富裕起来的土财主之梦,永远满足于自给自足的田园生活。显然,按照中国人的中庸智慧,中国会在其中取得巧妙的平衡。走钢丝向来是中国的拿手好戏,只要他成功把握住自己,不使自己偏离崛起的战略大方向,成功地崛起,就一定能同时成功地制衡住美国,实现共存、"共制"、共赢的世界大同。

要实现上述目标,在国际关系问题上,中国的中庸主义要升级换代,不能照搬两千年前的中庸思想,也不能复归两千年来封建王朝治理内政外患的中庸水平。中国人的实用主义、世俗主义、人生哲学也要随之发生根本的逆袭。摈弃实用主义与机会主义的小格局,张扬仰观与俯察的 21 世纪的宇宙观。

　　伴随中国的崛起,我们的"雪耻文化"也要补钙。不能一味地消费屈辱的历史,一味把百年来的屈辱、国耻作为影视剧的佐料,戏剧化甚至娱乐化。也不能一味地渲染仇恨,以此人为制造彼此敌视的集体潜意识。"雪耻文化"要回归到其应有的价值与定位上,回归到反思与警醒的意义上。"雪耻文化"固然要有形象载体,但更要有骨架与骨气。一个伟大的国家之所以伟大,在于其具有的胸襟、眼界、战略,在于其拥有的抗压力、兼容力、创新力、变革力、逆转力和自我修复力。

　　统一后的中国、崛起后的中国要给自己重新找到凝聚民族力量的精神支柱。给中国人的哲学思想、价值观念、人生信仰补钙。这项工作要提前进行而千万不能滞后;这项工作,不仅事关国内问题解决,也事关国际形象重塑。

第17章 经济总量第一后怎么当"大哥"

随着中国超越日本成为世界第二大经济体之后,就不断有机构预测中国何时将超越美国成为世界第一大经济体。有2039年说,2030年说,2020年说,甚至2017年说,等等。不管什么说法,中国经济总量终将跃居世界第一是必定的!

与中国经济总量第一相呼应的是,中国军事力量的成长也更多地引发外界的猜想。比如,在2013年5月国防部宣布,中国第一艘航母辽宁舰将远航之后,马上有外媒揣测,中国将再造多达六艘国产航母,由三大舰队平均分配,以此形成与美国六大航母战斗群相匹敌的阵容。这种关注背后,其实隐藏着中国军力崛起后意欲何为的担忧。

问题在于中国自己怎么看?中国自己想过没有、计划没有?中国经济总量第一后,如何定位、如何作为?直白点说,就是中国如何做大哥?这个问题又可以分出几个层次:

1.中国崛起成为第一之前,是要"混出个模样来"给我们的列祖列宗看看,或者说不辜负革命先辈;

2."中国要混出让人信服的模样",是要让世界看看,中国崛起不是恶霸还乡、欺凌百姓、作威作福,像西方列强帝国主义那样,中国崛起要让世界人民服气,让西方列强跌眼镜;

3.中国熬成老大,坐上了大哥的头把交椅,是只关心自己一家子过幸福美满生活呢,还是要为一帮兄弟、为邻里谋利益,共同发家致富?如果遇到不平事,这个大哥出头不出头?

这个问题还可以再细分,就是中国经济总量世界第一后,中国的人均GDP还是与美日等发达国家相差甚大,所以,中国其实还远远做不了老大!因此,这一阶段的大战略、大格局依然是清晰的。就是总体守拙、有限出击、有效震慑。由于中国综合实力大大提升,国家可以集中优势财富办大事,人民也有相当财富安居乐业,因此,这一阶段可以预见的是,中国将集中精力提升国际影响力,广交天下朋友,同时,国民走向海外投资谋发展,将成为中国经济贡献世界的一大亮点与扩大再生产的形式。也就是说,与帝国主义的武装殖民相比,中国崛起,是投资世界、造福世界!

中国在这一阶段会称霸吗?会为了巩固自己的第一地位而与美国对峙乃至火拼吗?如果中国(人)以投资世界作为崛起后时代的主流,那么,中国就绝不会谋求什么霸权。武力永远不如财力来得贴心靠谱,中国不需要用武力征服世界。

但是,按照西方人的惯性思维,担心中国诉诸武力的顾虑占有相当的市场。塞缪尔·亨廷顿拿美国作为实例分析说,美国就从不愿表现出扮演次要平衡角色的兴趣和能力。"在拿破仑时代,作为一个新的小国家,美国曾试图扮演这样的角色,结果是与英国和法国都打了仗。在20世纪上半叶,美国只做了微不足道的努力来促进欧洲和亚洲各国之间的均势,结果参与了为恢复被打破的均势而进行的世界大战。冷战期间,美国别无选择地成为苏联的主要平衡者。充当一个次要的平衡者意味着扮演一个微妙的、灵活的、模棱两可的甚至是不忠诚的角色。"[52] 他由此对中国的发展也断言,"没有理由相信该国经济和军事实力的提升不会对相关政策产生相应的影响。"中国寻求地区霸权将是"经济飞速发展的必然产物"。

美国不甘心从第一的位置退出独霸的舞台,同样,它也不甘心屈居于中国之后,做第二的次要的平衡者。由此问题就来了,不论中国是跃居第一还是屈居第二,都将承受来自美国的强大的颠覆性压力。这种反向思维或许能为"中国如何做大哥"这个难题找到答案。

西方人的思维显然摆脱不了霸权的逻辑。因为西方工业革命以来的历史就是一个霸权更替史,就是一个殖民兴衰史。西方信奉的是马基雅弗利的学说,西方人比中国人还羡慕皇帝的权杖,所以,君主立宪制依然吃香。《中美亚洲大博弈》的作者阿伦·弗里德伯格同样坚信,中国领导人想要达到的目标无疑"是让该国成为在东亚,甚或亚洲占据支配和优势地位的国家。""北京也许并不谋求征服或直接控制邻国及周边地区,但它的确在寻求某种形式的地区霸权。尽管该国屡次声称自己不会如此行事。"[53] 他同样引用塞缪尔·亨廷顿的分析,认为历史上每一个大国如英国、法国、德国、日本、美国、苏联等等,都是在迅速实现工业化和经济高速发展后走向扩张,为维护自己的权威而实施帝国主义政策的。

这下清楚了吧,可以肯定,不论中国如何表白、如何息事宁人、如何与世界和谐共处,"中国威胁论"的阴影将与中国崛起以及崛起后时代如影随形。所以,有关中国会不会给世界带来威胁的言论,实在没有必要予以回应。倒是我们需要真切地思考,中国经济总量第一之后,以及某一天,国民的GDP也达到世界第一的那一天,中国将以什么形象、什么面目出现在世界面前?

这个问号的另一个表述是,中国这个大哥,会令人敬畏而不可接近吗?中国会成为自私自利的寡人吗?中国这个大哥愿不愿意身边有一帮自动追随自己共同发展的弟兄们?中国要不要在文明连线的基础上建立起自己的价值观"统一战线",结成松散或紧密的联盟体?总之,我们必须先给自己勾画一幅肖像,同时,也解答外界的疑虑。

1.中国崛起后,将重塑国家形象,而其前提是重塑民族的形象——要做21世纪的新民族,而不是简单地复兴两千年乃至五千年前的民族构成及其文明图腾。我们需要着眼未来的两千年乃至五千年,开创后五千年的新文明,创造全新的非孔孟的"孔孟之道"、非老庄的"老庄哲学"。以新文明和新哲学统御世界,而不是以军事和科技挟持世界。

2.儒教为表,法家为里,这是历代"霸业"功成名就的真谛。即我们信守仁义道德,重视人情义理,但更讲求依法治国,依法处世。我们要改变几千年来中国人不重视法律规范的臭毛病,让这个民族成为法治、法律的模范生。有法律和公义做后盾,中国这个大哥就一定当得硬气,做得有底气,行得有侠气。

3.在上述基础上勇于承担崛起后时代的国际责任与义务。在经济和文化上持续造福于世界,在科技上持续引领世界,在军事上强力捍卫世界——抵御地球和外太空毁灭地球(人)的种种企图。换一句通俗的话说,就是中国将坚定不移地做世界和平发展、宇宙和平发展的中流砥柱。敢于路见不平,拔刀相助,该出手时就出手!这才是做大哥应有的风范!

4.巩固中国历史沿袭的陆海地理版图,积极开发外太空人类宜居和发展的新版图,再造和重塑中国的地缘政治影响和"中华文明圈"。

有一种担心认为,中国崛起将捍卫封建王朝时代的版图,或者对外扩张,寻求海外殖民地。这显然是用西方霸权思维考虑问题的结果,也就必然理解不了中国崛起的特有道路、特有逻辑。中国崛起后,肯定不会像西方、像美国那样追求霸权(包括他们号称的所谓软实力),否则,中国就不是中国了,中国人就白骄傲于五千年文明史了。中国要当的大哥模样,断然不会像幼稚和年轻的美国一样,满脸趾高气扬、喜形于色或怒形于色。表面看,经济发展必然要对外扩大贸易与获取资源,获得利益,因而导致所谓的"扩张"。但对于那些资本主义工业化驱动的近现代帝国主义国家而言,它们的成长都是发生在近现代的三百年间——它们渴望获得统治权、扩张的荣耀和因地理条件限制的资源,而中国早在两千年前,就已尝到了这种霸权的滋味——大秦帝国的统一,因此,它的扩张梦早已变成了务实的维护安定、传播文明、教化天下的更高的理想。不论从统治者还是精英管理层,无不如此——修身齐家治国平天下,以及平天下后的归隐意识,成为精英们的人生价值追求。就是帝王,也常常怀有无为、无欲、不争的气质。像倡导佛教身体力行的梁武帝,精于辞藻的南唐后主李煜,工于工笔画的宋徽宗,及至据说出了家的大清开国皇帝顺治,等等。所以,中国早已没有了扩张的冲动和动力。做一个地区大国?非中国梦!做一个世界超级大国?非中国不能,而是不愿!中国不要霸权,靠军事胁迫世界服从,向来为中国精英所不齿!厚载文明、弘远影响,始终是中国(人)至高的英雄情怀。可以肯定地说,中国崛起后时代,内心深处推崇的还是这样的信条:用影响力左右世界;用文明力统揽世界。输出文明,不输出军事。广纳天下英雄豪杰,四海之内皆兄弟。

5.中国这个大哥也要恩威并重,对朋友、对兄弟固然要真诚相待,但也要有做大哥的礼数与威严,要在国际关系上对外(敌与非友)有法度,对内(弟兄与朋友)也有规矩。不怒自威,不恶而严,不能一味无原则地谦让包容,适当让弟兄们有一定的崇敬感和一定的敬畏心没有坏处。

中国一定会做这样的大哥:文韬武略、济世安邦;为人师表,自昭明德。

中国也一定要做这样的受大家拥戴的大哥。

第18章　中国怎样弘扬铁血精神

18.1 重读梁启超《论尚武》的启示

梁启超于1902年至1907年间奋笔写下了"新民说"系列文章,一时激荡了多少中国人的心扉。其中《论尚武》一文更是振聋发聩。彼时,中国正处于甲午战败不久,列强环伺,人民处于水深火热任人宰割之险境,梁氏大有恨铁不成钢之郁闷。他把中华尚武精神的流失,首归因于中庸,并深刻分析了造成这种状况的四大原因:国家一统,儒教影响,霸者摧荡和习俗濡染。文章洋溢着一股浑然刚健、催人奋起的气势,其写道:

> 柔弱之文明,卒不能抵野蛮之武力。然则尚武者国民之元气,国家所恃以成立,而文明所赖以维持者也。
> 夫人之所以为生,国之所以能立,莫不视其自主之权。然其自主权之所以保全,则莫不恃自卫权为之后盾。……然返人恶声,抗人强力,必非援据公法、樽俎折冲(意为不以武力而在宴乐外交谈判中制胜对方——笔者注)之所能为功,必内有坚强之武力,然后能行用自卫之实权。
> 立国者苟无尚武之国民,铁血之意,则虽有文明,虽有智识,虽有众民,虽有广土,必无以自立于竞争剧烈之舞台。

  今日群盗入室,白刃环门,我不一易其文弱之旧习,奋其勇力,以固其国防,则立赢羊于群虎之间,更何术以免其吞噬也!

  我不速拔文弱之恶根,一雪不武之积耻,二十世纪竞争之场,宁复有支那人种立足之地哉!

  梁此文,直指中国传统社会普遍存在的崇文贱武的社会心理,深刻揭示如果光讲文明而无武备、无铁血之意志,根本无法自立于世界的真理。他当年描述的"群盗入室,白刃环门"的状况,在今天虽然有了根本改观,但类似情形却仍不时浮现在眼前。中国面临的严峻国际形势,在中国崛起的今天,非但没有减弱反而更加突出。梁文对于今天中国、对我们的国民仍有极强的启示、警醒意义。

  中华民族尚武精神、强军意识缺失带来的后果是民族的怯懦和畏死的性格。东史郎日记所描写的南京大屠杀场景就是一个血淋淋的例证:极少的日兵,看押着成千上万黑压压一片的中国军人,那场景让日本兵心里发虚。而中国兵却不知道反抗,像任人宰割的牲畜,大屠杀就是这样产生的。日本兵在大屠杀中壮了胆,从此滋生了藐视感。如果我们不警醒,历史就完全可能重演!

  尚武精神的培养,要靠三个方面:一是心力,国人要有自强而不是自弱的心气。二是胆力,即排除畏战心理。这一点,历史上有许多教训,大宋王朝就是活脱脱的典型。中国人好图万全思想、求万全之策,反映在安邦治国上有时反倒是一种畏惧的表现。三是体力,即造就强健的体魄,全民健身比全民养生更值得推崇。健身带来刚健之风、竞技之心、坚韧之志,而养生带来奢靡之风、享乐之心、退避之志。时下,中国社会盛行养宠物,自己也养成了宠物般驯服的懒洋洋做派,安于享乐,安于舒适,安于自我,国民中有多少人还有为国而战、为国血洒疆场的豪迈与担当精神呢?可怕的还在于,明明是自己缺少了血气、血性,却归咎于政府、国家、政治因素,拿官员腐败作挡箭牌。

或许,连美国人都看清了这一点。布热津斯基就公开表示,中国是一个地区性大国而不是全球性大国。布热津斯基断言,"即使到2020年,即便是在最好的情况下,中国也不太可能在全球性大国的主要方面真正具有竞争力。"[54]200多年的美国瞧不起5000多年的中国,为什么?中国缺少了血气方刚,而美国淡忘了朝鲜战争、越南战争的教训。(令人感叹的是,明明是中国军人在朝鲜战场、越南战场上抗击美帝、赢得了胜利,却并没有获得应有的尊敬。如果私下里知道那些国家并不把中国军人的牺牲放在眼里,或许会气炸我们的肺,但平心静气想想,难道其中不也有我们自己的问题吗?)

中国必须要有雄心,必须要有英雄般崛起的意志,虎啸龙吟的猛劲、狠劲,彻底改变农业社会地主发家致富的心态与形象,真正确立起工业社会、后工业化社会、知识社会、信息化社会的成长英姿与拓荒精神。看看老牌资本主义、帝国主义的崛起史,充满了狼性和血腥,人类社会与动物世界终究根性相通,他们服膺强者、顺服强者,而鄙视弱小、漠视和善。如果缺少狼性文化,大自然就失去秩序与规则。中国人崇尚龙象文化,不喜狼鹰文化。周公的智慧、孔子的仁义绵延五千年,造就了中国的大同社会、族群和谐理想,却磨灭了人们的争讼意识。仁者无敌?如果仁者无能,不是谁与争锋而是与谁争锋?

有人会说,尚武那是莽撞者的行为,有勇无谋。哈哈,中国人一向乐于接受一个谋士、韬略者的形象,而不欣赏武夫。说话办事留半句话,让人费琢磨,显得有心机。固然,上兵伐谋,但勇士并不意味无谋,樊哙无谋乎?李云龙(原型为原北京军区司令员王近山)无谋乎?勇在很多情形下,就是一种谋略,或者说是谋略的一部分。中国人讲谋讲了几千年了,而讲勇却缺位了上千年。从一千多年前开始,两宋懦弱温雅,结果被金、元所灭;明朝接手没有硬气多久又被清朝灭亡,清朝没多久又被帝国主义列强宰割生不如死。我们的勇武精神都到哪去了?2013年4月29日俄日领导人会谈后举行的共同记者见面会上,面对日本记者的无理蛮横的问话,普京当着安倍的面,毫不留情地说,"如果你要捣乱,就一定会得到直接和强硬的答案",让安倍一行灰溜溜地走了。普京无谋乎?

我们要大声疾呼中国的勇士站出来!让我们堂堂正正做一个英雄国家,堂堂正正做一个大勇中国!

18.2 要有血性就不能有奴性

中国人的奴性文化、猜忌文化、防备文化、争宠文化、面子文化、内斗文化、攀比文化、随大流文化、嫌贫爱富文化、攀高枝文化、脏乱散文化、吆喝文化、窥私文化、打探文化、上头有人文化、怕出头文化、自保文化,等等等等,均为农耕社会、皇权社会、家长制社会所特有。奴性文化不根治,铁血文化无从立根。或者说,只要有奴性文化的市场在,就没有铁血文化的立锥之地。将军在外杀敌,架不住内臣官宦一句离间语。诸葛亮如是、岳飞如是、袁崇焕如是、林则徐如是。

奴性文化还派生出自大自满的文化。缺少英雄崇拜,潜藏阿Q心理,其结果就是自以为是,互不服气,甚至滋生"谁英明?我英明!谁英雄?我英雄!"的扭曲心态。其结果,没有真英雄,更没有群体英雄。有海外华人就尖锐指出,"中国是一个没有英雄崇拜的民族,中国人崇拜的都是失败的倒霉鬼!关老爷大意失荆州才被人焚香膜拜;楚霸王因自刎乌江才被推为英雄盖世;诸葛亮鞠躬尽瘁才被尊为妙算如神。倘若关老爷守住荆州,楚霸王得了天下,诸葛亮复兴汉室,后世人是否还对他们这样崇拜,那就很难说了。"[55]话或有些极端,但并非空穴来风。中国人所推崇的英雄,如文天祥、岳飞等,的确带有强烈的悲情色彩。而所谓国家英雄不过是忠君英雄,报国=忠君,给英雄抹上了愚忠靖王的色彩。至于平民主义的个人英雄,几乎难觅,因为中国社会根本不鼓励个人英雄主义。没有个人梦想成为英雄,又哪有英雄群体、英雄国家呢?

为什么中国缺少英雄主义?柏杨的一个发现有助于我们理解这一

问题。他说,"虚骄之气使我们产生一种错觉,认为中国绝不会亡,理由是中华民族最富于同化力,证据是我们已亡过两次啦,一次亡给蒙古,一次亡给满洲,结果还不是来个鹞子翻身,把侵略者打得夹着尾巴而逃?——满洲似乎还要惨,连尾巴都无处夹。这理论和证据可增加我们的自信,但并不能保证以后就不再亡。"[56] 也就是说,中国人很少有亡国的危机感。正如李商隐诗云:"商女不知亡国恨,隔江犹唱后庭花"。相比日本,我们太缺少危机感;相比美国,我们也缺少危机意识。这反映了中华民族异常淡定的一面,也说明了我们对家国意识有多么的安逸,能顺势而为,随波逐流。林语堂在20世纪20年代就秉笔直书,"中华民族的生命,好像是在迂缓而安静地向前蠕动着,这是一种沉着坚定的生活的范型,不是冒险进取的生活的范型;其精神与道德习惯亦相乘而具和平与消极之特征。这就是历史上常间歇地被北方民族所征服的根源。""它在政治上数度被侵略者所灭亡,但却能延续其民族生命力。关键就在一保持自身的民族文化存续,二是能吸收异族的新血统,包容和同化力强。"[57] 中国不嗜扩张,是此种民族生性特征的写照。同时,也说明中华民族对待异族(包括侵略者)的同化态度。中华民族有着极大的容忍力。机敏、圆熟,尤其卓越于能在逆境中容忍,像一个老人的心态——"这种美德是老年人的美德,这老年人并不是怀着野心热望以求称霸于世界的人物,而仅仅是目睹了许多人生变故的一个人,他对于人生并无多大希望,不问此人生之辛甜苦辣,他总是乐于容受,他抱定一种宗旨,在一个人的命运所赋予的范围以内必须快快活活地过此一生。""至于西方所珍重的美德、自尊心、大志、革新欲、公众精神、进取意识和英雄之勇气,中国人是缺乏的。"[58] 因为,他们有知足心、忍耐力、和平的性情、慎重的理性、宽宏的气度,等等。

我们还可以看到,历史上的匈奴、突厥、契丹、蒙古、女真,等等,都是在骑射方面表现勇猛、剽悍,比汉人的排兵布阵野蛮、简洁得多,无需多少韬略,也不要过于玄奥的兵法,但却实用、管用得多。历史上落后的草原部落民族,把自恃有孙子兵法、诸葛八卦等精通兵法和先进的农耕文明的汉民族,打个落花流水。而骑兵起家的大清王朝,又最终败在了西方同样野蛮的船坚炮利面前——说明了强权、强势的道理。枪杆子里出政权、出国威,也出话语权、出法治、出国际生存空间,同样也出软实力。

现在许多人说中国在国际上没有影响,这个问题应该两面来看,一是中国综合实力还不强势,因而文化也不被重视;二是对中国崛起有抵触心理,因而不接受。当然,不接受不等于没有影响;但不强势,即使有影响,也只是属于作秀层次,影响不了国际主流。可见,硬实力要有铁血精神,软实力同样要有铁血精神。如果不在文化基因中植入雄阔、刚健的血液,即使军力强大,影响也不持久。

18.3 必须直面战争考验方能开百世太平

亨廷顿告诫说,"未来的危险冲突可能会在西方的傲慢、伊斯兰国家的不宽容和中国的武断的相互作用下产生。"[59]他用武断这个词,多少有些费琢磨,实际上并不恰切。中国人从来不武断,不冲动。武断是类似日本那样的民族与国家的特色,不计后果,只重眼前。正是由于世界上那些敌视中国的势力武断,可能迫使中国不得不采取对抗武断的决绝策略。王晓东们在《中国不高兴》一书中断言,"无论从历史经验上看,还是从现实情况看,中国不可能没有战争准备。中国人口、资源、地形和高度的组织能力以及发展经济的欲望和能源需求,也许恰恰是中国招来战争的天然条件,同时也是未来世界真正走向和谐的中坚力量。"[60]我要为之补充说,从地缘政治看,21世纪中国必须经受住战争的洗礼,方能奠定百世基业。不是中国要战,而是对手逼迫中国与之一战!譬如中日之间,取决于日本而不取决于中国!当年在中国的土地上爆发了日俄战争,日本打败了沙皇,骄横一时,不可一世。可是二战末期,自恃王牌的日本关东军在苏军强大攻势面前短短十几天便土崩瓦解,从此对苏俄敬服有加。在北方四岛问题上,尽管心存觊觎、心有不甘,却无可奈何。

安倍晋三访俄在普京面前龟孙子似的送去十几份经济大礼，记者招待会上却被普京一句"谈判不意味着明天就能解决问题"给打发了。可对待中国却一副耀武扬威的样子，还不是抗日战争时期觉得"国军"、"八路"还没把日军揍够、揍狠吗？

中国必将经历一场大考验甚至大牺牲以摧毁对手的敌对意志，方能赢得百世太平。比如，涤荡日本数百年来鄙视中国的骄横心态；同时，也给美国以新的警示。当然，现代战争形态多样，有硝烟弥漫也有信息战、舆情战、太空战等等，但不管怎样，中国崛起的道路一定不会平坦。

中华民族伟大之处在于，汉王朝被亡国了两次——元朝和清朝，每次都数百年——但最终通过融合、同化又凤凰涅槃，重获新生。这些我们却遗忘了，滋长的是柔弱、善良、顺化、安逸的一面。就连时下中国的战争片也变得越来越带脂粉气，没有美女做主角，几乎难以编剧难以成戏。为吸引眼球，为感官需要，不惜娱乐战争。我们离好莱坞的战争大片比如《野战排》、《拯救大兵》等等，差的不是大投入、大制作，差的恰恰是对待战争的态度，对待战争的精神。

让我们谨记：中国崛起，是英雄国家的崛起。文明的崛起，也必得依赖大勇的崛起。没有大勇，不可能有大智。和平崛起，一定是文明的崛起，大勇的崛起，舍此没有任何意义，也不可能崛起。

第 19 章 不做军事霸主，但要做科技文化"霸主"

中国永远不争霸，这是指不做军事强权，不以综合实力凌驾于世界之上、不谋求主宰世界。不做军事霸主，但中国一定要做科技文化的"霸主"！

亨廷顿认为，"任何文化或文明的主要因素都是语言和宗教。如果一种普遍的文明正在出现，那就应当有出现一种普遍语言和普遍宗教的趋势。"[61] 中华文明（圈）史正是汉字传播、佛教传播的影响史。未来，中国崛起必定要指向中华文明的重新崛起。中国崛起固然是经济、政治、军事等综合实力的崛起，但根本、根基还应当是文化、科技的崛起。

如果能稍稍读点中国科技史就可以发现，直到明清中期，中国的经济体量都雄踞世界第一，而科技、军事也是世界上最强大、最先进的。郑和下西洋率领的庞大舰队，堪称当时世界之最，不仅是军事之最，还是科技、文化之最。但从 15 世纪初开始之后的 600 年，西方工业革命兴起之后中国迅速落后了。为什么落后？落后在哪里？在科技。因为科技落后，导致经济、军事最后是文化的全面落后。

以往普遍认为，中国受儒家思想影响，历代知识分子将科学技术视为"奇技淫巧"，非常轻视。但这并非是中国才独有的现象。"在英国，上层社会对工业科技同样抱轻蔑的态度。17 世纪的英国哲学家弗兰西斯·培根，因为有感于贵族和知识分子普遍轻视机械技术而不胜慨叹。英国的工业家经常受精英分子奚落，迟至 19 世纪中期，工业家在英国的社会地位仍然相当低。"[62]

中国古代并非真的不重视科学技术的发明、发现与应用。李约瑟就对中国古代科技成就,对中国在农业、水利、天文、地理、地质、数学、矿业、冶金、工艺等等方面作出的巨大贡献给予了高度评价。例如,宋朝理学家朱熹、程颐、程颢提出格物致知,提倡对事物的穷理、钻研,对推动后世的科学研究和博物考工等都有着积极的影响,宋代类似沈括撰写《梦溪笔谈》的事例比比皆是。

据梁柏力研究发现,明朝在格物致知、经世致用思想指导下,实学得到很大弘扬。包括建筑、水利、地学、气候、天文历法、财务、贸易、农业、纺织等等,都涌现出不少影响当世的著作。如陆应旸《广舆记》,顾炎武《肇域志》,杨慎《丹铅总录》,李泰《四时气候集解》。明代著名的数学家就有唐顺之、程大位和冯应京。

明清时代,中国对海外科技等好奇和引进学习一直抱着开放的态度。历朝皇帝对天文、历法、几何等高等数学问题也居然保持着浓厚的兴趣,像利玛窦、龙华民、汤若望和南怀仁等先后任职于明清宫廷。到了清朝,中国本土的数学家地位继续得到提高,渐渐取代了西方传教士的作用,其中尤以梅文鼎最为有名。他把中国和西方数学融会贯通,力主利用数学来解决历法上的问题。而康熙晚年,更效法巴黎科学院,在畅春园设立"蒙养斋算学馆",专门培养中国的天文历算学家。梅文鼎的孙子、数学家梅钰成就被赐予"算学进士"衔。另一数学家王兰生则被赐予"筹人进士"衔。乾嘉时期,考据家阮元撰写了《筹人传》,记载了中国历史上300多位天文历算学家的行迹和贡献。

据有关研究表明,1750年时中国人均工业化程度还仅次于英国、比利时和法国,而与德国和意大利相当。在工业革命前夕,江南的工业化程度可以与英格兰相比。只不过江南是以轻工业为主,英格兰却是重工业比较突出。而中国在另一些领域仍然居于领先地位,包括灌溉、农业、纺织、洗染、瓷器等。在城市公共卫生和提供洁净用水方面,中国也比欧洲优越。在造船、航海技术及其知识方面,西方要到15世纪才赶上中国,而迟至18世纪,中国在某些方面仍然领先于欧洲。工业革命前夕,中国在很多方面的技术仍然比西方先进。最迟至1845年,美国工业家威廉·凯利仍然需要向中国专家学习炼钢技术。[63]

这些事实,有助于改变国人、世人对中国科技历史面貌的片面认识与误读。

《易经》说,富有之谓大业,日新之谓盛德。只有日新、日日新是万世不灭之根本。要日新,靠的不是经济,而是靠科技,靠科技引领下的文化。美国的崛起,根本上抓住了科技的牛鼻子。在一战、二战期间及其后,网罗了天下科技英才,使美国的科技创新体系始终处在世界的最前列。科技让美国首爆原子弹,科技让美国人捷足登月,科技让美国拥有超一流的军力,科技让美国好莱坞大片横扫全球。

中国绝不做军事霸主,但绝对要做科技创新的"霸主"。有科技创新保驾护航,才能做世界经济的发动机,做世界的金融中心,做世界的教育与文化中心。

文化强国,更要科技强国;文化复兴,更要科技复兴。我们复兴的不只是中国的文化历史,复兴的不仅是"国学",还要复兴中国的科技历史、宣传中国历史上的科技文明:中国不只是拥有"四大发明",在天文、地理、历法、农业、水利、医药、纺织、火药、印刷、造船、建筑、工艺等等方面,直到清朝中叶前都独步世界,中国在科技上也有着傲视群雄的辉煌成就和伟大传统。需要把中国曾有的科技文明像传播国学一样,广加宣扬,树立国人的科技自豪感和自信心。

没有科技复兴,文化复兴是跛脚的、苍白的。可喜的是,中国近些年在科技创新体系建设上取得长足进步,中国年专利申请总量10年增长了8倍。2011年,中国在实用新型、工业品外观设计和商标申请方面分别增长了35%、16%和13.3%。中国内地专利申请总量为52.6万件,已经位居全球第一。从2002年到2012年11月,中国发表在国际期刊上的科技论文总量达到102.26万篇,仅次于美国。论文被引用共665.34万次,居世界第6位。我们有理由为此而骄傲。但另一方面,我们要清楚其中的分量和质量,与美、日等先进国家相比,差距依然明显。我们的专利中,许多是中低层次和仿制的。真正属于引领创新、原始创新的屈指可数。《福布斯》网站(2012年12月7日)有一篇文章,直言不讳指出了"中国的技术贸易赤字",认为中国是高技术贸易的逆差国。尽管中国有着高额的贸易顺差,但是顺差却不是来自高技术产品,而是一些低技术产品,例如据说中国村庄生产出来的袜子就占了全世界的80%。

更值得我们警惕的是,隐藏在庞大的教育科研体制下教育腐败、学术腐败问题也随之膨胀。如果去细细审计高校、科研院所的课题项目经费,不知道能揭露出多少腐败问题。我们只要看看某些靠课题项目发家致富、脑满肠肥的所谓专家学者的做派就能揣度出一二。遍布高校科研院所周边的宾馆、饭店乃至桑拿洗浴歌厅,有多少这类拿着国家、人民给的科研经费而肆意挥霍、超级享受、中饱私囊的景象,相信不会比官员的腐败案件逊色。我们重视科技发展、张扬科技文明,当然也要重塑科技精神和科学操守。我们要向20世纪50、60年代冲破重重险阻回归祖国的科学家们致敬!向两弹一星等功勋们致敬!向今天仍能不计名利、坚守大山、甘为国防科技事业奉献的70后、80后、90后们致敬!重振中国的科技雄风,挺起中国的科技脊梁,靠的就是这样的精神!

中国崛起,基础在经济,顶层靠文化,保障靠军事,而内核在科技。中华民族的伟大复兴,不只是国家富强、人民幸福,不只是文艺诗歌绘画的复兴;没有科技的复兴,就不可能有社会的进步,就不可能傲立于世界民族之林。

第20章 为什么中国被认为没有战略

20.1 我们不缺战略,但为什么被人认为没有战略

如今战略成了最时髦的词汇。公司、企业、家庭,都在玩转"战略",连个人职业规划都是战略范畴。国家当然更不缺战略。改革开放"三步走"战略,"中国梦"、中华民族复兴的战略,小康社会建设的战略,"五位一体"的战略等等,都写在十八大、"国家十二五规划"等文件之中。

但我们真的不缺战略吗?我们真的能讲清楚战略吗?我们真的可以坦然自信地对外宣称战略吗?

阿伦·弗里德伯格就认为,"中国的分析家们极少提及中国在任何领域的战略目标,即使谈及也只是用一些最笼统的说法。中国分析家们在中国战略目标方面的集体噤声,可能是出于有意隐瞒的目的,但也反映了一种更加灵活、开放的战略思维和规划方式。"他也流露出一些不解或者说抱怨,"文献中从未出现过关于中国大战略,以及更具体层面上中国应对美国的战略的正式提法。"[64] 显然,他的确不了解中国、不了解中国人的思想行为方式。对外战略那可是最大的国策,向为"禁区",以前普通老百姓可不能随便置喙,即使是一些专家学者,也多是解读似的惯性思维,难有跨越、跨界的独立思考。近些年,状况得到了很大改变,不仅高校科研院所等民间智库时常发声,就是一些有着军方背景的人士,也敢于发表一些尖锐意见。这种好处,一则可以开放思维,活跃研

究；二则可以吸收民智，引导民意；三则可以作为官方之外的补充平台，一些不宜官方表达的意见，可以借由民意发声；四则可以释放信息，做些舆情铺垫，在虚实之间提供想象空间，有利于对外沟通；五则可以震慑外界，也可以迷惑外界，于无形中提供制约可能。

所以，我们大可不必忌讳谈中国的对外战略，发布中国的战略意图。有时候，清晰地告诉对方战略底线，比有意隐藏或模棱两可的做法更有成效。对待中美关系、中日关系、南海问题等等，尤其需要高调宣布我们的战略，传达我们的战略决心。

英国《简氏防务周刊》（2012年10月24日）有一篇文章《战略重心之外的规划》，披露了美国四大军种正制订一系列战争计划，针对中国的"反介入和区域拒止"战略提出相应的应对措施。比如海空军2009年提出的"空海战"概念，即呼吁各兵种融合空中、海上、陆上、空间和网上能力，以应对美国及其国际利益所面临的新挑战。此后，还提出了"联合作战介入方案"等概念。文章同时指出，由于中国的战略意图并不像昔日苏联那样明确，所以，华盛顿、五角大楼在制订计划时，也显得小心翼翼，需要拿捏分寸，小心行事。这种指导原则既不把中国崛起看作是一种地区威胁，又确实对中国企图成为地区霸主的意图表示担忧。为此需要双管齐下，一方面鼓励与中国进行接触，另一方面也要拥有"军事能力和力量"。

中国或许得意于有意模糊战略，可以在处理对外关系时更加游刃有余。但是模糊战略有利也有弊。比如上述文章提及的，美国在制定政策时无法了然中国的战略目标，因而需要小心谨慎，拿捏分寸。而弊则是容易产生误解，并且给邻国以可乘之机。尤其在领土、主权问题上，模棱两可、似谈非谈、玩拖延战术，可能受损害的恰是中国自己。对手完全可以借中国模糊战略之机，浑水摸鱼，也与中国玩模糊。所以，中国在发挥灵活性和策略性优势的同时，也要尽可能告知美国、告知世界明确的战略目标。

如果撇开我们有意模糊的因素,外界指责中国不透明、没有明晰的战略,也并非盲目批评,毫无根据。在许多方面、许多领域,我们的确存在自相矛盾的时候,的确存在自己还没有想明白、想清楚如何处置的状况。这其中,有战略谋划的问题,有体制协调的问题,有战略决心的问题,有战术行动的问题。

例如,外媒对中国针对菲律宾挑衅和日本所谓"国有化"钓鱼岛的应对措施上,就准确地指出了中国各主管部门未能及时协调立场、统一行动的问题。

美国《福布斯》双周刊网站(2012年10月14日)就曾发表题为"中国以贸易和投资作为武器"的文章,评述中国对菲律宾使用"香蕉战"等经济手段,针对日本"国有化"钓鱼岛而限制日本企业开展业务,取消商业访问交流和旅游团等做法,指出,"如果北京真的能够把现在角逐影响力的各部门和企业团结起来,中国的政策毫无疑问将会发出更强硬的声音。成立外交部国际经济司意味着,中国将更加能够利用其经济手段来对付被它列为对手的国家。"文章同时也警告,全球经济环境日益恶化,而中国出口型经济尤其不堪一击,中国经济增长也受到侵蚀,因此,中国的未来可以动用的经济工具的威力将会下降。

这里至少透露出两点给外界的观感信息,一则中国在外交事务中让外界感到缺乏协调性。二则经济手段被中国广泛应用,这符合中国人的思维习惯。不用军事威慑,以免被外界解读为"中国威胁论",而动用经济手段,悄无硝烟,却能致伤对手。回想2011年菲律宾在黄岩岛屡次挑衅中国,中国随即加强了进口自菲律宾的香蕉的检疫。多在海关耽搁一天,烂在海里的香蕉就让菲头疼。的确,经济战见效快,威力也不可谓不大。但经济战难免两败俱伤,如果就威慑力而言,有时,军事手段并非一定是下策。世界丛林法则从来如此,人类比动物还脆弱或者说卑贱的一面是:他完全懂得服膺强权的道理,即使其嘴硬或者口服心不服,在强者面前他永远服服帖帖。如果以怀柔为武器,结果,受伤害的难免是自己。2013年4月底有媒体报道说,菲律宾对中国示好的50亿援助款根本不领情。它早已把其中的援助款拿去买美国的战舰反过来威胁中国。

20.2 与其"自相矛盾",不如对外宣示

美国乔治·华盛顿大学中国政策研究项目主任沈大伟2011年底在与中国国际关系学界的学者接触后,专门在《华盛顿季刊》(2011年冬季号)撰文归纳分析了中国如何在世界舞台上展现新姿态的7种代表性观点。他为文章取了个很见功力的题目"对付一个自相矛盾的中国",这本身就给我们一种意味深长的启发。

1.位于最左端的是"本土论":带有民族主义情绪,虽在抬头,但没有多大市场,不应被夸大。(这个判断基本是准确的——笔者注)

2."现实主义论":影响了中国绝大多数精英,占据中国现今国内辩论的重心。(这点多少表明中国时下的所谓精英缺少长远的战略远见,实用主义和机会主义倾向仍有相当市场——笔者注)

3."大国论":"是对于美国而言相当于一张暗藏的王牌"。该流派的大多数支持者是政府官员,相当务实。认为从地区安全到台湾问题到一系列重要问题,美国对于中国有着重要意义。(可以看出,我们的官员不论是口头还是心里都不愿与美国形成敌对关系。这样的大国论,颇有些乌托邦的色彩,幻想没有外部压力乃至战争威胁的大国崛起,颇为危险。——笔者注)

4."亚洲优先论":优先加强与亚洲各国的关系。沈认为,这对美国是一个好消息。因为美国也在致力于与中国周边的国家加强关系。(但显然,中美利益指向是背道而驰的。中国希望为自己赢得良好的周边环境;而美国是希望加强与亚洲各国关系,借以遏制中国,限制中国的影响力。——笔者注)

5."全球南南关系论":沈认为美国要认清北京在非洲,在亚欧大陆,在中东、拉美,在世界各地玩得很娴熟的"那套把戏"。(这一点沈氏还算聪明。中国就是要在全世界构筑文明连线,以抗衡美日西方的所谓"民主价值"观联盟。——笔者注)

6."选择性多边主义论":沈氏评述说,"美国必须明白这一学派倡导的是以实现自我利益为目标,有策略性地、有所选择地参与全球治理。中国并不认同全球自由秩序的许多前提条件,即使中国从这种秩序中得到了一些好处。中国参与国际事务的目的仅仅是为了满足自身利益,而不是出于任何更高层次的思想义务。"(这其实是传统中国文化的体现,典型的各人自扫门前雪的观念之国际化。中国崛起,这种思维逻辑和行为取向当要改变。——笔者注)

7."全球主义论":属于思想最右端。沈认为此派从2008年开始已经沉寂,已经在中国国内输掉了辩论,失去了市场。沈认为,中国继续采取基本上"坐享其成"的态度,对全球治理作出的贡献仅仅维持在足以转移西方批评的水平上。他同时提醒,美国也要"降低对这个自私狭隘的国家的期望值。当然,华盛顿还是要在牵扯中国利益的问题上,吸引北京开展有选择性的跨国合作"。(哈哈,如果沈氏如此认为,甚好!——笔者注)

沈最后评述到,美国如果严厉言辞与强硬行动,可能招致中国更加好斗、令人担忧的举动,因为国内的声音会怂恿政府与美国作对;如果安抚北京,鼓励中国成为"负责任的利益攸关方",深入参与全球治理,那么同样会加深中国的猜忌,不大可能达到美国希望的结果。这将使美国和西方陷入进退维谷的境地。安抚性做法只会强化"现实主义论"者的"中国优先"倾向。

沈氏的分析透出西方人的直率,也透出了作为战略研究者,对中国"自相矛盾"思想的无所适从、摸不着头脑。七种理论,各有优长,但在今天,都并不完全适应新的形势要求了。同时,也暴露出我们给外界误解,的确缺乏以国际为坐标系的明晰的战略取向问题——明晰的中长期的战略抱负。

当然,矛盾体的中国也是最善于辩证施治的中国。某种意义上说,我们一直得益于这种矛盾体,在这种矛盾体中自如游走,从容应对。

华盛顿邮报(2010年10月25日)对此曾发表《中国将继续崛起还是流于偏执?》的评论,言辞中透露出对中国难以琢磨的心情。"这个新中国骄傲又害怕——在飞速前进的同时惴惴不安地提防着他人。中国官员在夸耀中国取得的成就时,又不断提醒人们中国有多穷。他们对邻国越来越咄咄逼人,却坚称中国不想树敌。这种矛盾心理在中国人谈到美国时变得显而易见。"一方面美国是中国学生和游客最爱去的一个国家,"两国活跃而贪婪的资本主义作风也极其相似",然而美国在中国人心目中,却是"最危险的敌人"。作者得出的一个结论是:"说起来也许矛盾,但中国的成功对美国来说至关重要,虽然中国官员不喜欢听,但这意味着美国需要推动他们事先真正的稳定。"

中国是一个矛盾体,一点没错。自身内部是,处于国际事务中更是,这就是中国的现实。也正因为如此,中国依然处在从容自如处理国际事务的爬坡的阶段。也正因为如此,如何把握好快速成长为世界大国却又还处在矛盾、懵懂状态之中的两者反差,需要中国自己有高度清晰的战略自觉。中国要有自己的大战略、大目标、大抉择。并且,中国要有对外宣示的勇气、胆略和自信。有战略却秘而不宣,乃小国、弱国惯常所好,非我泱泱中华所为。敢于昭示天下,是取信于世界、安抚世界的必然选择;敢于昭示天下,还意味着我们有决战决胜的把握。我们要转变一种观念,似乎只有百分百甚至百分之二百,我们才敢于出手,世界上没有这种好事,战略机遇可以等到你具备万全之策、万无一失吗?亮剑之时往往是情势所逼,但凡有解,谁会大动干戈?这是古今中外的至理。

新千年伊始,美国就几乎垄断了所有高端军事技术,拥有绝对优势的军事力量。美国控制着世界的储备货币,因此可以控制发展中国家的大部分资产。在占领了伊拉克的油田之后,美国又控制了全世界能源的未来。按五角大楼的说法是要"全方位控制",即美国应当控制全球每一个地方的军事、经济和政治发展。

面对近年美国持续加大重返亚太力度的态势,中国是避其锋芒,还是敢于亮剑、迎难而上? 相信中国所有的战略家都会选择冷静的中庸之道。有没有人反过来思考,换位思考呢? 比如,如果美国是中国的角色会如何应对? 如果俄罗斯是中国的角色会如何应对?

韬光养晦决不是不敢亮剑。相反,有韬光养晦作底蕴,亮出底线、阐明主张、划出红线、清晰战略,有百利而无一害。因为,即使中国崛起,未来在相当长的时期,仍无法全面超越美国的综合优势,我们要有这样的冷静判断,寻求高超的破局方略。

日本时报在线(2012年10月12日)援引美国太平洋司令部一份报告称,中国在领土争端中对邻国使用"游击经济战"。"中国采取了实施特定经济打击的战略,将其系统地用于在领土纠纷中挑战其利益或拒绝其要求的国家。"报告还说,中国意识到美国军队和经济力量依然远远超过自己,"中国认定与美国进行正面军事交锋太莽撞。""另外,鉴于如果中国和其他国家在亚太地区或别的地方动武,美国可能被迫采取行动,中国发现,当它想表达意见或实行意愿时,采取游击经济战方式更有利。"

这份报告所称似乎符合当下中国的心理与行为事实。它指出的中国认定不敢与美军正面交锋的判断,显示了美军应对中国所具有的心理优势。当然,中国可以使用广泛的手段,不仅仅是军事、经济、外交手段回击敌人。中国如何破解美国傲慢张狂的军事威慑,以事实回应中国并不畏惧,需要我们好好反省。就连一个朝鲜都把美日韩逼得快神经崩溃,而为什么当中国独自面对美国时,美国却屡屡占据军事威慑的心理上风呢? 我们知道,在角斗中,特别是你死我活的对决中,并非拥有实力或块头大、武艺好的就一定占据心理上风和结果上风。中国有句古话,光脚的不怕穿鞋的——中国要有这样的泥腿子精神气概,这也是中国共产党的军队以小米加步枪能打败武装到牙齿的国民党军队,在朝鲜战场战胜美帝及其走卒的关键因素。

战略优势对比固然重要,但精神优势也是综合实力的一部分。以前国内有一种论调,只有当什么什么时,我们才能怎样怎样。完全是可笑的谬论,如果死抱这种想法,一万年都做不成大事。

在可预见的未来,单从战略后劲比,中国或许永远超越不了美国。但从综合优势比,从中国的精神力量比,中国就比美国强大得多!

清晰我们的战略并昭告天下,就是我们精神力的展示。有了无所畏惧、一往无前的精神,我们的硬实力才会更强大,软实力才会更硬气。

下部 重塑中华「新民族」的健康人格

第21章 为什么要提"新民族"主义

21.1 情绪化的民族主义

再过几年就是五四运动100周年了。百年前,中华民族处于受屈辱、任人宰割的最底层,民族主义空前高涨;百年后,中华民族处于被追捧、以至让人提防甚至围堵的自强崛起的最险峰,民族主义空前高昂。表面上看,境遇不同,表现也不同。一个是备受凌辱的民族图强和反抗的意识;一个是备受瞩目的民族崛起和自豪的意识。但有一点却是共同的:中华民族的民族主义(者)都历史性地走到了一个十字口!我们猛然发现,中华民族的民族主义(者)同时面临着新与旧、内与外的双重考验:

对外,是与世界民族的认同问题;对内,是与港台同胞认同的问题。这些问题处理得不好,中国的统一大业、中华民族的复兴就遥遥无期,至少会遭遇重大挫折。

2012年夏秋之交,日本政府与东京都知事石原慎太郎共同导演了一出"购岛"闹剧,激起了中国政府、中国人民的强烈愤慨和强力回击。全国各地相继爆发了近几年来声势最为浩大的反日抗议游行活动。令人遗憾的是,出现了打砸日系车、日资工厂的一幕,以致一些挂有日本料理招牌的中国人自己开的餐饮店也未能幸免,成为不和谐的极端民粹主义杂音,或者还包括什么主义都不是的暴力泄愤行为。有一天,笔者在北京街头看到一辆小车后挡风玻璃上贴了一行字:自己人,钓鱼岛是我们的! 仔细一看,是一辆丰田威驰,心里不禁涌起一阵莫名的情绪。这让我想起了布热津斯基的一个主导思想,"东方的民粹主义者的热情非常不稳定,而民族主义者的热情使人想起一个半世纪前的欧洲。"[65] 他认为,中国崛起未来面临至少两大危险,一个是中产阶层崛起后对政治权利的渴求,一个就是极端民族主义。他分析说,"一个高度民族主义和高度集中的中国可能会处于自我封闭之中。世界上的其他国家不再会羡慕中国的现代化,美国公众也会泛起残存的反华情绪,也许还携带着含蓄的种族歧视。这时,在那些越来越害怕中国野心的亚洲国家中,会出现一种极度反华的政治压力。它将改变中国的地缘政治近邻。当前喜欢与住在隔壁的经济巨人进行合作的近邻们,将变得渴望获得外部保证(美国是首选),去抵御它们眼中的已经被民族主义和野心唤醒的中国。"[66] 这就是曾作为肯尼迪、卡特政府国家安全顾问的布热津斯基的战略远见。他说,美国在逐步丧失像苏东剧变那样和平演变中国的信心之后,一个高明的策略完全可以是"让中国的未来变得更加激进、更加极端民族主义"。它完全可以让中情局培养和煽动中国的极端民粹主义者们,让中国政府和人民被极端的民族主义情绪所驱使,而最终在国内失控,在国际上被孤立。

这是危言耸听吗?

2010年9月,因中国闽籍渔船船长詹其雄在钓鱼岛海域被日本海上保安厅拘捕一事,中日关系又面临一次空前的危机。全国反日浪潮高涨,民众中抵制日货的运动此起彼伏。有一则发生在重庆的故事在媒体和网络广为流传:

重庆市开县县城某中学14岁女学生婷婷因反对购买日本轿车与父母发生激烈抗争,竟至离家出走3天,称"不要没有骨气的父母"。此事最终以父母诚恳认错告终。婷婷的父母在县城开餐馆几年了,一直计划买车。11月12日,当父母告诉女儿决定购买一辆"本田"小轿车时,女儿当场反对,"我坚决不同意买日本车,要买就买中国车!你们这样做是没有尊严的行为!"

婷婷的母亲苦笑着说:"之所以决定买辆本田也是听了朋友和经销商的介绍,觉得性能不错,我们也没想那么多,想着一个孩子说说也就算了,哪里想到孩子的反应会这样激烈?"第二天,得知父母依然没有改变决定,而且正在筹钱提车,一向乖巧的婷婷当晚与父母发生剧烈争吵:"我们是中国人为什么要拿自己的钱去支持我们的敌人?同学们知道我家买日本车都会瞧不起我的!"情绪激动的婷婷号啕大哭,指责父母只顾挣钱不关心政治、不关心国家、没有人格。第二天晚上,婷婷没有准时回家,她住进了同学的家中。

婷婷的父亲说:"孩子说得有道理,我们成天只想到挣钱,竟然没有一个孩子明白是非,我和她妈心里很惭愧。"

这样一则故事被作为不折不扣的"爱国主义"、"民族主义"义举受到广泛肯定。它延续了自五四运动就涌现的"抵制日货"运动的自觉逻辑。但我们或许没有注意到孩子说的一句大实话:"同学们知道我家买日本车都会瞧不起我的!"面子因素其实是支撑她反对购买日系车的第一朴素的也是最根本的问题。

由此,笔者要大声疾呼:在新世纪中国已然崛起的今天,我们迫切需要重新认知民族主义,我们迫切需要张扬的是"新民族"主义。

21.2 中国民族主义思潮的更替

如果稍稍回顾一下 20 世纪末到 21 世纪初短短十余年的历史,我们会发现,中国的民族主义(者)正前所未有地陷入一个被外部日益挤压而内部又杂糅膨胀的双重困境之中。时间和空间都在加速压迫中国民族主义(者)的情感,刺激它的神经,逼迫它扭曲地释放传统的、自 1840 年以来的民族主义情绪。

1999 年,一个日本侵华老兵的忏悔录《东史郎日记》,因为在日本受到了顽固否认南京大屠杀的右翼势力的诋毁、起诉,而引起了中国人民的愤慨和舆论的强烈反弹,以致连中国外交部也连续表示"遗憾和义愤"。就在那一年,笔者开始深入思考中国的民族主义问题。2000年,笔者撰写了直击日本右翼势力的第一部地缘政治小说《天追》。令人遗憾和百思不得其解的是,10年间没有一家出版社敢出版这样一部完全没有"政治导向"问题的小说,直到2012年底,凤凰联动的董事长张小波先生、当代中国出版社的周五一社长,给予了决然的认可和支持,才终于在雪藏12年后得以堂堂正正地面世。

就在1999年春天,5月8日,中国驻南斯拉夫大使馆遭到以美国为首的北约部队精心谋划的"误炸"。光明日报记者许杏虎与妻子朱颖以身殉职。当时笔者在泰安筹备召开全国报纸理论宣传研究会年会,从会场窗口,能够看到当地学校的学生举着横幅、高呼口号、群情激昂地游行的场景。

2001年,美国EP-3型侦察机在南中国海贴近中国海岸线执行侦察任务时,与我两架歼-8II战斗机发生相撞,我飞行员王伟光荣牺牲。

2003年6月、7月、8月,因为日本右翼的不断挑衅,激起了中国网民的强烈反击:在网站组织保钓活动、发起登钓鱼岛的"保钓"行动;"反对京沪高铁采用日本新干线"10万大签名;百万签名要求日本针对侵华期间遗留的毒气弹伤人事件进行赔偿;抗议日本右翼分子登上钓鱼岛而在日本驻华大使馆外焚烧日本国旗;持续在各种论坛上发表了激进、尖锐的民族主义言论,因而被称为"网络民族主义年"。

2004年以后,日本公然采用了具有右翼倾向、否认南京大屠杀内容的教科书版本;日本首相小泉纯一郎参拜供奉了日本甲级战犯的靖国神社;围绕东海春晓油田,日本一再变本加厉挑战中国主权,不断刺激中国人民的民族感情和民族尊严。2010年9月8日,41岁的中国拖网渔船船长詹其雄在钓鱼岛海域被日本石垣海上保安部逮捕带往冲绳县石垣市。直到17天后,在中国政府的强大压力下,日方才予释放。中国政府与中国人民的反日斗志被空前激发。2011年,美国奥巴马政府高调宣称并强力部署"重返亚太战略",积极巩固重建美、日、韩、菲、澳同盟,在中国的周边明里暗地挑动与中国有领土争议国家反华、制华、扰华。以貌似"不持立场"、"保护南海自由航行权"的姿态,在我国台湾、南海、钓鱼岛,以及缅甸、越南、菲律宾、东盟等一系列话题和场合上,构筑遏制中国崛起的"民主之弧"。

2012年,因日本政府与东京都知事石原慎太郎共同出演的钓鱼岛"国有化"购买闹剧,而终致中日两国陷入剑拔弩张的空前危机。有报道称,这或许还包藏着美国的一出令中日两国兵戎相见、两败俱伤而美国坐收渔利的阴险策略。就在2012年11月29日,美国参议院通过了2013财年"国防授权法案",其中增加了一个附加条款,明确规定美国对日防卫义务的《日美安保条约》的第五条适用于钓鱼岛。日本媒体借机炒作认为,这一补充条款进入美国"国防授权法案"非常罕见,如果它最终在美国众议院得到通过,意味着一旦中日在钓鱼岛发生冲突,作为日本盟国的美国将采取干预措施乃至直接武力介入。而美国国务院则刻意拒绝对此做出回应,有意让外界做出各种猜想。

上述一系列事件表明,外部势力、外部因素的挤压,非但没有因为中国崛起而缓和,反而变本加厉,既有美日等超霸和幻想超霸的势力的遏制围堵,还有一些周边小国明火执仗的巧取豪夺。而中国民族主义的自豪感、自大感、幻象感因为外部因素的刺激挑动会加速膨胀,边界愈发混沌。

21.3 "新民族"主义之新

新民族主义并不是一个新鲜的词汇。只要去看看百度,新民族主义已经被有责任感的学者们用来描述20世纪90年代中国兴起的民族主义思潮,他们还负责任地区分了精英们(学理性)民族主义和平民们(大众性)民族主义。前者是主要指一些学术界、知识界人士,对美国为首的西方反华图谋的尖锐抨击，倡导以全球化视野审视中华民族利益的新观念，而以《中国可以说不》为代表的激进地反西化、西方模式，直言不讳高扬中华民族情感的言论，更是被贴上了激进的民族主义标签。这种将精英们理性思考的民族主义与平民们情绪宣泄的民族主义加以区分的做法，本身就是一大误区。其结果，依然没有脱离民族主义的理论与情绪视阈，而且还造成了精英主张与大众情感之间的割裂。

民族主义向来被视为一种非理性的情感力量，一种基于领土、地域、文化、宗教共同体的强烈外向型、排外性意志。激进的民族主义与爱国主义时常混合在一起，驱使着人民做出狂热的牺牲、出格甚至恐怖的行为。西方学者认为，"民族主义是一种非理性的力量，是一种人类深层情感的表达，它远远超出任何理性分析，尽管各类民族主义可以按照一种政治和意识形态理性来运作，并且也可以找出一些社会原因（不管多么复杂）。"[67] 英国学者还进一步认识到，"忽视这样一个事实是非常愚蠢的：许多人坚定地相信族裔忠诚是他们核心认同的一部分，必须以生命捍卫。"[68] 这在中东基地组织的人体炸弹招募中可以找到鲜活的例证。将民族主义分为族裔民族主义和公民民族主义是西方学界的一个贡献，力图解决的是民族主义的分类与理性问题。有学者还试图论证民族主义可以是温和的，只要它变成了"真正的大众的"，并以"宪法爱国主义"或"后民族主义"面目出现。它标榜自己是开明、宽容、反省、包容和以权利为基础。这些主张，似乎为激进、偏执、狂躁、狭隘的族裔民族主义找到了药方，但罗伯特·法恩一针见血地指出，"新民族主义是我们这个时代的理论，但却穿着旧时代的衣服，尤其是18世纪的旧衣服"[69]，"将民族主义划分为温和邪恶两派，不仅否认了民族主义自身的含糊不清，而且这种将世界划分为'他们'和'我们'的做法会使世界政治丧失丰富内涵"。[70]

这么说来，我们对民族主义的出路是否太悲观了呢？特别是对渴望全面复兴的中华民族来说，是否就意味着摆脱不了民族主义的窠臼呢？

这正是笔者要给大家的答案,也是我要用"新民族"主义一词表述的用心所在。

所谓"新民族"主义,可以分为两组组词:一是新+民族主义,一是"新民族"+主义,笔者所主张的新民族主义是后者。中华民族之"民族"概念,在 21 世纪,当有"新民族"的内蕴与雄姿,张扬的当是"新民族"的主义,当破除民族主义只对外、不对内的逻辑悖论,做一个既激扬又内省,既外拓又共享,既果决又温良,既更新又自新的"新民族"!

中华民族的包容性、创造性和通变性,决定了我们能很好地破解民族主义这道世界难题。"新民族"主义这个词,不会因为被误用、被借用而失去它自身的价值。笔者喜欢"新民族"主义这个词,更相信,21 世纪崛起的中国人,也会接受并喜欢被称为"新民族",标榜"新民族"主义!

第22章　中国历朝也是边患最多的被骚扰史

古希腊历史学家修昔底德说,"大国随心所欲,小国任人宰割"。但是,世界历史也常常不乏大国受制于小国的现象。小国滋扰大国、小国"绑架"大国、小国欺瞒大国的场景也并不鲜见。可叹的是,号称泱泱帝国的中国,历史上偏偏就是被滋扰、被"绑架"、被欺瞒最多的大国。举凡中国历朝周遭的少数民族部族,如匈奴、契丹、蒙古、女真等等,及至后来的倭寇,葡萄牙、荷兰、英国等西方诸强,不论是国土、人口、经济等规模体量还是文化发达程度等,与中原王朝相比堪称"小国"甚至是弱国,可中国的文明史却又是在与他们的不断纠结,不断的和与战中发展演进的。某种意义上说,长城恰恰是中国屈辱的一个标志,当然同时也成了中国不屈不挠、抗击一切敌人的符号。这种安全困境连老外也一目了然。美国人就一针见血地指出,"除了越南和朝鲜一度充当过缓冲国以外,在潜在入侵者的进军路线上,中国都没有缓冲国。中国最可能打仗的战场是在自己境内,而不在海外,这一点与美国不同。"[71] 中国的安全环境从来就不容乐观。中国历朝历代明君贤臣在处理与周边少数民族政权的复杂关系时,都绞尽脑汁,包括汉武大帝、唐太宗、康熙大帝等等。中原王朝为此提出"亲仁善邻,国之宝也","近者说,远者来","远交近和"等策略,是迫不得已而为之的必然选择。它不得不求着、呼吁着与邻为善、与邻为伴。居安思危、枕戈待旦的成语被引用最多,根源于此。

当然,造成这种原因还有一个根源,"中国是自成体系和自给自足的,它主要建立在得到认同的种族同一性的基础之上,对异族和地理上处于周边的附庸国,中央只比较有限地使用力量"[72]。它不像美国,在建国之初国土就够大之时,还贪得无厌,结果西驱印第安人,南吞墨西哥领土,给自己打下了今天毫无边患的美利坚合众国。中国人两千年来文明得不行,对外征伐一定要师出有名。连曹操这样的枭雄都赞叹"周公吐哺,天下归心"的境界,更别提诸葛亮宁可七擒孟获七次放归的德仁。中国历代统治者别看在自己的国家内部为争王权可以昧良心、下黑手,乃至弑父戮兄,但在对待邻国外交方面,却一心想以心换心、以心交心,天真可爱至极。这种一味柔让、谦下的思想,固然可以免除中央帝国征伐的烦劳,但却容易养猫为虎,滋长和纵容周边小国肆意挑衅。

我们来看看一向为后人所尊崇的大唐王朝,在鼎盛时期其边疆安全面临着怎样的尴尬境地。

据翦伯赞主编《中外历史年表(校订本)》[73]列述:

大唐盛世,也断不了战事。就是唐太宗即位的贞观元年公元627年,北方民族也没有因此给大唐皇帝面子。"正月,……罗艺据泾州反,为部下所杀。""九月,岭南酋帅冯盎、谈殿等互相攻战,遣使逾之;盎遣子入朝。十二月,利州都督李孝常等谋反,事泄,死。""十二月,西突厥统叶护可汗遣使迎公主,颉利可汗挠之。"

贞观二年,公元628年,正月,吐谷浑扰岷州。九月,突厥扰边。

贞观三年,公元629年,十一月,突厥扰河西。

贞观四年,公元630年,正月败突厥,三月突厥亡。但随之是吐谷浑继续滋扰大唐边境。

贞观六年,公元632年,三月吐谷浑扰兰州。

贞观七年,公元633年,八月龚州僚起事,十二月,嘉陵二州僚起事,旋败。

贞观九年,公元635年,七月,党项扰叠州,杀唐兵数万。

贞观十二年,公元638年,战事尤其多。二月,巫州僚起事。七月,吐蕃以唐拒请婚而起兵攻吐谷浑,破诸羌,而进攻松州。八月,霸州山僚起事杀刺史。十月,巴州僚起事,钧州僚起事,旋败。十一月,明州僚起事,旋败。十二月,大败巴州僚,俘万余口。十二月,突厥处月、处密二部与高昌共侵焉耆,掠千五百人。

贞观十六年,公元642年,西突厥拘留唐使,侵西域,扰伊州。

可以说,整个唐贞观之治之年,几乎每年都有战事,不是内乱,就是外患。贞观十八年公元644年,因高句丽不听谕告才不得已兴兵击之。到唐贞观十九年公元645年,唐太宗还亲征辽东,久攻安市城不下只好班师回朝。唐贞观二十三年四月唐太宗病死,才罢辽东之役。

唐高宗李治即位永徽元年(公元650年),当年十二月,琰州僚就起事,唐遣兵击之。

公元660年,唐显庆五年,四月,奚、契丹反唐。八月,吐蕃以吐谷浑归附唐而攻之,唐兵击降之。同为八月,思结、拔野古、仆骨、同罗四部骚动,遣将击定之。十月,唐高宗中风,政事委托武则天裁决。

公元661年,唐显宗六年,龙朔元年,十月,铁勒、回纥、同罗、仆骨等部犯边,命郑仁泰、薛仁贵等击之。

而在武则天自己当皇帝的周圣神皇帝武曌天授元年(公元690年),十月,东突厥侵袭已归顺唐的西突厥,西突厥率六七万人入居内地。

公元712年,益州僚起事,八月,唐玄宗李隆基即位,为先天元年。十一月,奚、契丹扰渔阳,大掠而去。

在唐开元中兴时期,也饱受西南夷、吐蕃、契丹、突厥等的侵扰,更不用说安史之乱了。总括而言,在伟大的大唐盛世年代,不论是唐太宗贞观之治,还是武则天威加海内,或者是唐玄宗中兴大唐,都备受边境小国的侵扰,有历史记载的就有十几国,如西南夷、僚、吐谷浑、吐蕃、西东突厥、契丹、奚、靺鞨、党项、铁勒、回纥、仆骨、同罗、百济等等。这些小国,并没有因为大唐之大、之盛,而稍减侵扰、犯边之心、之胆。这些史实充分说明,中国历史上从秦汉以降,到唐宋明清,都充满着边境的安危问题、忧患问题,都被周边小国、弱国所袭扰乃至"绑架"。逼婚就是"绑架"的一个典型证据。例如,上述引文中提到的唐太宗贞观十二年(638年)七月,吐蕃因为大唐拒绝了其请婚要求,勃然大怒起兵攻打吐谷浑,破诸羌,再进攻松州。

为什么连历代帝王楷模、中国封建王朝最强盛的唐太宗贞观年代以及大唐盛世时期,依然受到如此多的"屈辱"与"委屈"?问题的症结在哪里?又有什么值得我们深刻反思与汲取?

第23章 史上一味"怀柔"的恶果

中国历史上处理对外国际关系最自鸣得意的可谓怀柔策略。北京北城门叫"德胜门",以德取胜。北京西北郊县有怀柔县(区),中南海有"怀仁堂",等等,都说明了中国历代君王对怀柔、怀仁国策的倚重。

然而,有充分的史实表明,运用这个政策是有历史条件和历史局限的。或者说,历史上并不怎么成功。基辛格就直言不讳地指出,"长城是中国主要象征,而长城也恰是中国根本弱点的体现,它在抵御外敌方面几乎没起什么作用。"[74] 德化、怀柔政策是中国历代对外关系政策的首选,这一传统始于周,在孔孟时代得到了传播,汉唐之后得到了光大。儒家追求道德教化,战胜外族更要靠道义,而不是靠蛮横的武力强加于人。这种纯粹的美德修养,用到对外关系上,结果往往事与愿违,造成的是国家安全问题始终没有得到根本解决。

当年,匈奴是汉朝的最大外患。由于汉朝军队不善骑射,处于下风,汉高祖刘邦不得不与匈奴缔结和约,向其进贡大量国库收入和各种物质。在汉朝达到文景之治的盛世期间,同时也是匈奴侵扰最烈、最强之时。那时,汉朝的军队还只是以步兵为主,难以适应匈奴的骑兵战术,只能采取和亲政策。不仅签订和约,还每年给匈奴送去大量的各种粮食、金、帛等用品。"但是实际上,不管签订了多少项和约,不管向匈奴输送了多么大量的贡品,匈奴还是不顾协约的规定,屡次侵扰边境。"[75] 如公元前166年冬,匈奴对汉朝西部发动了一次大规模的进犯,结果以汉朝军队的大败和北地都尉战死告终。汉文帝、汉景帝时（公元前156年—前141年），汉朝北部边地依然不得安宁。北部的燕地和雁门郡不断遭到匈奴的抢掠和攻击。没有办法，汉景帝在和平协约里向匈奴做了更大的让步，包括开放边境地区设立边贸市场，使当时的边境冲突频度和强度都降了下来。中国不得不接受现实的世界秩序。

到了汉武帝时代，和亲不仅没有带来应有的边界安宁，而且还招致了匈奴不断变本加厉的索要和侵扰，武帝苦不堪言。事实证明一味和亲是一条失败的错误路线，汉朝只能自己咽下不断酿成的苦果。而大臣们围绕战还是和的论辩，对今天都有着现实的启示。《史记》用很长的篇幅，记载了当时王恢与韩安国之间鹰派与鸽派的对垒。鹰派的王恢认为，即使在战国时代的小国代国，都能击退游牧民族，阻止他们的侵袭与抢掠，可汉王朝实现了全国的大一统，而且在边疆地区布置了重兵防守，却不能阻止匈奴的侵略。王恢坚持，只有对匈奴发动军事进攻，才能最终从根本上解决问题。而反方鸽派的韩安国却认为，当年汉高祖在平城之战中遭受了惨败，而"五世"的和亲汉朝得到了实惠，如果面对强大的匈奴发动军事行动，将不可能深入敌人腹地，而且还将带来人员伤亡，还会对边境农耕带来影响。这种现实主义的考虑，不能说没有道理。这与今天我们许多人考虑中国能不能维护南海、东海权益时，担心影响我们的经济，担心美国介入因素的思维简直如出一辙。

然而，汉武帝在经历了有限的军事行动而再次失败、绥靖政策最终走向死亡之后，这才痛下战略雄心，从军事、技术、经济和外交等方面多管齐下，开始了与匈奴的长期的军事较量，并最终赢得了彻底的胜利，为后世开创了不朽基业。汉武帝分三个阶段完成了其丰功伟业。第一阶段（公元前133年—前119年），主要是恢复黄河以南的全部失地，并且巩固那些易被匈奴侵扰地区的执政基础。第二阶段（公元前119年—前104年），北部匈奴已经被驱逐到遥远的北方，北部边境得到了安定，汉朝也一洗前耻不再纳贡，并将疆域拓展到西部建立了酒泉郡。仅公元前

112年到公元前108年的4年间,汉朝就在北方和南方建立了14个边郡,同时,向西部的扩张以及进而向中亚的军事和商贸的远征也节节推进,形势已完全改观。到了第三个阶段(公元前104年—公元前87年),已经建立起了北方、西方和南方强有力的防御线,为汉朝向西域进一步的远征铺平了道路。到公元前60年,汉朝的势力已经顺利进入了中亚并达到了全盛。后在吐鲁番设立了戊己校尉的军事长官、农都尉和关都尉,到武帝统治末期,汉王朝在北部和西部边疆地区的权力得到了根本的巩固,彻底取代了匈奴成为西域地区乃至中亚地区的超级强势帝国。

与汉朝对待匈奴策略前后变化取得明显不同的结果相对照,北宋和南宋王朝,恰恰是没有醒悟过来,始终以柔让、隐忍甚至投降路线为政策重心,结果招致了亡国。

宋真宗时,公元999年、1000年辽军两次南下,大败宋军。1004年辽萧太后、辽圣宗又亲率大军南侵,直逼开封。宋真宗无奈御驾亲征,在战事对宋极为有利的情势下,畏敌如虎的北宋居然与辽签订了和约:

1.宋朝每年交辽朝绢20万匹,银10万两。

2.沿边州军各守疆界、不得创建城堡、移改河道等,换取辽称宋真宗为兄。史称"澶渊之盟"。

北宋与西夏和议也如出一辙。公元1040年,宋军与西夏在延州(今延安)激战,结果宋军大败。此后西夏更是频繁袭扰北宋。随后在好水川、定州、渭州等发生战事,宋败多胜少。公元1047年,宋夏双方达成和议,每年宋赐给西夏绢13万匹,银5万两,茶2万斤。另加节日赏赐。两国重开边贸。

"和辽国相比,西夏并不算一个强国。西夏疆域最大时'东尽黄河,西界玉门,南接萧关,北控大漠',但就这样一个边陲小国,仍迫使大宋做出'赔款求和'之举,北宋的软弱可见一斑。"[76]

中国封建王朝疆域之广、经济之发达、文明之灿烂、军事之强大,直到清初中期,在世界上都首屈一指。在18世纪后半叶之前,西方国家仍然未能依靠其军事力量在亚洲称霸。比如，清朝和俄国在1689年（康熙二十八年）签订的《尼布楚条约》，是在尼布楚被清朝领侍卫内大臣索额图率领的清军包围的情况下，才与清廷签订城下之盟。然而，天朝的自大心态，加之儒教文化的熏陶，使得统治者和施政者都陶醉于"皇恩浩荡"、"泽被天下"的荣耀感中。最普遍应用的手法，一是和亲，二是朝贡。

中华帝国的朝贡心态与施舍心态最典型地反映了中国封建王朝的虚荣心。中国历朝历代，都利用官方贸易来笼络邻近国家。唐、宋、元、明、清均如此。

朝贡一方面是以贸易之利让邻国承认中国是其宗主国；另一方面也是争取盟友、孤立敌人的一种办法（但未必是有效的方法）。如明初北方蒙古是明朝的心腹大患，中亚的帖木儿帝国也十分强大，时刻有进犯之心，明成祖就鼓励中亚国家向明朝朝贡，以贸易好处笼络他们，来牵制北方和西方的蒙古与帖木儿帝国。

周边国家当然也希望与明、清王朝进行贸易，因为可以得到帝国的丝绸、茶叶、瓷器等等。而明、清王朝的条件就是他们首先要向中国称臣，做中国的藩属，来华朝贡，承认中国是他们的宗主国。其实这是一笔非常划算的买卖：由于朝贡时得到的朝廷赏赐，往往比他们进贡的贡品还贵重，而且朝贡使者可以携带其他货物到京城和其他地方售卖，获得部分免税优惠，再购中国产品带回本国售卖。此外，朝贡者进入中国境内后的一切开支均由朝廷负担。难怪周边各国都争相朝贡，而实际上做冤大头的是中华帝国。[77]

经济手段固然可以让人尝到甜头，但也会滋长贪得无厌的心理和得寸进尺的张狂，以及潜意识中的蔑视，还会助长实用主义、机会主义的作风。最后，还有可能让自己陷入入不敷出的被动境地。明朝实施朝贡制度后期，朝贡者闻声纷至沓来，使明朝应接不暇、赔本吆喝，成为明朝极大的负担。而边境形势却没有得到什么根本的改观，最终导致走向海禁，干脆闭关锁国。

而今，中国地缘政治需要示强而不是示弱。"枪杆子里面出政权"，在国际丛林法则中，"枪杆子里面出外交"。只有强大实力加勇武果决，才能赢得众人信服。如果只有经济实力没有战略胆魄，不敢在必要的时候说狠话、办大事，就不可能真正崛起。

今天，中国的一些怀柔做法同样经历着历史上相似的一幕。朝鲜不顾国际社会的一致反对，悍然进行第三次核试验。中方称，直到最后一秒都在做最后努力。可这种表态恰恰说明，朝鲜并没有把中国的表态放在眼里，根本没有顾及中国尴尬的处境，逼迫中国在联合国安理会无奈地投了赞成票。就连自己最"紧密"的盟友，自己费尽心思顶着国际压力、国内压力支持的盟友，到头来都如此不顾及中国的颜面，不体谅中国的作为，至少说明了中国传统的"怀柔外交"思维应当到了"变脸"的时候了。

（2013年5月底，朝鲜特使崔龙海访华，破天荒地在北京表示，愿意接受中方建议，重返六方会谈对话协商，从一个侧面验证了上述观点。）

第24章 "和为贵"不是一厢情愿的事

中国自古以来深受"和"思想的影响。子曰:"礼之用,和为贵。"老子则有名言:"万物负阴而抱阳,冲气以为和。"庄子主张:"形莫若就,心莫若和。""和"成了上至帝王下到普通百姓处理家族邻里关系乃至军国大事的集体潜意识。"和"的思想并不是空洞的口号,其功用最典型地表现在中国社会"息讼"、"厌讼"、"止讼"的心态上。当出现讼争时,地方官府和宗族都首先选择调处和解,用牺牲法律程序与尊严换取"息事宁人"的结果。

"和"的思想自然也反映到中国历朝历代处理对外国际关系问题上。如果说对内以"和"处理乃至压制社会矛盾问题,即使难以圆满解决,也毕竟可以通过内在的调节机制加以转化和释放的话,在国际关系上,一味照搬套用"和"的善意,却未必能达到预期的效果。特别是在边疆领土问题、边患问题上,切不可一厢情愿滥用"和"。

检视中国封建王朝的兴衰更替史可以发现,边患尤其是北方边患始终是历代中原王朝的头等军国大事。历史上,中原政权主动出击解决北方边患的次数屈指可数,多半处于守势,被动防御。唯有汉武帝在迫不得已的情况下发动了讨伐匈奴的战争并最终获得了胜利,为汉王朝的北部边境赢得了百年的安定。

纵观历代疆域政策,中国在国家安全战略上,长期奉行的是自安的国策。所谓把自己的事情办好,就是最典型的表述。中国历来重视的是

"内敛性,重内部治理而非向外扩张,重防御而非进攻"。[78] 由于中国幅员广阔,以农业经济为主体,而社会阶层复杂,所以历朝历代都将重农与维稳作为王朝施政的重点,而不是把向外拓张领土作为国家的目标。唐太宗李世民的观念堪称经典的主流思想:"靺鞨遣使入贡,唐太宗曰:'靺鞨远来,盖突厥已服之故也。昔人谓御戎无上策,朕今治安中国,而四夷自服,岂非上策乎'"[79]。与之相类,清康熙帝有一段关于不修长城的圣谕也同样表现出自安的态度。"守国之道,惟在修德安民。民心悦则邦本得,而边境自固,所谓众志成城者是也。"[80]

历朝历代谋士贤臣的主流观点与帝王们思想高度一致。用今天的话来理解就是,"只要把内部治理好了,国家安定强大,周边的部族邦国自然就会顺服;对外扩张用兵则是糜费国家、烦扰社会之举,即使占领了远方的土地,也没有多大用处,徒增国家的动荡和损耗。"

由此,防御成为两千年来中国军事上的基本特征。而防御也主要是消极防御,如构筑城墙、收缩防线、依势筑城,各个朝代的防御常态特别是王朝末期更是如此。至于积极防御,也仅是汉朝、唐朝、明朝、清朝鼎盛时期的策略。而且"历史上的每一次出击,总在取得一定的胜利后即收兵凯旋,将军队的主力撤回到长城以内。进攻行动的适可而止,说明中原王朝的战略重点始终是确保长城以内广大农耕区域的安全,而不是向外拓张领土。因此,进攻是短促的、暂时的,防御是长期的、持久的。历代边防的经常性情况,恰如明太祖朱元璋所强调的方略:固守疆圉,防其侵扰;来则御之,去则勿追。"[81]

被动防御,常常伴随着和亲政策,表面上是北方蛮夷朝贡称臣,其实却是中国皇帝将公主下嫁敌国,以换取和平。往大处说,是大国胸怀,怀仁之道;往小处说,其实就是屈尊求和,委屈求宁。

比如,汉光武帝刘秀恢复汉室,为休养生息,而致力于以德立国、柔道安邦。内则销兵减政,退功臣而任文吏,与民休息;外则筑垒严边,加强守备,致力于"和戎"。不论匈奴连年犯境,还是匈奴连年荒旱、疾疫内乱，都不肯兴师出塞以肃边患。建武二十七年（公元51年），开国功臣臧宫、马武联名上书请灭匈奴，刘秀以诏书作答，严词拒绝，并说，"务广地者荒，务广德者强。有其有者安，贪人有者残；残灭之政，虽成必败。"[82]可见，与广地相比，树德更被推崇。其实质则体现了历代帝王满足于中原一统的心态。

宋朝是中国历史上经济最为发达、文化臻于高峰的一个伟大时代，但也是饱受边患之苦，深怀家国之痛的时代。在面对辽、金等北方部族的侵袭之时，关于是战还是和的论争，堪称中国历代帝王与精英们的思想缩影。李纲《议国是》云："以守则固，以战则胜，然后其和可保。不务战守之计，惟信讲和之说，则国势益卑，制命于敌，无以自立矣。"[83]他直言不讳地指出，一味求和，最终使国家羸弱，国势越卑，而人民越发丧失斗志。在当时外患威胁始终不断的情况下，蔡襄提出，"当今之急务，强兵为第一事，富国为第二事。欲修治道，自此而始。兵不强则国不富，国不富则民不安，是故始于强兵而终于安民，本末之论也。"[84]可见，富国强兵不可分割。一心只想和、和、和，其结果必然导致内无良臣、外无良将的羸弱状态，大宋朝即是前车之鉴。

注重内固民安，不自乱，当然是正确的，但只对了一半。第一，历史事实已经一再表明，不论哪一个伟大强盛的王朝，"和"、"德"的政策从来就没有根本解决边患问题！边患安宁不是因为王朝力量多么强大赢得的，而是北方部族的势力自身还没有兴盛起来。只要其处于上升的强势期，就必然会挥师南下。辽、金、蒙古、清等无不如此。"和"掩盖了根本的敌我矛盾，只能换来暂时的和平，说严重点，是自欺欺人。

第二，中国封建社会两千年，帝王眼中基本没有世界大势的概念。所谓天下就是中国自己的天下，皇帝自己的脚下。因此，即使边患阴影挥之不去，但绝大多数时候，还撼动不了王朝的统治根基，因而也妨碍不了帝王们自得其乐、歌舞升平的心境，也影响不到老百姓的家居田园生活。然而，自从地理大发现以来，世界体系开始打破了地域局限，西方资本主义的殖民扩张,以及欧洲大陆地缘政治格局的大盘整,使得任何一个国家、地区、民族不论愿意不愿意,都终将被纳入全球化的大趋势之中。在外部势力强大、世界格局转换之际,就不可能闭关锁国,凭主观意愿谋求自强内安了。

和为贵,是我们的良好愿望。但一厢情愿解决不了矛盾与分歧。求同存异,需要双方共同努力、相互谦让。在军事压力面前,在强烈外患危机面前,对敌人讲"和为贵",无异于饮鸩止渴、引狼入室。

面对波谲云诡、复杂多变、西强我弱的国际局势,我们追求和谐外交、和平崛起——但"和"是结果,不是手段。

第 25 章　还拿汉唐说事是我们的悲哀

今天，中国已经成为全球第二大经济体，全国上下都在为实现中华民族伟大复兴的"中国梦"而努力，为全面实现小康社会目标而奋斗。与之相应，中国传统文化即所谓国学在全社会方兴未艾，中国传统文化在全世界范围内正日益兴盛。中国元素在华尔街时代广场、在巴黎香榭丽舍大道，在伦敦、柏林、罗马、渥太华、堪培拉等等西方主流社会、主流市场频频展现出绚丽多彩的古老魅力。"汉风唐韵大秀国际某某某某展会"之类的标题在国内媒体上早已耳熟能详、司空见惯。与此同时，在中国各地，仿古建筑和西式建筑一样，成为一种时髦景观。如果说，直接照搬照抄西式建筑、园林，譬如花 60 亿人民币将有着"全世界最美小镇"之称的奥地利哈施塔特整个照搬到惠州，会引起舆论的一片指责、争议的话，那么，直接复原古代建筑风貌则非但不会引起非议反而可以赢得继承传统文化的美名，除非是违反经济文化规律，滥造如开封汴梁城之类的过于"荒唐"之举。

当下的中国社会，与崇洋媚外相媲美的是复古盛行；与崇洋媚外相较，危害性更大而丝毫不引起人们警醒的是动辄拿汉唐炫耀，拿明清说事。

北京奥运会之前，笔者最担心的就是在开幕式上再来一通金猴闹春、威风锣鼓。虽然最后以雄壮的击缶场面、大书"和"字赚足了世界眼球，有着良好的艺术感官效果，但是，终究没有跳脱要拿五千年文明"开秀"的集体潜意识。

　　笔者跟朋友私底下聊天时经常会反复说这样一个观点：汉唐再伟大，与今天的我们何干？这就像我们动辄翻出家谱说我的祖上是哪个皇亲国戚、哪个名门望族一样，与今天的你何干？拿一千年前、两千年前的荣耀往今天的脸上贴金，我们到底还有没有点出息，到底寒碜不寒碜？这种国民的集体心态，正说明今天我们仍然沉醉在历史的幻象与虚荣之中难以自拔，也正说明今天我们还缺少真正可以光宗耀祖的东西，只好拿已经尘封千年甚至腐朽的东西满足自己的虚荣心、用以撑门面；还可以说明我们今天，还没有充分的自信，难以跳出历史的思维惯性；最后，也是最重要的问题，说明我们今天的创造力、革新力还远不如我们的老祖宗。我们还决然超越不了孔孟之道、老庄哲学给我们划出的框框，定制的思维紧箍咒。

　　我们固然可以说五千年文明史灿烂辉煌，然而，不说这些文明史就不在啦？就湮灭了？就不流淌在我们民族的遗传基因和文化血脉之中了？正是我们有傲视全球的五千年文明史，才更不必像那些没有历史或者历史短缺的民族、国家，急于给自己贴补文明的厚度和深度；也正是我们有着无与伦比的五千年文明史，才更有底气、豪气、骨气和朝气去开创新的历史、创造新的文明！

　　这种动辄抬出老祖宗炫耀的心态，在柏杨看来，也是"丑陋的中国人"的心态。他到美国演讲，在回答"我们中华民族有五千年悠久文化，对世界也有贡献"的提问时，柏杨解嘲似的说："当然，我们有贡献，但只是过去有贡献。"柏杨的态度是，"我们的优点，不必再说了，因为说来说去，它还是存在；不说，它也不会跑掉。"[85]

　　本人的观点与柏杨不谋而合。中国人动辄说，我们文明如何悠久，对世界作了如何大的贡献——这本身就是酸葡萄心理。一是怕别人忘了，忽视了，总是不忘提醒别人，其心态是怕别人怠慢、轻视自己。二是总不忘强调中华文明的伟大与贡献，其实，中华文化的贡献有其突出的地域局限，因为它不是像西方等民族那样，热衷于冒险、迁徙、殖民，所以，大体主要在东亚、东南亚、部分中亚地区发挥影响。如果从全世界文明体系来说，中华文明不过是世界上众多文明之一，过于凸显中华文明的贡献，多少给人好像其他文明就没有贡献似的感受。

动辄拿汉唐说事，还有一种情形，就是在与国际上一些发达国家进行比较时，因为我们今天欠发达，为了增强我们的自尊心，就只好拿我们的长项——历史当挡箭牌。柏杨将这样的心思也归为"丑陋"之列。"有些人似乎害着翘尾巴疯，一谈到美国，尾巴就翘起来曰：'美国的文化太浅。'"[86] 这种心态多少犹如一个曾经是书香世家的破落户，面对一帮纨绔子弟，比不过财富，只能夸耀说，"俺祖上做过前朝的宰相，某某祖上不过是一个掏阴沟的。"这就是鲁迅尖锐指出的阿Q心理。

中华民族本来不是一个爱吹嘘、爱夸耀的民族。中国人讲内敛、谦逊，就算别人夸他，他也总要下意识地谦虚几句。为什么今天会变成这样？因为我们还欠发达、欠发展，又急于发达、急于发展；还因为我们以前跟亚非拉发展中国家在一起时有优越感，而今天与欧美等发达国家相处，缺乏自信心，还缺少上进心。

解决之道，恰恰不是向后看，也不是向左看、向右看，必须向前看！向新看！

有人会说，今天我们的孩子们受西方文化的影响太大了，对中国的文明历史没有兴趣、缺乏起码的常识，所以，必须加强历史教育。这点说得一点没错。但教育就归教育好了，开几门乃至几十门课都不为过，没有必要在别人面前炫耀几百年、上千年的伟大文明。

往者不可谏，来者犹可追。历史的星空给我们震撼与激励，鞭策后来人更加不辱使命，更加激发忧患意识，将先辈开创的事业推向前进，永葆江山稳固、基业常青。

第26章　警醒"书生外交"的历史覆辙

中国历史是文人治国。这个文人不是法学家、经济学家、哲学家等等,而是靠科举八股考试——主要考儒家经典,获得优胜的作文家来治国,也即是典型的书生治国。书生治国本身没有什么不是,关键是书生们均是将孔孟儒学关于中庸之道、和孝仁义、修身齐家、己所不欲勿施于人等等道德处世的理想境界,用来治国理政。好则大好,坏则大坏。比如,教化天下、德主刑辅、人治而非法治,这些思想贯彻千年,使中国政治生态始终浸染在理想境界与实用主义、中和怀仁与帝王暴政、人情平庸与励精图治的矛盾状态之中。

书生治国的特点,突出体现在追求中庸思想,凡事图万全之策,对外讲柔和谦让,碍于人情面子,缺乏胆魄和刚健等。诸葛亮可谓文韬武略,但也是典型的文人书生治国理政的典型。凡事亲力亲为、对别人做事总不放心。诸葛氏一生鞠躬尽瘁尚且难以一统汉室天下,更遑论其他品德智慧远逊其下之人。

基辛格不愧是一个中国通,他深刻地捕捉住了中国书生治国的软肋。他分析说,历史上中国无力征服四周所有的邻国,因为文官是统治阶层精英。"四邻部族每一个都对中国构成极大威胁,倘若它们联合起来,中国将难以应付。""天朝的自大和地大物博,后来反倒害了自己,招来了四面八方的敌人。"[87]反观今天,传统文化中书生治国思想余波犹在,如果一味追求书生意气,以仁心、中庸作为处理外交和军国大事的准则,将可能适得其反甚至带来极大的危害。儒家治理内部秩序或许是一个很好的理想,但其外交学说却是失败的,就像当年的孔子,四处游说,却落得个丧家犬的下场。

中国的书生外交由来已久。历史上,中国外交一向得意于防御性策略,所谓后发制人,先礼后兵。自古中国统治者也好,还是辅相贤臣也罢,都一致推崇"天下一统,和柔四夷"的思想。安抚、教化、以夷制夷思想占据主流位置。例如,在孟子看来,中国文明的伟大祖先们的职责不仅仅在于教化国人的本性,也在于通过教化来征服和改变外族。[88]

大清一朝康乾两帝可谓大智大德,文功武治俱备。乾隆朝更是大清帝国最鼎盛的时期,乾隆关于论柔远安边的言论,值得我们深思借鉴。他说,"中国抚驭远人,全在秉公持正,令其感而生畏,方合政经。……汉唐宋明之末季,多昧于柔远之经,当其弱而不振,则轻忽而虐侮之,及其强而有事,则又畏惧而调停之,姑息因循,卒至酿成大衅而不可救。宋之败,明之亡,皆坐此病,不可不引为殷鉴也。方今国家全盛,远近震慑威灵,自不敢稍萌异志,然思患预防,不可不早杜其渐。"他要求"统驭中外,一视同仁"。其思想,值得肯定的是强调对内对外均要"秉公持正",不能一味柔远、调停,而失去统摄预防的力量。他谕诫道,"乃知守中国者,不可徒言偃武修文,以自示弱也。彼偃武修文之不已,必致弃其故有而不能守,是亦不可不知耳。"[89] 这个思想,可以说是非常有见地和有预见性的。

当然,乾隆朝正处于巅峰盛世,西方列强也还没有强大到对华侵略的时候,乾隆的思想和历朝帝王一样,"没有认识到世界形势的巨大变化,他们在对外交往尤其是对待从海上来的西方殖民主义者时,依然采取传统的那一套治边思想和政策,缺乏灵活与变通。"更重要的是,还将西方列强视为周边附庸国,用天朝威仪来震慑和降服。乾隆帝和此后的嘉庆帝在与暹罗国王和英国国王书信交往时,都用类似的口吻。这种自大、自足、自闭的心态,是导致中国文化和影响力难以影响世界,而自己在世界工业革命的浪潮中最终衰败的根本原因。[90]

总结历史,文人思维、书生外交,唯和、柔、德是从,是不可能实现自守、自强的目标的。德育、教化是目的,不是手段,至少不是能屡屡使用的手段。如果我们错误地以为,一味通过德化、教化,能解决国与国之间领土与军事的冲突,那就大错特错了,必然要重蹈历史屈辱的覆辙。书生外交在"中国强盛时,其外交体现为在意识形态上捍卫帝国权力的合理性;衰微时,外交则用来掩盖其弱点,帮助中国利用彼此争斗的各种势力"。[91]招安、和亲、结城下之盟、割地朝贡等等,都是古代软弱的文人外交的体现,宋代就非常典型,其经验教训后世可鉴。不修武备不仅危害国家安全,更麻痹人民斗志,使社会缺失勇武之风。比政治示弱更为可怕的是,民风的柔弱,民众体魄的羸弱。因此,持续开展国防教育、保持高度的国土安全警戒,提升民兵预备役战备强度,对于和平崛起、繁荣发展,只会有利而无害。

在新中国成立的前30年,由于严峻的地缘政治格局,中国夹在美、苏两个超级大国之间,大兵压境。毛泽东号召"提高警惕,保卫祖国"。在中国极为艰难的政治和经济状况下,抗美援朝、抗美援越,中印之战,中苏珍宝岛之战,西沙之战,树立了中国人民解放军的军威,也为不断处于政治动荡的中国赢得了外部相对安全的政治空间。改革开放之初,在百废待兴、经济极端困难,部队装备落后,战力削弱的诸多不利情况下,小平同志毅然决然发起对越自卫反击战,一战为改革开放30年奠定了和平发展的外部环境。这是多么大智大勇的战略抉择呀!

时下有一些议论,在涉及钓鱼岛、南海等中国核心利益时,以中国要和平发展、中国经济要倒退多少多少年、中国与日本相比还没有什么胜算、中国与美国相比更没有战略优势,云云,貌似客观、冷静、周全,好像就他有智慧、有韬略、有远见,其他人算不过起码的对比账,这就是典型的书生之论,一点胆魄、一点骨气、一点阳刚气都没有!实在不足为评!世上哪有等到万事俱备才去摘桃子而列强却拱手相让的时候?照这些人的盘算,面对上述列举的毛主席老人家、邓小平总设计师的军事战略决断,他只能或者以死相谏,或者干脆就挂起白旗投降。

在国际关系上,只有永恒的利益,没有永远的朋友;枪杆子里面出公道,弱国无外交,示弱也无外交。

第27章　国家外交,匹夫有责

国家兴亡,匹夫有责。这是自古以来中国士大夫精英阶层的报国情怀与精神气节。其实,这句话的意义不应理解为只有国家处于危难的关键时刻,每个民众才有责任挺身而出、勇于担当;它应当延伸到和平的时期,每个民众也有义务为国家分忧、履行作为公民的职责。这句话的意义还可以解读为,不应是国家需要时才想起民众的伟力、民众的作用;在日常涉及国计民生问题,涉及国家主权、外交事务的时候,国民也有权利和义务了解国家的态势,即所谓公民的信息知悉权。

以往,更多的是针对国内事务、政府机构,需要向公众及时披露政务信息。而外交事务,因为常常涉及国家机密和高层决断,因而多以外交部的例行媒体通气会形式对外发布。然而,这并不意味着老百姓不应该及时获得国家外交事务的可公开的信息,不意味着国民不应该关切并发挥好民间外交与民间舆论的积极作用。在中国现代史上,每一个紧要的历史关头,爱国青年、有良知的知识分子和广大民众,都自觉地站到了捍卫国家利益的风口浪尖。善于引导、发动和组织学生和民众的爱国热情,发挥他们在国家利益、国际事务中不可替代的作用,一向是中国共产党得心应手的工作。在互联网时代,信息封闭几乎已不可能,国际舆情传播互动便利快捷,微博微信等方兴未艾,在数字技术大潮面前,在经济全球化、文化全球化大势下,国家外交更是匹夫有责。

既然可以将国家核心利益告知世界,就没有理由不告知国民。重视并引导好外交事务中的民间舆情,对于处理好对外关系,总体上利大于弊。除非事关国家机密,可以公开的外交解密档案、对外政策宣示,都可以对我们的人民公开。我们要充分相信绝大多数民众的爱国立场和外交智慧,不必总是担心民众会添乱帮倒忙。至于像2012年9月、10月因日本所谓"购岛"闹剧引发中国各地游行抗议活动,其中出现个别打砸烧抢行为,性质则另当别论。

让民众知悉外交大事、让媒体传播外交事务,从大面说,只能使我们的国民、媒体在涉及国家核心利益时表现得更加成熟、更加理性。

《参考消息》(2012年9月6日)援引美国多家媒体报道说,希拉里2012年9月初访问中国时,官方和民间对美国政府和希拉里本人的言辞尖锐而激烈。美国《华盛顿邮报》网站(2012年9月4日)报道,希拉里四年任期,"在中国问题上,美国过去四年的努力多半带有一种左右兼顾的困难,即如何继续加强与其他亚洲国家的伙伴关系,同时不激怒中国或引来干涉指责。一位前奥巴马政府官员说:'任何时候你都在小心翼翼地尽力保持平衡。'"报道继续评述说,美国的努力并没有全部成功。"就像希拉里来访前夕中国官方媒体上语气激烈的社论和报道所表明的那样。有一篇报道声称中国人讨厌希拉里这个人。另一篇称她是'大大加深美中之间相互猜忌的人'。中国官方通讯社的一篇专栏文章说,美国是'躲在本地区某些国家背后暗中操纵的卑鄙的麻烦制造者。'"可笑的是,这篇报道最后提出,希拉里的继任者面临同样的挑战,是向中国解释美国的善意。

之所以援引美国媒体报道中国媒体的激烈言辞,是想说明:

第一,对中国国内媒体来说,这是一个难得的进步与趋向,富有积极的启示意义。中国的媒体关于外交的评述,向来中规中矩、不痛不痒,而且,一个公开的秘密是常常受到各种指令的左右。但这次稍稍放开报道尺度就受到了海外媒体当然也肯定受到美国政府的关注,这是中国宣传与外交主管部门的一次小进步,体现未来的一种向好的力量,一种正能量。国家外交,匹夫有责,不能因为外交事涉国家利益,动辄以兹事体大,而将民意排除在外。外交民意,包括媒体舆论、社会舆情也是一个重要的发声渠道。媒体要在国际关系事务中发挥应有的舆论监督作用,即使有时说一点激烈的话、直截了当的话,也没什么大碍,出不了大格,影响不了国家外交大局。不要害怕舆论、舆情,网络上的爱国主义甚至个别偏颇之论会坏国家大事。我们要有这样的定力。中国的主流民意不会傻到那份上去。即使有时可能"帮了点倒忙",也有不少是因为外交信息不公开(指可以公开的不公开)的结果。国民有权知道外交事态,每个公民都有外交事务、国家利益的知情权、问询权和问责权。在这个基础上,对民众加以引导,辅以法律上的规制就不会走偏、出轨。至于那些因国际事务、国家外交话题而借机泄愤闹事,甚至从事反政府、反国家的行为,则应坚决绳之以法。

第二,让民众自己看清美国等敌对势力的嘴脸。不论希拉里还是其继任者克里,不论是过去的共和党还是现在的民主党总统,也不论美国是否"重返亚洲",向中国解释"美国的善意"(简直是天方夜谭),只要去看看美国的战略智库们,去看看布热津斯基们直言不讳的分析,就能明白,就连美国对其盟国都不放心,美国对中国又怎么可能有善意呢? 而所谓的美国人眼里、嘴里的"善意"是——我"重返亚洲","再平衡"各方势力,是居中调停,是避免你中国引发地区不稳定甚至擦枪走火的局势,避免将你中国带入灾难。千万要记住,美国的"善意"不是对中国友好,连假惺惺都没有,而是不要改变和破坏由美国一手打造的现状(国际秩序),否则,我美国对你中国就不仅仅是威慑,而是不客气了!

我们有必要将美国的这种"善意"让民众知道,让民众担当起外交责任,认清形势,不为美国的"善意"所惑,也不畏美国的所谓"重返"威慑和"再平衡"。

第三,"国家外交,匹夫有责",还有一个重要作用,是体现民间外交的软实力。国家外交,除政府层面确立与推动外,还要靠民间外交去实施、深化。经贸关系、对外投资就是官方与民间共同作用的结果。随着中国越来越融入国际社会,中国民众体现的中国软实力形象成为国家形象的必然、必要组成部分。如果民众不了解国家外交动向、不关心国家利益问题,在对外投资、对外商务活动乃至出国旅游等等方面,可能就会淡化、漠视自己肩负的责任,可能就会做出不利于国家形象、帮了倒忙的举动。

关于软实力,以往大家的理解主要偏重于国家作为,其实,软实力很大程度上体现在民众的观念、民众的作为和民众的形象上。

美国《全球主义者》在线杂志(2012年7月17日)曾发表一篇文章,《21世纪,实力如何发挥作用:超越软实力、硬实力和巧实力》提出,约瑟夫·奈于1990年代初提出的软实力概念已经过时。人们理解的硬实力是指痛殴别国、威胁要抢走其钱财的实力,那么,软实力就是下意识地拉拢人心(包括普世价值、不可抗拒的民主制度以及资本主义的最妥善方式)。作者认为,以前,实力强大与否取决于是否能获取原材料并控制这些原材料的分配。而新形势催生了新的实力解释:"如今,政治和经济实力越来越把信息和信息技术、全球商务以及发挥支撑作用的媒介作为基础。由于全球相互依存,所以制造了气候变化、疾病、犯罪和恐怖主义等跨国挑战,需要合作以及结盟的技巧加以应对。""不仅是政界领导人和国有媒体,普通百姓也能掌握全球传播的手段,这明显削弱了国家的力量。在这种情况下,实力(在国际舞台上达到预期目的的能力)在很大程度上源自民众如何看待和解读他们身边乃至他们自己身上发生的事情。"

因此,中国要提升硬实力,打造软实力,必须考虑在信息时代、全球传播手段趋同时代,如何将民众的力量凝聚、引导到夯实国家综合实力的轨道上来的问题。发挥民间外交的积极作用,在国际商贸交往与文化交流、社会互动中体现中国民间的形象、民间的舆情,已经到了必须正视的时候了。

中国需要有真正的朋友,而不仅仅是盯住你腰包的酒肉朋友,要有讲哥们义气、出生入死,懂得彼此欣赏、彼此理解、可以互叙衷肠的真朋友,除了国家间(领导人之间)的交往,很大程度要靠民间交往去落实。从这个意义上说,外交无小事,不仅事关国家(公务人员),而且事关普通百姓。

第 28 章　学术买办的作为令人不齿

洋买办在晚清、民国时期扮演着独特的角色,对洋买办的作用不能一棍子打死,但大体而言,在旧中国洋买办们仗着洋人势力,胳膊肘往外拐,欺凌鱼肉自己的同胞,让了解那段历史的国人痛恨不齿。

今天,中国实行改革开放政策,与外商打交道,跟外商做生意,在外商独资公司工作已成为常态。旧中国洋买办的那些作为与恶习因时代的不同,而得以根本改观。至于狐假虎威、挖国家墙脚等行为当然不可避免,同样会遭到其良知与国人的谴责。

然而,今天,有一拨另类人颇为不同,他们身在中国的大学科研学术等机构,有着体面的社会地位,号称学术文化的精英,但有那么一些人不是出于自己的学术良知或者说大点出于自己的"理想",而是出于更直接的"发家致富"和"出人头地"的欲望,明里暗里接受美国等西方各种基金的资助,利用自己的教学、科研工作之便,打着学者的名义、以学术的标签、借争鸣的幌子,为西方的一些别有用心的组织行销西方宪政思想、民主自由等所谓的"普世价值"。其令人不齿之处在于,是拿了人家的钱才开始替人家办事的;是拿了人家的钱接受了人家开具的条件——必须能够影响部门决策圈和实务界等等,才开始鼓噪的,而并非是其内心自然、纯洁的学术思考或理念追求。并且,最关键的问题是,他们漠视这些资助后面的险恶用心。让他们扪心自问一下,自己人生、学术思想的演变轨迹,在某一天忽然发生了明显的逆转,那一天,就很可能是美元到账的日子。这样的人，如果觉得冤枉，也可以进行财产公示，看看一个做社科学术研究、搞大学教育的学者，是如何一夜发家致富，又是怎么维持发家致富的！

我们知道，美国百年来始终有一批精英在为国家设计制度，提供思想动力源泉。19世纪末沃尔特·李普曼就是自由主义最具影响力的吹鼓手。他给美国人定义了现代框架下的阶级社会，认为，社会应该被划分为精英和大众，精英领导大众，而大众由无知的公众组成，精英则是"有良心的人"组成的"特殊阶级"，决定了国家利益的构成，精英将成为职业官僚，为私有权利和私有财产的利益服务。

那么，我们可以问一问中国有的精英们在做什么？都在为谁服务？如果这么一问，问题就出来了：中国某些所谓的精英们身在汉营心在曹，所谓的"公共知识分子"其背后却有着不可告人的动机。因为，他们已经丧失了自我主体性，没有了理想信仰，支配他们的是名利与物欲的冲动。

一国精英为他国所用，做了文化学术的买办，殊为可恨更殊为可怕！

美国著名地缘政治评论家威廉·恩道尔直言不讳指出，美国最乐于采取的政策是使用鲜为人知的"人权"、"民主"作为21世纪版的鸦片战争的武器迫使中国敞开自己，接受美国的超级大国的统治。恩道尔披露：1999—2006年，美国使用或划拨了约1.1亿美元用于在中国实施与民主相关的项目。据一份美国国会研究报告披露："2000财年统一拨款法为设在美国的非政府组织提供100万美元用于西藏，100万美元用于资助对中国的研究。2001财年国会授权最多达200万美元用于西藏。2002财年国会拨款1000万美元用于在中国和中国香港帮助支持民主、人权和法治的活动。其中包括最多达300万美元用于西藏。2003财年国会提供1500万美元用于在中国实施与民主有关的项目，其中包括最多达300万美元用于西藏，300万美元用于国家民主基金会。"[92]还有其他多如牛毛的官方或非官方的拨款资助项目,许多并非赤裸裸的民主、人权、法治项目,比如打着民生、环保等旗号,实质在潜移默化推行美式制度,以及变相掌控中国资源与民意的资助项目。

对此,我们的一些学者或者浑然不觉,或者不以为然,或者投怀送抱,或者乐此不疲地从中捞取实惠好处——作为发家致富的一种快捷门道。笔者所耳闻目睹的事例就有多起。某大学知名法学教授的学生曾洋洋得意地私下说,他导师原先还忙于办案做律师挣钱,自从接了一个美国项目后,就再也不接案子了,而是将案子转给学生去做。据说,美国给了高达几百万元人民币的资金,而且可以随便花,连发票也不要。

如果稍稍检索一下近十几年来中国高校科研机构关于法律研究的项目,诸多的课题结题出版物清晰地显示出——如今中国一批所谓的法学建树,就是从法理到法条都照抄照搬西方宪政制度的现成成果,而且还美其名曰与国际司法准则接轨。其实只要静心想想就可以明白,表面上,法律似乎通行天下,但事实上,法律条文制定、司法体系建设离不开一个国家具体的法律文化环境;如果法律可以照搬,那么,全世界都实行联合国司法准则就行了,为何还有大陆法系、英美法系等等各国司法体制的区别呢?进一步说,美国的一些机构如此慷慨地资助某些中国法学家,通过他们之手、之口,巧妙地将美式司法制度体系移植到中国,难道不是一个极其高明的手段吗?再没有比将美国法律套在中国头上更绝佳的"民主化"的和平演变之道了!法律当然应当维护人权。而把美国的法律制度移植到中国来,不就达到了美式人权的推广目的了吗?当然,问题也没有那么简单,否则,美国最不应该出现人权问题了!事实呢,美国的人权问题一点不比其他国家少,甚至更为恶劣。

公平地说,美国司法制度体系比中国完善,有许多值得我们借鉴和取用之处。宪政这个词,也不是洪水猛兽,我们就一概拒之千里。但西方的宪政制度自有其适合西方的水土性。反过来我们也可以思考,如果西方宪政制度那么好,世界各国不早就移植通用了吗?还需要通过什么见不得人的基金项目去悄悄影响吗？核心的问题即在于，宪政法律等学术后面包藏着的目的是什么？通过特定的基金资助等中情局的影子方式，难道不正包藏着不可告人的用心吗？如今，有西方背景的基金资助项目，在中国高校科研院所已不在少数。撇开环保、卫生、粮食，等等公益领域真心为中国谋发展的项目，难道就没有多布里扬斯基的美国国家民主基金会、夏普的爱因斯坦研究所、索罗斯的开放社会基金会等的憧憧暗影吗？

西班牙《国家报》（2013年1月20日）曾发表文章，介绍尼古拉·贝格吕昂和内森·加德尔斯推出的新书《21世纪治国之道：介于东西方之间的中间道路》。文章指出，作者着重强调了东西方之间互补性的差异正好可以就此取长补短。"一方面，欧洲和美国正面临一场明显的治国危机。在西方民主国家，权力具有合法性，但没能实行根本性的结构变化。另一方面，高速增长的中国则采取有效的长期措施，但福利带来的是对公开透明、限制权力和公民参与权的呼声日益高涨，这些恰好都是民主的特征。"文章并引用了出席新书发布会的西班牙普里萨集团总裁胡安·路易斯·塞夫里安的话说："危机、缺乏管理、追求短期利益和官僚过度膨胀正在日益败坏民主的名声，导致新生代的西方公民怀疑民主。另一方面，存在一种能够迅速得到答案的中国模式。当然，不乏对中国式官僚的批评，但归根结底，三套马车是什么？……我认为民主的全球扩张是不可避免的事实的观点是错误并且愚蠢的。"作者之一的加德尔斯认为，"民主面临着双重挑战。一方面，它必须满足提高公民参与权的要求，把一切可以在地方解决的问题重新下放给地方；另一方面，向上集中权力，在采取事关整个国家命运的重要决定时，将追求近期利益的压力排除在外。"

连西方学者都在反思西方民主的弊端，思考中国式管理的可取之处，而我们的一些学者，却反其道而行之。其背后有多少不可言传的秘密呢？中国不能走纯西方民主之路是注定的，这是由中国的传统与国情决定的。我国台湾地区得意的是其民主制度,并以此为借口,阻碍两岸统一。可台湾的民主到底搞得怎么样?大家已有目共睹。一个台湾尚且如此,如果全中国31个省、市、自治区都如此,中国不天下大乱才怪!每个乡都能搞出两三个党派出来。那时,民主是民主了,而国家则彻底完蛋了!

这种简单的道理对那些鼓噪美国民主宪政制度的所谓的学者而言,难道想不明白吗?一辈子搞法律研究,难道不知道法律不是万能的吗?难道不知道恰恰是法律才有空子可钻吗?而有的人,因为拿了美国的某些项目资助资金后,就摇身一变不遗余力地大肆鼓噪中国要学习美国的宪政制度,这样的人尤其令人不屑。因为表面上他站在为国为民的学术立场,其实是站在美元的立场!在赤裸裸的金钱面前(已经不是糖衣炮弹了)完全丧失了中国知识分子的良心与基本的学术道德准则,一心做西方制度的"搬运工",还口口声声以捍卫国家、人民利益,救民于水火之中的责任自居。去看看他们的所谓研究成果便一目了然,除了照搬美国(西方)的现成成果,没有任何自己的东西。如果有哪怕一丁点将中国国情与西方制度优点相结合的创见也好。可惜没有。他们不热衷于此,他们也无能力于此。我们有理由警惕有的"知识精英"们的种种经意和不经意的"知识变节"行为!

我们需要"新民族"主义的"知识精英",我们呼唤"新民族"的"文化新贵",我们敬重的是真心真意为国为民鼓与呼的思想学术良知,而不是举着学术牌子出卖国家民族利益的金钱奴隶。

第29章 21世纪中国的两大任务

民族问题是世界上最复杂最棘手的问题,中国崛起同样不能绕过它;客观上,中国能不能真正崛起,某种程度上说也取决于它。伴随着中国崛起,21世纪中华民族有两大任务:对内,民族认同;对外,与世界认同。也正是从这个意义上说,笔者所主张的"新民族"主义,侧重点在于重塑一个"全新的中华民族"的主义,而不是狭隘的"民族主义"的新翻版。

29.1 民族认同是国家统一的根本

从历史上看,中国经历了多次民族融和与重塑的过程。中华民族就是一个不断融入新鲜血液、包容其他民族文化的过程。远古时期不说,宋元之交、明清之交不说,单看近代孙中山发起的反清运动,就能看到其对中华民族认知转变的轨迹。最初的口号是"驱逐鞑虏,恢复中华",显然,把满族等少数民族排斥在外,凸显的还是大汉族主义的民族观。等到推翻了清王朝,建立共和体制的时候,孙中山的观念才转到了全体中华民国的国民。

民族认同的要点是什么?除了基本的疆域、领土认同之外,最根本的是民族历史文化与道德情感归属的认同,这是中外学界的普遍共识。"民族认同是对某一特定共同体道德和情感的认同,建立在忠诚于章程性原则并参与其集体的自我理解的基础上。它创造了共同的归属感,提供了集体认同的基础,培养了共同的忠诚,给予团队成员以生活在一起的自信,甚至是存在不一致和文化差异所带来的快乐。"[93] 既然是认同,就自然包含求同存异的意思在内。这就是儒家所推崇的"和而不同"的境界。"如果民族认同为其他认同预留出足够的空间,那么两者都需要以开放的和包容的态度来界定,并至少引入最低限度的和谐。"[94] 可见,和谐是认同的结果,也是达到认同的一种途径。

上述道理似乎很简单,至少没有人会表示异议。但是,不论在中国历史还是在当下,事实上我们都未能真正处理好民族认同问题。中国历史上历代王朝设置的管理少数民族的机构叫"鸿胪寺",是管理汉族之外部族的部门。晋朝干脆就叫蛮夷都尉,更直接反映了这种观念。清兵入关,同样设立了管理少数民族及地区的机构"理藩院",初时仅管理蒙古事务,后延拓到西藏、新疆、青海、四川等少数民族聚居的地区。有意思的是,在元朝和清朝,汉族从高人一等的民族屈居为中下等,不得进入要害部门任职或者不得任正职。清朝的理藩院官员就是由满族、蒙古族人担任,汉人不能参与。这些史实,充分说明中国历代在民族政策与民族认同问题上存在的观念偏误。其民族观、民族意识,很多时候自觉不自觉地展现的是大汉族主义,而忽视了汉族以外的其他族裔,而公民民族主义意识远未发育起来。加之,受不同地区民俗、宗教等影响,中国的民族问题更加错综复杂。历次爆发的"民族主义"运动中,种种偏激言论、过火行为折射出类似的问题;而同为汉族人,受意识形态、政治制度的影响,大陆台湾两岸政治与文化分离,也折射出这样的问题。

西方学者研究说,"中华'文明'的边界是沿着道德和文化之线勾勒出来的。"[95] 这就是《荀子》所说的:"诸夏之国,同服同仪;蛮、夷、戎、狄之国,同服不同制。"可见,文化、礼仪与领地相比,同样是制约民族认同的一道鸿沟。要解决今天中国对内的民族认同问题,还面临相当复杂的局面,有相当长的道路要走。

21世纪,中国崛起势必要解决好各民族和谐相处的问题;势必要解决好内地与香港同胞的民族文化认同问题;势必要解决好大陆与台湾同胞的文化与领土认同问题。而每一个问题,都势必要对中国崛起的速度与质量,产生重量级的影响。

比如,内地与香港之间的问题,近年来随着内地客到香港旅游的人数暴增,内地人跑到香港生育,内地人跑到香港狂购奶粉,内地人在香港种种不文明言行,等等,引发了香港部分市民强烈的抵触情绪与思想反弹。甚至因为国民教育的话题、内地人在公交车上的不文明之举、在香港街头开豪车肇事还蛮不讲理等等,引发了部分香港人要"去中国化"的偏激言语。我们对此必须给予正视!我们自己的香港同胞都不能认同,那中华民族的伟大复兴还有什么可以自豪的呢?

香港《南华早报》网站(2012年10月8日)有一则报道,题《香港人担心冲突导致排斥内地人到来》。文章很尖锐精干,直指问题。文章说,"内地人的大量涌入引起了香港人的强烈反对,对此有任何其他看法的人都是错误的。""当一个过分拥挤、基础设施十分紧张的城市在毫无准备的情况下不得不接纳几百万'流动'人口时,生活质量就会打折扣。当内地人购买了几乎四分之一的香港住房时,普通人会受影响。当房地产大亨给游客提供优先权,甚至汇丰银行一些分支机构也改为使用简体字时,香港人的不满在日益加剧。这一切导致了失望,然后转成愤怒,并不时爆发。如果不能明白这一点,或者认为这是'去中国化',那必定是未能很好地理解公众情绪。"

看了这篇文章,笔者释怀了对港人一些言行的反感心理。这充分说明理解和认同之必要。内陆人到香港、台湾,以及世界各地,带去什么,带走什么,留下什么,值得我们反思、深思。

我们再来看大陆与台湾的认同问题。

谢长廷继首访大陆之后发出了"民进党不要与13亿人作对"的言论。据《中国时报》(2012年10月13日)报道,谢长廷为竞争民进党中国事务委员会主席,向党内喊话,"性格决定命运,民进党若想重返执政,就不要刻意挑起双方情结,与13亿人作对。而目前该做的,就是深化民进党、共产党互信基础,避免对方因为太过生疏,而不得不介入台湾选举,干扰民进党执政的可能性。"他表示,"面对两岸政治差异,应透过同理心来弥补。"这反映了台湾政治生态正从严重混沌走向清朗。民族认同、两岸认同是大势所趋。

2013年5月9日,台湾竞争力论坛发布了最新的民调,结果显示,有89.3%的人认同自己属于中华民族,有57.5%的民众认同自己是中国人,而有45%的人支持两岸签署和平协议。这份民调是主办方通过电脑辅助电话访问的方式,在对台湾地区22个县市20岁以上的成人做的调查,共取得1077份有效样本,在95%信心水准下,误差介于正负2.9%之间。台湾竞争力论坛理事长彭锦鹏表示,这次调查结果,与2013年2月进行的第一季的调查结果相当一致(第一季调查中,61%的人认同自己是中国人,不认同的有35%;而认同自己是中华民族的高达90%,非中华民族的仅6%)。台湾竞争力论坛执行长谢明辉也表示,两岸关系和平发展是当前的主流民意。

这些信息,都宣示了大陆与台湾之间的民族认同前景可期。需要做的是,不仅大陆政府和台湾地区当局之间要加强沟通、互动、认同,而且,民间力量也要多做两岸认同、和解的促进派!开放大陆游客到台湾旅游,同样可能带来大陆游客到台湾不良言行引发的负面舆论。富裕起来的大陆人,拜托,能不能文明起来,别像暴发户似的让台湾同胞瞧不起!

需要警惕的是,即使是同文同种,同一文化圈内,如果认同处理不好,导致的冲突丝毫不亚于不同文明之间的结果。约瑟大·奈就指出,"其实大文化内部的认同冲突要远远多于大文化之间的认同冲突。"前美国驻联合国大使柯克·帕特里克也认为:"存在于文明内部的狂热派与立宪主义之间、极权野心与法治之间的冲突以一种比存在于文明之间的冲突更触目、更完全的形式出现。"[96]因此,寻求中华民族之间的认同,依然任重道远。

29.2 与世界认同是中国崛起的根基

与世界认同,在互联网时代更凸显重要性。因为,互联网的世界,开启了信息流、商流、金流、感官流等等沟通与交往的无限可能,世界之间互相依存、共生共存共荣的链条更为紧密。通过互联网,再遥远的两地,人们可以结成朋友,也可能成为敌人。而对中国来说,只有最大限度、最大诚意地实现与世界各民族的认同,中国的崛起才能最大限度、最大可能地削弱美国等敌对势力的遏制与干扰。

中国要实现崛起与复兴的梦想,首先要在东亚与韩国、日本民族实现认同,与东南亚各国家民族实现认同。其次,我们必须融入世界,必须与美欧各民族,与南亚、中东、非洲、拉美各民族获得认同。认同的意义在于,中国崛起的路径、方式、结果、形象,要让世界各国民族认可、信服;与此同时,中华民族也要对世界各民族给予理解与认可、平等相待、真诚以对。

实现认同,不会一帆风顺。其间,也会充满误解、矛盾与冲突。特别是不同文化之间的误解、提防、冲撞与抵触,不可避免。我们在抱持一颗平等心、公义心与世界认同的同时,也要做好充分的思想与心理准备,如果冲突不可避免,就"勇敢面对文明的冲突"。

按照亨廷顿的说法,文明的冲突实质上反映的是权力之间的冲突。亨氏认为,"美国和亚洲的冲突源于文化差异,冲突的结果则反映了美国和亚洲权力关系的变化。"而要避免不同文明之间国家的大战,要用"避免原则"和"共同调解原则"。这就是说,文化差异的冲突只是表象,其核心是权力之争。权力欲望支配着文明(化)之间的关系走向。就霸权而言,即使没有文化差异也会引发冲突,更何况有差异呢。因此,中国崛起,单凭自身的友好姿态、主观心愿,未必就能获得认同的良好结果。中国崛起,要破除权力冲突的窠臼,释然世界其他民族对中华民族的担忧与误解。

中华崛起，既要有宽广的胸怀，又要有高韬的应对之策。区别对象，以和为贵可以获得绝大多数友好国家民族的认同；以威促和也可以赢得部分偏执的国家民族的认同；以战止战同样可以实现与有敌意的国家民族的认同。认同是目的，而殊途当同归。

第30章　国家统一，民族认同是首要公约数

如果在辛亥革命150年，新中国成立100年，中国已经达到中等发达国家水平之际，我们还没有解决国家统一、领土完整的问题，海峡两岸都无颜面对江东父老，都将愧对列祖列宗！而要实现这一宏愿，当然要靠国家的综合实力，但从更深层次上说，需要"新民族"的新认同！

统一中国需要"新民族"主义？乍一听大家的第一反应或许会以为笔者在痴人说梦，妄言诳语。可大家认真想一想，祖国的统一大业首要靠什么，靠民族和解、民族认同！

2012年10月4日，台湾民进党前主席、前"行政院"院长谢长廷以台湾维新基金会董事长身份踏上了大陆，展开了"开展、互信、分享之旅"，首站即赴福建漳州东山岛祭祖。作为标志性的政治人物，此次大陆行，在两岸特别是民进党内掀起了巨大的政治冲击波。一个政治纲领偏绿的政党领导人，在历经两次选战败北之后，终于跨出了历史性的一步，不管其政治盘算如何，都是勇气可嘉。在接受媒体采访时，谢的一番应答颇引人省思。他坦言是自己主动安排祭祖行程，还说"政治不能超越人性，不能因短暂政治立场不同，就否认自己的根源"。面对民进党内的批评，他说："批评声如海浪，海水拍打虽痛楚，但站在浪头上的人却无可回避。"事实上，民进党内的高层，包括当上了台当局地方领导人宝座的陈水扁、吕秀莲，在登上大位之前，都曾悄然访问过内地，寻过根，祭过祖。如果时间再往前推几十年，那些当年随国民党败退到台湾的台

军将领、老兵们,在"台湾解严"后,拖着风烛残年之身,回到故土,矗立在祖坟面前时,谁能不老泪纵横,谁不在心里痛述着政治的残酷与人生的戏弄!

继谢长廷之后,2013年1月20日台湾独派大佬许添财又亲自率团10人访问大陆,其团员中多为许任台南市长时期内的官员。他2001年当选台南市长,2005年连任,2012年第五度当选台民意代表。这样一个有着深厚独派色彩的重量级人物,率团踏访大陆,标志性意义同样不亚于谢。

政治不能泯灭人性,党性不能否认人性,民主更不能抹杀人性。在历经60多年两岸的政治分离后,大家对答案应该看得更清楚了。而人性中,最直指人心的就是认祖归宗。如果连自己的姓都不认,祖宗都不要,还扯谈什么安邦大业、理想成就?笔者曾有一点在情感上始终没转过弯来,在台湾,李登辉多次在公开场合说自己是日本人,公然宣称钓鱼岛是日本领土,明目张胆地搞台独。他连祖宗都不认,可号称"民主"的台湾媒体或者民众,居然没有多少人给予迎头痛击,至多是敲点不痛不痒、软塌塌的边鼓。在台湾,像李登辉这样的深绿台独势力居然还颇有市场,难道不值得我们深入地体察台湾的社会民情吗?我们不能一味责难台湾的政治与社会生态越来越没有血性、没有是非,而应当从民族认同的视角,去推动理解、获得和解。

联想起2012年夏秋之交,因为港府欲推行国民教育,而招致"民主派"以及某些民众的强烈反弹,有的港人甚至提出去中国化的偏激主张。港人尽可以因为内地游客的不文明举止、不入乡随俗的言行而不满,也完全有理由担心被意识形态所"宣教"乃至担心被"灌脑",但不能因此激烈到连"祖国"都不要。我们应当理直气壮地表明:如果连自己国籍都不认、动辄声言要放弃的人,还有起码的"人性"可言吗?如果激烈到连祖宗都不要,那好吧,你就不要赖在祖宗开创的土地上,更不要昧着良心将自己连同故土一同出卖掉。你可以选择离开,不可以选择卖国。俗话说"儿不嫌母丑,狗不嫌家贫",实在是朴素的道理。但我们对港人讲大道理也要讲究方式方法,不能简单将这一时头脑发热的人统统排斥到我们的对立面上去。

当然,"民主"社会固然要尊重每个人的自由思想,但如果一个人连祖宗都不认,其民主到这一步,殊为可悲。这样的"民主"就是没有仁义的民主,没有良心的民主,也是没有前途的民主。

《大不列颠百科全书》对民族主义的定义是:"民族主义是一种思想状态,每个人对民族国家怀有至高无上的世俗的忠诚。"中国人骨子里的大一统思想,从地方志的称谓就可以看出来,如《大元一统志》、《大明一统志》、《大清一统志》等。中国人骨子里的家族思想,认祖归宗、落叶归根思想流淌在中华民族的血液里。林语堂在其名著《吾国吾民》中有一段精辟论述说,"在巩固民族持续力的文化力量中,最有价值者,当首推中国之家族制度,盖其组织既已十分完密,原则又阐明至为详细,故任何人均不能忘却本人祖系之所属。此种绵赓万世而不绝之社会制度,中国人视为超越现世一切之珍宝,这样的心理,实含有宗教意味,加以祖先崇拜之仪式,益增宗教之色彩,故其意识已深入人心。"[97]

胡安·诺格认为,"民族领土观念是一切民族主义的根基,许多民族主义运动的自我命名,都明确体现出领土意识形态的巨大分量……(民族主义)具备一种内部统一特征:民族主义是按照这个特征对人们进行界定和分类的,特别是确定一个人属不属于一块领土和一种文化(一个'民族'),而不论其阶级或社会地位如何。"[98]

中国人的家族意识反映在国家认同上,自然也就有着逻辑上的承继关系。所谓家国家国,在中国人的头脑里,完全是一个命运共同体,儒家的"修身、齐家、治国、平天下"的人生理想,何等壮怀,何等豪迈。国破则家亡,国昌则家兴。有的外国人比中国人对此认识还深刻。布热津斯基认为,"中国在历史上是一个强国,传统上中国把自己视为全球的中心。在共产主义的意识形态被淡化后,民族主义正成为统治基础。中国的民族主义已经成为一种群众性的现象,决定着世界上人口最多国家的思想方式。"[99]

马丁·雅克是伦敦政治经济学院的高级研究员,他在《当中国统治世界》的论著中就指出,"家族在中国传统中(包括所有的儒家文化国家)是一条无法割断的线,它与国家一起构成了社会的主体结构……中国人认为,同姓之人往往有着共同的祖先。……在所有社会中,血缘关系都是界定国民概念的先决条件——实际上,用其他任何方法来界定中国的公民关系都是不可能的。"[100]

同样,曾担任外交官的汉学家、法国人魏柳南也有着相似的看法。他在《中国的威胁?》一书中写道,有些信仰已深深扎根在中国人的心目中,其中之一就是关于统一的信念:"自秦始皇于公元前221年完成统一后,中国一直是一个统一的国家,而维护统一成为中华民族最根本的诉求。西方和日本在殖民活动中强占的领土最终是一定要归还的(香港和澳门分别于1997年和1999年恢复行使主权,台湾问题尚悬而未决)。恢复统一给中国的屈辱史画上了句号,并且可以在几大文明政治经济强国中找到自己的位置。国家统一是领导人首要考虑的问题,任何分裂国家的行为都不允许,任何政策都不能有破坏中华民族团结的风险。"[101]其实,这些观点并非新见,但从外国学者口里说出来,更强化了我们对这一传统信仰的坚守和召唤。

梁启超是中国揭示和宣传近代民族主义的第一人。他早在1902年就发表了《论民族竞争之大势》,明确提出:"今日欲救中国,无他术焉,亦先建设一民族主义国家而已。"今天,建设民族主义国家,这个目标从国家主权上说我们算是实现了。但是,不论从现代民主国家的形式还是实质上说,我们都还没有真正完成民族复兴、国家统一的宏伟大业。对内,国家统一、领土完整的大业还没有完成;分离主义、恐怖主义的威胁还现实存在。对外呢,"中华民族"与世界民族的和谐共存、和谐发展问题,与周边国家同样高涨的民族主义如何共处的问题还面临严峻考验。

要完成祖国统一大业,"一国两制"是很好的政治制度设计,而"新民族"主义则是两岸民族和解、国家认同的民心前提!"一国两制"的两制,本身就说明了大陆的政治制度不适用于台湾地区,台湾地区的政治制度同样不适用于大陆,唯有共同的民族思想、民族意志能够将两岸统一在一个"大中华民族"的旗帜下——而且,这必然是一个"新民族"的主义——一个超越历史恩怨、政治纠葛、地理阻隔、文化变异的"超民族的主义",舍此,想象不出有什么能弥合巨大的制度鸿沟和时空断层。在共同体文化、情感、领土归依的基础上,谋求大中华"新民族"的复兴、繁荣,以"新民族"主义平衡政党政治的诉求差异、抚平内战与殖民造成的历史文化创痕,是一种务实和现实的选项。"新民族"主义是首要的公约数。

我们标举"新民族"主义在统一中国进程中的重要作用,有两个含义:一是我们不主张用旧的传统的民族主义——盲目自大、一味反西的尖锐言论和偏激行为去统一中国;另一方面,也不主张一味退避三舍、畏首畏尾的机会主义、绥靖主义。在中国周边因钓鱼岛、南海、朝核等地缘政治环境持续恶化,美国重返亚太,美日遏制之弧越收越紧的态势下,中国急需确立"新民族"主义的民族观,加快解决边疆地区分离主义问题,加快解决台湾问题进程,为处理好与周边国家民族主义运动高涨等内政外交问题铺平道路、提供经验,腾出手来,集中应对美日等国的绞杀图谋,以雄起的英姿和正确的路径实现中华民族的伟大复兴!

下　部 | 重塑中华"新民族"的健康人格

第31章　民族主义的困境与"新民族"主义的新生

31.1 民族主义曾是西方殖民扩张的外衣

民族主义本身就是西方资本主义、殖民主义、帝国主义的产物,只不过披上了现代民主制度、民族—国家的外衣。如果从它的起源、它的历史发展来看,其扩张、霸权、殖民的一面就昭然若揭了。所以,在马克思主义者的词典里,民族主义带有十足的贬义。

民族主义萌芽于14世纪,发育于15、16世纪的思想启蒙运动,并在19世纪末建立起完整的理论体系。它通过王权对教权的否定促进了现代民族国家的孕育,催生了英、法、德、意等一批资本主义制度的民族—国家和强权帝国。

西方民族主义与资本主义的民族—国家创建过程紧密相关。19世纪以来,随着欧洲列强民族国家构建的初步完成,国外市场、殖民地的不断扩张,欧洲民族主义开始了由自由民族主义向民族沙文主义和殖民主义(侵略性的民族主义)的蜕变。打着为本民族"谋福利"和向全世界"传播文明"的旗号,疯狂地对海外进行殖民扩张与掠夺,

从而确立了以欧洲为中心的殖民体系和"世界国际法秩序"。西方民族主义的成长历史,最生动地演绎了他们的"强权即是公理"这一信条。

殖民主义引发了20世纪中叶亚、非、拉等民族独立解放运动。延续

至今的民族主义浪潮,也是西方殖民统治所造成的余波,它既有正面的意义,同时其负面影响也一直持续到当代。当今几乎所有的地缘政治热点,无不是西方殖民主义及其建构的所谓"国际秩序"带来的产物,这对标榜西方民主制度并借以指责发展中国家地区的民族主义运动的西方学者,真具有无比讽刺的意味。

完全可以说,西方传统的民族主义理论已经走向死胡同。在全球化背景下,在霸权主义主导下的国际新(旧)秩序中,民族主义也只能导向复仇、对立、分离、激进,充满了不可避免的冲突。亨廷顿所谓的"文明的冲突"背后,依旧是民族主义问题在起作用。按照马克斯·H·伯赫姆的观点,从广义上说,"民族主义指的是在整个价值系统中将民族的个性置于一个很高的位置(类似于爱国主义)的态度"。"从狭义上讲,民族主义意味着在损害其他价值的情况下的一种特别过分、夸张和排外的,强调民族价值的倾向,结果导致自负地过高评价自己的民族而贬损其他民族。"[102]

这种民族自我优越感、自尊感不仅表现在曾被殖民过、受凌辱因而欠发展的民族身上,同样也内含在那些发达国家的民族中。英国的学者沃森就警告说,要警惕另一种貌似超凡脱俗的一类人:"即那些自认为已超脱民族主义,但实际上却全身渗透着潜意识的民族主义偏见的人。"比如,在过去几个世纪里一直享受着独立、统一、繁荣和伟大的美国人和俄国人;古老但仍很惬意(尽管实际上正在衰落)的民族,如英国人、法国人、瑞典人。"这些民族用一种潜意识的但十分明显和清楚的狂妄自大来看待其他民族,他们是些令人讨厌的傲慢自负者。"[103] 可见,传统的民族主义论调始终摆脱不了其骨子里的自我优越论、中心论、自决论等意识。

现代民族主义提出了许多新的主张,如面对冷战之后(意识形态的重新解构,导致地区主义、分离主义、恐怖主义泛起)、全球化趋势(民族文化、经济不平衡带来的冲突),提出经济上的"积极的民族主义"、"普世性民族主义"、温和的民族主义,主张以"公民的民族主义"来代替"族裔民族主义",等等。有学者就此做了一个归纳,说是"在当代,可取的民族主义是开放的、温和的、理性的、尊重个人权利的民族主义。它应对其他观念价值开放,并通过相互补充来提供行为准则;它也应接受多元的价值以及文化,在自由民主和法治的制度框架内发挥作用。"[104] 这种貌似理性的学术分析,真能给民族主义的未来指点迷津吗?这种普世论,可能吗?可靠吗?

或许值得去实践实践。但至少亨廷顿是悲观的,他认为,"如果人们在历史上共有少数基本的价值和体制,这可能解释人类行为的某些永恒的东西,但却不能阐明或解释人类行为的变化所构成的历史。此外,如果普世文明对于所有的人类存在都适用,那么我们用什么词来称呼人类种族层面之下的主要的人类文化群体呢?"[105]

31.2 民族主义同样不适合中国国情

回过头我们来看看中国的情况。

在近现代,真正赋予中华民族概念化的第一人是孙中山。但孙中山一开始时实际上是一个大汉族主义者,以建设汉民族国家为目标,提出了"驱逐鞑虏,恢复中华"的反清口号。辛亥革命后,才开始意识到中国是一个由汉族、满族、蒙古族、藏族和回族等组成的多民族的国家。实际上,在两千多年的封建王朝史上,汉民族与北方的游牧民族就有多次的融合。元朝以及后来的清朝,就是汉文明反过来同化了入侵民族。

元朝、清朝的礼、法制度嬗变就是一个极好的事例。原先落后、野蛮的礼法制度(如元初允许弟继兄嫂,子报父仇无罪等)被改造纳入汉族先进、文明的礼法体系之中。尽管游牧民族通过自己的统治链条对中原汉地行使统治权,但又与汉民族文明得以共存共融。汉族则一直在自己的疆域内包容不同的宗教和语言,而未曾中断地一直保存着自己的文明精华和独一无二的特征。这种历史的博大包容性,使一些海外研究者甚至提出，中国并非一个典型的民族——国家，而是遵循着自己路径独立成长的文明国家。

当然，不可否认的是，中华民族因为历史非常悠久，"它表现出某种不断增长的思想僵化，养成一种轻视所有的外来人如野蛮民族的习惯。这一切使中国人格外困难地适应由欧洲人带来的新的分裂力量。"[106] 沃森这里说的，其实是针对大汉族主义的倾向。事实上，汉族在历史上，就像自认为中华帝国是中央王国一样，具有种族的优越感，将周边少数民族，一概称为蛮夷。

据国外学者的研究，中国和日本都有着深厚的种族情结。汉族认为自己是优等民族。就肤色而言，古代中国人喜欢"白皙"一词，素有"玉面"之说。清末中国人在西方船坚炮利面前，才开始涌起了强烈的屈辱感。中国人不再称自己为白种人，而是以黄种人自居，以将自己与欧洲白种人和其他深肤色人种区别开来。在华人世界，因为黄色与黄河、黄帝有着紧密的联系，所以被赋予了非常积极的意义。[107]

针对"中华民族"事实上是多个民族、多元文化的历史，而理论上显然难以用"中华民族"加以准确概括的困境，费孝通曾提出中华民族是一个"多元一体格局"的理论。但是，有海外学者就提出了不同的意见，认为中国每个族群如汉族、蒙古族、回族等各自就是一个民族，中华民族的提出只是一个政治概念，对于民族的学术研究并不适宜。[108] 我们对这些观点尽可以持不同的保留意见，但是，我们只要冷静地回溯一下历史，冷静地观照一下现实，当前中国对内民族问题的严峻性，丝毫不比历史上轻松多少。以前，当朝者还可以用"和亲"、册封等手段笼络边疆少数部族，今天，除物质的支持、精神的嘉勉、权利的平等、法制的公平外，还有着深刻的地缘政治的背景，受到国际势力、地区安全问题的掣肘，情况要复杂得多。

"民族主义运动寻求两大目标：一是民族独立，即建立一个以本民族为主体的主权国家；二是民族统一，即一国疆域内所有的民族团体融合成一个民族。……民族主义者还承担着进一步的任务：即在一个独立主权的国家里构建一个新民族。"[109] 笔者特别看重的是沃森提出的"构建一个新民族"的命题。但我要修正他的观点——要构建新民族，绝对不能指望在旧的民族主义框架内，对中国尤其如此！

因为，传统民族主义是以自恋、排外、激进、破坏、独占、单质、扩张等等为特征的。

而"新民族"主义是以自省、包容、理性、建设、共享、交融、超越为要义。用"新民族"主义来解决中国的内政外交问题是一个强有力的路径。特别是应对周边国家同样高涨的"反华"、"防华"民族主义问题，应对因帝国主义同时加害于中国与近邻的历史遗留问题，我们只有用"新民族"主义的思维，摒弃(旧)民族主义的观念，才能开辟崭新的地缘政治格局，而不会落入虎视眈眈的强权政治的阴谋之网中，让我们与近邻两败俱伤，而他(他们)却坐收渔利！

"新民族"主义有三个关键词：超、共、交。超——超越、超限、超然；共——共享、共治、共存；交——交融、交集、交响。

"新民族"主义也可以视作是超越民族主义的主义，超越但不漠视、抹煞民族主义的合理内核。

"新民族"主义是责任共担的民族主义，有责任、重责任、不逃避责任，但不搞"共产国际"那一套的"世界公民主义"，不以强制推行"普世的责任"与"普世的价值"为使命。

"新民族"主义是利益交织、地域交汇的民族主义，是开放、包容、内省、关爱的民族主义，将跨越传统的平面地理局限，不以"民族领土"为幌子，用领土问题驱使民族对立，而是注重交融、寻求交集，但不搞帝国主义、强权政治的私相授受、分赃交割！

"新民族"主义将为实现华夏神州的伟大复兴再造新千年不朽的辉煌！

第32章 "新民族"主义与"中国梦"

中共十八大之后,全国最响亮的一个词汇就是"中国梦"。"中国梦"的权威表述是"国家富强、民族振兴、人民幸福"。"中国梦"的逻辑延伸是,它是中国全体人民的强国梦,也是所有炎黄子孙的复兴梦,还是世界人民的共同梦想——和谐与大同。

说起"中国梦",自然让人联想起"美国梦"。海外媒体尤其感兴趣这两个梦之间的异同。新加坡《联合早报》就曾发表文章(2013年1月9日)《寻找中国梦的共同支点》)分析"中国梦"与"美国梦"的区别:"美国梦"就是只要个人努力,不论什么背景,只要来到新大陆,通过努力工作创业,就能得到梦想的一切。而"中国梦"是国家好、民族好,大家才会好。

文章分析指出,"中国梦"的主要动力有三大来源:第一,追求经济腾飞,生活改善,物质进步,环境提升;第二,追求公平正义,民主法制,公民成长,文化繁荣,教育进步,科技创新;第三,追求富国强兵,民族尊严,主权完整,国家统一,世界和平。在如此三大动力来源基础上,就要求中国有远见、有胆识、有智慧的公民、团体及领导人,能够及时准确地找到整合协调这三大动力源的共同支点,形成发展进步的兼容合力,造就托起"中国梦"的坚实支撑。

笔者赞同该文的基本观念,"中国梦"需要有一个共同的支点,否则各人做各人的梦,就难以凝聚共同愿景。而其中的一个支点应当是"新民族"主义基础上的民族认同,以及"新民族"基础上的新文明气象与新的价值追求。

有意思的是,美国《国际先驱论坛报》(2012年10月2日)在十八大还未召开之前就发表了一篇《中国需要自己的梦想》的文章,非常具体地比较了"中国梦"和"美国梦"的物质基础和资源差别。文章说,中美清洁能源合作组织创始人刘佩琦说,"'美国梦'所定义的成功,在过去只是指一栋房子、一个四口之家和两辆汽车,但现在已升级到炫耀性的消费,就像美国娱乐界名媛金·卡尔达希安所体现的。中国根本不能照搬这条道路,否则为了生产中国消费者想要消费的一切,地球的自然资源将被开采得一干二净。"她认为,要创造一个可持续的"中国梦",要打破收入增长与越来越高的资源消费之间的历史关联,有望成为中国人新的民族特性的一部分并可能在世界上产生影响。即唯一的途径是推出一种新的"中国梦",将人民的致富憧憬与可持续发展结合起来。

该文作者引述刘佩琦的话想要表达的是,鉴于中国13亿人口的庞大基数,要想从物质极大丰富与极大享受的视角满足中国人的"中国梦",中国乃至地球的资源开发难以承受。因此,要有新的途径、新的内涵。当然,这个意见有一定客观性,就像中国内地人都到香港买奶粉,中国人都到欧洲买奶粉,或者都到日本、美国买房子一样,都会令当地人吃不消。同样,这个意见也不是说,中国人的"中国梦"就不能实现物质上的极大丰富与极大享受,而是说要像开发清洁能源一样,走环境友好、生态文明的可持续发展之路。

由此推及"中国梦"不论是物质文明还是精神文明都必须走一条全新的道路。"中国梦"的追梦人,也一定是一个全新的民族、全新的新新人类!这个全新的民族,不仅将纳入港澳同胞、台湾同胞、海外侨胞和华人,而且,还将吸引国际上其他国家与民族的优秀分子,来到中国,为共同的梦想而进行创造,犹如今日的"美国梦"吸引着一批又一批精英去到美利坚、加入美国国籍一样。这已非幻想。

例如,法国《世界报》(2012年12月23日)一则报道反映法国年轻人来华寻找机遇的事例。法报感叹称,法国年轻人"在中国像一只幸福的公鸡"。报道写道,"吸引他们来到上万里之遥的东方首先是职业前景。奥古斯丁·米索夫已在上海生活了两年半,近期不打算离开。'我拥有硕士学位却在法国找不到工作,这真让我苦恼。'他在上海却成为某咨询公司的一名主管,负责一个15人的部门。米索夫说,'我在法国得不到这样的薪水,也得不到这样的职务。'"

另一位法国人,拉姆齐·沙班在上海工作了5年,是法国巴黎银行在当地的一名主管。他说,"我很快就获得了职务和信任。在中国,你证明自己,别人就给你成功的机会。"沙班的父亲在17岁时离开突尼斯前往法国,在里昂完成学业,这个年轻的企业管理人员说,"当时对他来说,法国代表着工作和未来。我觉得自己在做同样的事情。"

上述事例已非个别。与改革开放头30年不同的是,那时,有不少非洲、中亚等发展中国家的人来中国寻梦。而今,中国正在吸引越来越多的西方发达国家的年轻人来到中国实现自己的创业梦想和生活理想。"中国梦"要造就的是具有普世意义的职业前景和成功乐土。借由"中国梦",促进中国与世界的和谐认同,也促使中国迈向更高层次的开放,更高程度的文明。"中国梦",也是中华民族的普世文明再造之梦!

"中国梦"一定是历经挫折与苦难后,更加奋进与开放的"新民族"主义之梦;一定是超越狭隘的"民族主义"一己之私之梦;一定是与邻国、与世界共同分享成功、成果之梦。

第33章 不文明，非中国

2013年5月，一则微博再次让所有中国人汗颜：埃及古老的卢克索神庙有着三千多年历史的神像中央，被刻上了"丁××到此一游"一行自上纵贯而下的简体汉字，确凿无疑地将中国人的所谓"文明"自诩永远展现在世界游客面前！发这条微博的博主说，他们一行十来人看后羞愧地赶紧离去，虽然试图用纸巾擦去但徒劳无益。让人多少欣慰的是，微博引来了十多万的评论，对这种丑陋的行为纷纷予以谴责。

中国是具有五千年文明史的国度，但中国人的不文明由来也久。这个久，近些说大约半个多世纪；远的说，自鸦片战争以来；再远些，可以追溯到封建社会农业文明中的陋习。

其实，中国人的种种不文明表现就在我们身边，有些我们自己就在日复一日地制造着而浑然不觉或心安理得：有不重社会公德的言行，如大声喧哗，随地吐痰，乱抛垃圾，随意涂鸦；有不重个人卫生的陋习，如不爱洗澡，邋邋遢遢，不修边幅；有不重民主法制的恶习，如体罚教育，中国式过马路，不排队，聚众围观；有封建思想的余毒，如不讲科学，盲从迷信，炫耀显摆，暴发户心态，等等。

今天，中国人的种种不文明现象，与中国是文明古国的历史同时享誉世界，可谓丢尽了列祖列宗们的脸面！可怕的是我们还我行我素甚至引以为豪。在出国旅游团、内地人台湾行港澳行中，其中一些人的"优异"表现，为中国人赢得了世界级的"名声"——比如，在机场乱哄哄地高谈阔论、赤膊"拱猪";飞机尚未停稳,就纷纷起立抢拿自己的行李;在巴黎、东京、纽约,以及台北商场,如在内地抢购食盐一般疯狂抢购奢侈品;在餐馆就餐,吆五喝六、划拳猜数;在博物馆、旅游景点,不听讲解员讲解却大声私谈;还有就是我们的"国粹"——加塞、随地吐痰、随意穿行马路。

中国人的种种不文明丑态,令中国在日本、韩国等邻国,以及我们自己的同胞港台地区蒙羞。日本人瞧不起中国人,盖也因中国人不如日本人文明!这是事实!我们得承认!中国要彻底战胜日本,打碎日本的狂妄心、变天梦,除了在经济、军事方面必须大大超越之外,就是必须在文明程度上也大大超越它。中国崛起,必然是文明形象的崛起,而不是丑陋言行的招摇。

柏杨对丑陋的中国人种种不文明现象,揭露最深,抨击最烈,其情炽炽,可叹可悯。让我们来重温他在《丑陋的中国人》一书中的犀利解剖吧。[110]

他说,"我想我们能不能复兴我们的民族,要从我们能不能承认自己的缺点、承认自己的错误开始。假如连缺点、错误都不承认,又怎么改革?怎么进取?过去,我们一直不肯承认自己的缺点、错误,因为我们已丧失了辨别是非的能力,一旦发现缺点,简直就没有办法活了。而一个有自尊心的人,会承认自己缺点、自己错误的。"

他说,中国传统文化中有一种过滤性病毒,使我们子子孙孙受了感染,到今天都不能痊愈。最显著的是(在台北)随处可见的脏、乱、吵的现象。

他说,"夫排队者,是人类文明外在的寒暑表,从一个国家的排队秩序,可以准确地判断它们的文明程度。我在美国只两个月,就想提议把'美利坚合众国',改成'美利坚排队国',盖美国排队,不但泛滥,而且已造成灾难,不得不惋惜那些黑白两道朋友,竟把那么多宝贵时间,浪费到排队上。""盖中国人排队,只是一种学说,美国人排队,却是一种生活。"

他说,"为什么中国人声音大?因为没有安全感,所以中国人嗓门特高,觉得声音大就是理大,只要声音大、嗓门高,理就都跑到我这里来了。"(笔者注:令人费解的是,在国际上,在外人面前,中国人却时常怯于表达,不敢表达!)

他说,"中国人最拿手的是内斗。有中国人的地方就有内斗,中国人永远不团结,似乎中国人身上缺少团结的细胞。"

他说,"中国人喜欢讲大话,喜欢讲空话,喜欢讲假话,喜欢讲谎话,更喜欢讲毒话——恶毒的话。不断夸张我们中华民族大汉天声,不断夸张中国传统文化可以宏扬世界。"而讲毒话如夫妻恩爱——却冒出"杀千刀的"。(笔者注:中国人爱讲大话有如皇城根脚下的车把式,如今北京出租车司机继承了此传统——潜意识是我能听到"宫内"消息——我的优越感——听悄悄话、趋炎附势的心态。以前没有消息来源,获得内部消息就是一种体面、有来头的表现。中国人喜欢好大喜功讲排场比阔,犹如石崇斗富。中国地大物博所以要讲大话;而中国贫弱屈辱时,更要讲大话,为了是满足阿Q式心理。讲第一的心态,比世界第一,破世界纪录等心理,也有一种好大喜功心态的影子。汉语、汉文化走出去中也存在这种心理因素——但不见得"走出去"西方人就愿意了解你、认同你,反而不刻意"走出去",他倒想了解你、认识你。文化强国要有健康、健全的"新民族"主义心态。)

他说,"中国人应该有一个什么样的心胸?应该是泱泱大国的心胸。可是我们泱泱大国民的心胸只能在书上看到,只能在电视上看到。"一方面是绝对的自卑,一方面是绝对的自傲。"自卑的时候,成了奴才;自傲的时候,成了主人!独独的,没有自尊。自卑的时候觉得自己是团狗屎,和权势走得越近,脸上的笑容越多;自傲的时候觉得其他人都是狗屎,不屑一顾。变成了一种人格分裂的奇异动物。"

他说,"在中国要创造一个奇迹很容易,一下子就会现出使人惊异的成绩。但是要保持这个奇迹,中国人却缺少这种能力。"一有点成就,就耳朵不灵光,眼也花了,路也不会走了。

他说,"假如此地不可以随地吐痰,可是你总在这里吐痰,叫人怎么尊重你?小便要到洗手间去,假如在大街随便撒尿,又叫人怎么尊重你?"

柏杨在美国关于"丑陋的中国人"的系列演讲,在美国华人中激起了强烈的反响与热议。一位华人说,"我一度以为国人之脏乱完全是贫穷造成的,后来方知错了。在美国的华人,平均收入不亚于白人,但一般的白人,的确比我们整洁。""在公共场合大声说话,便不仅是礼貌和教养问题了。……我认为在公共场所大声说话与汽车猛按喇叭、唱机开得震天响、进别人房间不先叩门等等,都可归入同一类——那就是将自己的自由放在他人权益之上。"[111] 其实,中国人根本就没有这种尊重自己、尊重他人的自由的契约交换意识。他们不认为这样妨碍了他人自由,他真的不知道——不讲礼貌、大声喧哗、吃饭杯盘狼藉、吆五喝六,这是传统农业社会狭隘、爱炫耀、土财主的集体潜意识表现。

借柏杨"丑陋的中国人"的话题,美国的华人在媒体展开了热烈的讨论。例如,洛杉矶《论坛报》(1985年2月6日)曾发表胡菊人的《没有文明哪有文化》文章,提出了"中国有优秀文化,但是有没有文明呢?"的尖锐问题。作者分析说,"文化的观念表现于具体的生活上和社会上,这就是文明了。最简单的例子,如礼貌,便是文明的表现。而孔子制'礼',便是文化,他的'礼'在中国两千多年来,是表现于国家社会的制度之中,在人民日常生活的言行之内,在一年四季的节庆和仪节之上的,是以,这就是中国的文明;文明就是生活。""我们连中国文明都没有,又怎么可以奢谈有中国文化?""没有基本的生活文明,而奢夸祖先已死的文化,行吗?"

柏杨于1980年代初写就的《丑陋的中国人》,主要是以台湾社会、美国华人社会的实例作镜子的。那时,这部分的中国人比之内地刚刚经历过"文革""破四旧"、打倒"封资修"的中国人,文化程度、生活水准要高得多。他们尚未如此,可想而知,全体中国人文明的平均状况了。改革开放 30 多年之后,内地经济崛起,内地中国人遍布海外,逐渐成为海外华人社会的主角。然而,不文明的现象非但没有革除,反倒新增了更多、更令人尴尬的问题。

中国出国旅游者、商务考察团、投资者、炒房团、留学游学生、外派劳务者、移民,乃至偷渡者,各色人等,正成为中国形象的重要侧面——成为中国文明与软实力的重要剪影。他们的种种不文明之举严重损害了中华民族的形象,对他们进行文明教育与他们文明礼仪的养成对中国崛起的世界形象和世界影响,有着直接的重要的关联。

十八大报告将民族复兴定义为,到 21 世纪中叶,中华人民共和国成立 100 周年之际,建成"富强民主文明和谐的社会主义现代化国家"。"文明和谐"被列为党和国家的战略目标,不论对内还是对外,文明规范、文明风范都将成为整个民族矢志不渝的奋斗方向。文明事关国体、事关大局、事关成败。中国崛起是文明的崛起,民族复兴是文明的复兴。"新民族"的每个公民,都要自觉地做文明的践行者、监督人。

不文明,非中国!如果我们做不到这一点,即使崛起,也是羞辱!

第34章　要道德领袖，不要意见领袖

互联网特别是微博微信的盛行使中国一夕之间，恍若变成了成名成家的天堂。据CNNIC第30次中国互联网发展统计报告称，截至2012年6月底，中国网民达到5.38亿，到2012年12月底，新浪微博注册账户超过5亿，日活跃用户量达到4620万。就连卖菜的菜农，居委会的老大妈都开起微博，玩酷扮萌赶时髦。人人都可以发表看法，人人都可以发帖、吐槽发飙耍个性。人人都争当意见领袖，却偏偏没有多少人争做道德领袖！

每天上班回家，只要上网，我们就被淹没在各种信息与言论的海洋中。即使最善于"潜泳"者，要打捞些有价值的信息、有真知灼见的帖子也并非易事。如果说，平民百姓是为了赶个时髦、图个新鲜、发个感慨的话，那么，明星、名人、学者、专家勤于发声就显然有着浓重的目的色彩了。尤其是一些走红的歌星影星学术明星主持人明星，他们借名招徕粉丝，再通过粉丝招徕广告等投资商的心思，可谓"路人皆知"。

做意见领袖无可厚非，特别是在当下极度缺乏独立意识、批判精神的社会大环境下，尤其需要思想的良心。只要去看看那些芸芸众生的博客、微博，他们勤于上网，大海捞针，许多情形下是为了能转发、转帖一二篇能开智启迪的好文章。然而，令公众失望、令"分子"们汗颜的是，检视我们的那些学术明星文化名家名嘴们的博客、微博，充斥着不痛不痒的空泛议论，无病呻吟的个人感叹。许多还是转摘抄袭之"作"。似乎他

们开博不过是为了占据一个话语权而已,每天发博成了自己不得不为、应付交差的活计,而不是不吐不快、触及灵魂、温润人心的心声。至于那些兴风作浪的网络大V们更当别论。

总之,时下玩噱头的"意见领袖"太多,有道德感和良知感的"意见领袖"太少。大家都热衷于做线上的"意见领袖",好处是,有利于线下到处出场,做节目、搞访谈、办讲座,拿出场费或其他延伸项目。"意见领袖"多了不是什么好事,恰恰说明"道德领袖"太少了,甚至说根本没有!那些"意见领袖"们,因为没有道德约束和道德自省,所以,发表意见起来一身轻松。指责别人、评点历史、预断未来是"意见领袖"们的拿手好戏,因为不需负责,也无心负责。而道德领袖则不然,他注重修为,重在践行,奉行少说多做,也不需要四处发声,热衷于评头品足。反观那些活跃在网络上博客中社区里的"意见领袖"们,有多少敢扪心自问自己的道德水准如何?有多少敢于检视自己的道德行为?有多少认真践行自己为人、为文、为业、为家的道德尺度?

如果我们回望中华民族的文明发展史,可以发现,那些堪称大儒、大家者,无不首重立德。他们既是大学问家、大思想家,又是道德家。孔孟之道,老庄之学,程朱理学,李杜诗文,等等,他们在成为"意见领袖"的同时,更成为道德领袖,否则,其道统如何使人尊崇,又如何得以承继?所谓"三立",立德、立功、立言,立德居首而立言最末,无德,其他无从而立。而无德、无功,其言不立也罢;有德、有功,不自立言,自然也有人传其言,孔子就是一个典型。

之所以特别提出关于"意见领袖"与"道德领袖"的命题,是要提醒,中国崛起,根本上表现为民族振兴。而民族振兴,核心在重塑民族之魂、民族之德。那些掌握了话语权、善于行使话语权的学术明星文化名人工商界大腕们,玩博的同时,能不能重温下张载的"为天地立心,为生民立命,为往圣继绝学,为万世开太平"的座右铭呢?有人肯定会说,累不累呀!你装什么大瓣蒜呀!搞什么说教!是的,笔者的确是在"说教",因为,我不是"意见领袖",所以期待"意见领袖"们,既然想当"意见领袖",就请做个像点样的、负点责任、有点品位的领袖吧。因为,如果"意见领袖"们成天发表意见,却都不屑做一个有道德追求的人,那么,其结果岂不可悲、可怕?

我们来看看新加坡《联合早报》(2012年10月19日)的一篇文章《抢了再说?》。文章披露了广州地铁发生的一起抢座事件:一名年近七十的老者与28岁的男子抢座位。结果动了手,老者咬破了年轻人的耳朵,自己的鼻子也挂了彩。此事件引发了中国国内媒体的一系列曝光和批评。北京的媒体引述地铁工作人员话称,客流量大的地铁站每天早上高峰期都会发生一两起类似事件。

该文作者由此感叹,"是什么致使人们丢失了自幼被灌输的道德价值观,使社会相当一部分人选择集体遗忘敬老尊贤、礼让有序、遵守秩序等等耳熟能详的教诲?"该文作者又写道,"和中国友人聊起,她抛出了一句'人不为己天诛地灭,不抢就什么都没有了,没有人会照顾你'。"

作者分析,"在不受公平制度保护的环境里竞争,人们只能硬生生地放下所有是非感、价值观,因为不抢就得不到。不拉关系,就无法帮孩子安插一份好差事,就无法找到最好的医生看病。"

作者是从制度层面、社会环境层面做的分析。但笔者要说,核心的问题是当下的中国缺失了对道德的敬畏感!社会的精英分子只乐于做意见领袖,而拒绝做道德楷模。其结果,就是全社会充斥着说教、指责,却没有从自身做起、从自身解剖起的意识与勇气。如果道德楷模都是社会小人物,而大人物们、学者明星知识分子们却是道德缺失者、道德肌无力者,那可想而知,社会正气一定难以形成强大的主流意识影响力,而"意见领袖"们甚至反过来更具破坏力、阻碍力。

第35章　重塑21世纪中国的绅士文化

中国一直自称为"礼仪之邦",但事实是,不讲文明礼貌的中国人不在少数;中国自称文明古国,诗书礼乐甲天下,但事实是,全世界最不讲斯文的恐怕当数今日中国知识分子了。儒家文化有懦弱、中庸、压抑人性的一面,但我们必须肯定,自从汉武帝独尊儒术以降的两千年来,中国文人社会,心目中都有一个"文质彬彬,然后君子"的标高,都追求"富贵不能淫,威武不能屈"的品格,崇尚梅、兰、松、竹"四君子"之风,追慕文雅超逸的士人风范。总之,封建中国的文人雅士都致力于为人师表、善养浩然之气的士大夫精神和绅士文化。而"学而优则仕"的科举之途,也使封建王朝的官员们骨子里首先是文化人、是儒士,其次才是官员。所以,那时的官员官品越高,往往学问也越出类拔萃。和珅是阿谀逢迎的典型,但和珅是正宗的进士及第,时常要与乾隆爷对得上对子、投得上雅兴。可以说,整个封建中国,从上到下都注重兴文运,即使是家财万贯的商人,其社会地位也不如"学富五车"、"才高八斗"的举子进士。中国的文明传承,正因为有了两千年生生不息的儒家道统、绅士文化,社会的每个细胞才洋溢着礼仪之邦的君子之风。我们参观古镇古宅,从普通百姓之家到达官贵人府第,门楣、照壁、护墙、花园,到处可见梅、兰、松、竹的砖雕石刻,或诗书之家、书香门第的匾额。

检讨中国今日道德沦丧、诚信缺失等等社会病,固然有种种内外之因,但笔者以为,一个重要根源在于,文化人丧失了士大夫精神,社会丧失了绅士文化!

　　绅士文化是一种"贵族文化"、标高文化,让社会羡慕、并以此为激励和进取的文化。诚如林语堂描述的旧中国文人中了状元的那种排场:"他跨着滚雪般的白马,受着皇帝特颁宠典的装饰,排着花团锦簇的仪仗,游行街市一匝,表扬他是全国最聪明的一个才子,同时又是美貌的'花花公子'。这一点倒也非可轻视,因为中状元的,总应该是个美少年。这是卓越奇才的光荣,也是高官显爵的光荣。"[112] 如此,做文人自然有一种崇尚感、进取心,还有道德模范的意味。全社会这样推崇中秀才、中举人、中进士的文人,使文化人有体面的同时,也迫使他必须讲究礼节、仪表、道德仪轨,做一个文明的人、知书达理的人、斯文的人。这就是绅士文化的指向作用、引导作用。

　　没有人对人、人对事的礼仪感、崇敬感和敬畏感,整个社会就必然丧失起码的文明准则和文明形貌,也就缺失了文人雅趣、琴棋书画、四君子之风;更谈不上中国文化中引以为豪的"先天下之忧而忧,后天下之乐而乐"的担当情怀,中国文化人的铮铮铁骨和浩然之气。

　　所以,笔者要大声疾呼重塑中国的绅士文化!而当务之急是重建礼仪文化。孔子复周礼,封建中国香火又沿袭了两千多年。我们要重建新时代的礼仪文明,让其再弘扬两千年!

　　柏杨当年在痛陈丑陋的中国人时,给出的药方是,"要想改变我们中国人的丑陋形象,只有从现在开始,每个人都想办法把自己培养成鉴赏家。"

　　柏杨1984年在美国爱荷华大学演讲时感叹:"我们中国人口太多,仅十亿张大的口,连喜马拉雅山都能吞进去,使我们想到,中国人的苦难是多方面的,必须每一个人都要觉醒。如果我们每一个人都成为一个好的鉴赏家,我们就能鉴赏自己,鉴赏朋友,鉴赏国家领导人物。这是中国人目前应该走的一条路,也是唯一的一条路。"[113]

　　而他的最大的心愿是"愿中国最早成为礼仪之邦"。重点修养哪些礼仪呢？他的建议是：第一个节目，请参观婚礼。第二个节目，请参观丧礼。第三个节目，请参观餐馆，因为在餐馆，中国人的闹、乱、不懂礼仪可谓活灵活现、最为"丑态毕露"。

重建礼仪文化，既包括中国传统礼仪文化，当代礼仪文化，也包括借鉴学习西方的礼仪文化。近些年来，鉴于中国传统礼仪文化的衰微或失传，西方文化渐渐占据了时尚新潮的主流，学习西方礼仪成为中国"新贵"们的时髦追求。

英国《金融时报》网站（2012年12月21日）有一篇题为《中国新贵们急着学礼仪》的报道就捕捉到了这一新现象。报道称，"就像火药和印刷术，中国在我们多数国家之前就开始讲究礼仪了。不过，孔子早就不在了，……中国人在全世界落了个金钱比礼仪多的名声。"该报道介绍了一位27岁，拥有哈佛大学商学院工商管理硕士学位的香港女子何佩嵘开设高级课程，教要出国的新贵们西方礼仪的事例。何开设的3个月女主人礼仪课程（针对已婚女性），计划收费10万元人民币；淑媛礼仪课程（限16岁以上未婚女子）收费8万。当记者问中国人为何花如此高昂费用学习欧洲人不再花钱去学的技能时，她的回答是，"欧洲人在家学礼仪，而中国人必须要上课学习。"这句话真让人深思——因为中国人在社会上学习不到礼仪，或者换一句话可以说，中国社会不讲究礼仪。报道还说，"对这位北京的'礼仪导师'来说，这不只是要分清叉子与筷子，她想要在礼仪方面掀起一场真正的文化革命。她说，礼仪真正的含义是'展示对他人的尊重和关照'。"

不过，需要提出的是，今天的中国人一味学习西方礼仪，而缺少自己的礼仪文化，终究是一种荒唐和尴尬的事情。历史上，我们曾有打躬作揖、三叩九拜、朝暮问安等一系列的礼仪，从生到死，从家庭到社会，从商业到官场，从民俗到宗教，仪轨周备。我们不可能也无必要复兴封建朝代各种过时的礼节，但的确有必要以不同的形式，重建我们的公务礼仪、文教礼仪、工商礼仪、社交礼仪、家庭礼仪、出行礼仪。

"文质彬彬,然后君子"。礼仪固然只是一种表面形式,但如果我们连表面形式的客套和尊敬都不屑而为,我们内心对人、对事、对亲情、对友情的敬重感,对文明、对道德、对纪律、对法制的尊崇感又从何谈起呢?

绅士文化就是一种贵族文化。"新民族"主义就是要鼓吹人人都做精神的贵族、文明的贵族,让精神的奴隶一心梦想做精神的贵族,让文明的仆人一心渴望做文明的主人。

第 36 章　"新民族"需要新的文化道统

　　民族的新生往往是从文化的新蕤开始的。春秋战国时代如此,五四运动如此,21世纪中国的复兴和崛起也必当如此。

　　某种意义上说,此轮文化的崛起,既是五四新文化运动的接续,又是新时代的新生。五四运动以打倒孔家店为号召,致力于打破旧国故的枷锁,缔造全新的语言文化和思想文化体系。而今天,新文化包含了更宽广的历史视野和更多维的责任使命:对内,传统复兴与文化创新结合,以文化创新为旨归;对外,内强中国文化与融入世界文化结合,以融入世界文化为旨归。

　　"新民族"主义的文化,要"普世",还要"超世"。"普世"是指要跳出中国自己的视野、自娱自乐的圈子,而能为世界文化特别是西方主流人群所接受、所认同、所遵循;"超世"是指要跳出当下之世,要具有超时空的未来指向。

　　与经济立国、军事立国相比,"新民族"主义更要追求思想文化学术立国。像春秋战国时代一样大碰撞大解放,诸子百家争鸣的结果,是儒家、法家、道家、兵家、农家等等及其后释家的汇流,形成了以儒家为主体、各家合奏的中国主流文化的大江大河,其浩浩荡荡、奔流不息。中国封建社会之所以能顽强地绵延两千年,一个成功秘诀是,将统治者的政治思想、知识精英们的哲学思想、主流民意思想与民间文化思想很好地统一起来、一致起来。在国与家、家与国的认知层面上取得高度共识。

"精忠报国"思想就是统治者倡导的思想与知识精英的理想，同时与百姓社会的念想紧密结合；并且与人生境界、处世价值、爱国情怀、民族主义等等紧密相关，构成了一个完整的中国封建社会思想价值体系。

"新民族"主义的思想文化，要解决如何将执政党的思想、执政党倡导的思想、知识精英的思想、民间社会的思想，整合汇流成国家社会主流思想的问题。处理好国家政体文化与精英文化与民间文化的关系。同时，要在政体主张的主流文化与精英文化与社会民间文化三者之间，分别建立起宽幅的宽容的中间缓冲地带。

建立属于21世纪中国"新民族"主义的思想文化，要认真研究反思30年来，向西方开放，导致全盘瞄准西式的哲学、法律、教育等体系的得与失。我们不能以西式教育马首是瞻，而连中国自己通行了几千年的教育文化也嗤之以鼻，全盘否定。30年改革开放，许多中国知识精英们在思想上自觉不自觉地做了西方的附庸，眼光只盯着西方，标杆也与西方看齐、接轨，连情绪上也受西方影响，时喜时悲，就像小媳妇的心理。

中国一旦真正实现了崛起，是否会产生一种"压抑性"的释放？目前看，短期内可能不会，但长期看，这种顾虑不是没有道理。现阶段中国能向国际社会展示的当代文化尚未崛起，也缺少主体性。突出地表现在中国文化"走出去"上。西方主流社会希望看到的是今日中国的文化活力与创造成果，而我们能够自信地提供的却是古老的汉风唐韵。近些年来，在法兰克福书展、伦敦书展、莫斯科书展、首尔书展等等书展上，中国频频受邀以"主宾国"身份亮相。但令人尴尬的是，我们能拿得出手的还是老祖宗们的东西。而由于意识形态的因素，不乏在国际文化舞台上，一些中国的异己分子、分裂分子反而成为聚光灯下的"主角"的现象。抗议有用吗？愤怒有用吗？撇开政治的因素，一个很突出的问题，还是我们缺乏"新民族"主义的文化创新能力与供给能力。

2008年欧美金融危机爆发之后，中国国内曾涌起一波莫名其妙的自豪感和自大感。一时间到国外去"文化抄底"的言论甚嚣尘上，乍一看似乎是中国文化"走出去"的大好时机,细一想,这是多么的幼稚、一厢情愿和急功近利啊!中国的企业到欧美乃至非洲去并购经营,相当多铩羽而归,更何况文化企业呢?说这种话的人,就是典型的"文化盲"。中国文化"走出去",又不是中国的电脑、冰箱、服装、拖鞋"走出去",一个让人陌生的、隔阂的乃至拒斥的、抵触的文化,一个还难以进入别人主流市场的文化,"走出去"的境况会怎样?"抄底"并购西方的出版文化机构,如果是推广中国文化,能存活的概率一定是微乎其微,而如果是出版纯西方文化的出版物则另当别论。像德国的贝塔斯曼集团到全球市场出版的是非德语的出版物,旗下的兰登书屋集团就是典型的全球性出版集团。

几年前《中国不高兴》再次刮起了一阵强劲的民族主义之风,提出中国要有"大目标"!什么是大目标?按照笔者的理解,大目标根本的是创建新的精神高地、道德高地,其次是科技高地、军事高地,再次才是经济高地。我们现在是反过来了,因为当时中国太穷,所以要不顾一切率先发展经济。发展经济的好处是发家致富,一部分人先富起来了。坏处是,经济的快车把文化都卸载了,车皮都去装焦煤和石油,中国人变成脑满肠肥,但精神高地却失守了。

一个周朝奠定了中华三千年文明史。它往上承继了夏商千年文化。文王被囚而演《周易》,其时易卦已历千年。但文王的创新之处,是颠覆了先天八卦以坤为首的法则,重建了以乾为天、为大、为父、为君的体系。这一重大创新开启了中国"先天为体,后天为用"的哲学根底,奠定了新的文明传承的基因。而孔丘之克己复礼,"吾从周",儒家对周文化又做出了系统化的知识建构,再次开创了其后两千多年的封建社会文明。总括说,中国现行的文化是周开创,孔子奠基,汉朝光大的。周的道统,是又破又立,大开大阖,"天人合一"。这是何等胸襟、何等视界!

那么,今天身处21世纪的中国,民族复兴,复兴什么?"中国梦"要实现的是什么?为实现复兴梦想,哲学文化需要重构什么?我们当然没有这个大智慧能清晰地勾勒出来，但至少，我们要有一个目标定位：复兴的绝不是已经延续了五千年的周的道统，要创建的是属于21世纪中国新的大道！要开创的是21世纪之后能再度光耀千年的中华新文明！我们应当有这样的大志向、大气魄！

这个问题，在外人眼里看得更真切。新加坡的郑永年就点破了这个迷津。他在《联合早报》（2012年2月7日）撰写文章《当代中国外交的文化地缘环境》，分析了中国与美国在文化思维方式上的不同之处。他认为，"文明或者文化本身并不会导致冲突和战争，但一旦代表不同文明和文化的主权国家频繁互动，就会产生巨大的能量，既有合作的能量，也有冲突的能量。"比如，中国人的理性概念往往和大历史观联系在一起，而美国人的理性更表现为如何把眼前利益最大化。中国人对主权国家的认知，注重"和而不同"。而西方人包含有"同质性"和"趋同化"的意义，因此西方国家总是努力想改变其他国家的政体形式。

文章最后的结论是，"中国要真正应付这种文化地缘所带来的压力，就只能等待中国文化的真正崛起，一种既体现自己价值又能容纳西方价值的新文化。"

在郑文发表大约一年前，还是《联合早报》（2011年7月11日）刊发了一篇文章《中国的软实力梦》，针对好莱坞大片《功夫熊猫2》在中国热映卷走6亿票房，结果引起一些中国文化人的反弹的现象（中国国内行为艺术家、北京电影学院动画学院院长、北京大学中文系教授联合发起抵制行动，声称是美国人对中国的文化侵略——笔者注）发表评论。该文作者反问道，"是文化侵略吗？引用了太极拳、书法、针灸、占卜、皮影、中式古建筑与山水神韵的《功夫熊猫2》，摘取了上述古老文化元素，创造出有中国人感情特点、地道中式亲情感受的憨熊猫'阿宝'。据说，电影还借鉴香港全盛时期的武侠片段落。"这么做就加以情绪化反击，道理何在？"从票房结果看，部分文化人的酸溜溜的抵制行动没有奏效。"有网友评价，美国人运用中国元素，用得比中国人自己更好。

作者分析了好莱坞大片的文化传统,即以人的情感为核心,强调个人英雄主义,个人对命运的超越。由此,对中国的软实力梦提出思考建议:"中国要实现'文化软实力梦',也需要在社会与文化观念上让个人变'大',相信制度存在的目的是服务个人,必要时理所当然要为个人的自我实现让路;反之,处处凸显体制凌驾个人的优越性,好像不能让自己的文化很有群众吸引力。"该作者重点是针对中国文化的魅力打造而建言的。但另一方面也说明,如果我们既不能创造当下新世代的新文化,又不能创新传统文化以传播于国际;反过来,当西方人加以改造(可能改造得并不恰当,但他们有这个权力)大红于市场时,却指责人家"文化侵略",不免令人啼笑皆非!

再过5年,五四新文化运动就到100周年了,中华人民共和国也将迎来成立70周年!这将是一个绝好的时间节点,我们有责任有理由期待一个新的文化道统的活水源泉,自此汩汩而出,汇成江河,波澜壮阔,生生不息。

第37章　获诺贝尔文学奖的特别意义

曾几何时,获得诺贝尔文学奖是中国作家的一个梦,获得奥斯卡奖是中国电影人的一个梦。为这两个梦想想了近百年,为此还屡屡怀着酸葡萄的心理,埋怨主办方的意识形态立场与偏见(当然这也是事实)。可一朝梦圆之后,作家的热情上来了,国民的兴趣则下去了。有朝一日当我们获得奥斯卡奖时,情形也一定如是!究其原因,因为我们不是从文学的视角、电影的视角看待诺奖、奥奖。我们是抱着到此一游的欲望心态,犹如去攀一座高山,一旦登临到顶,满足与失望也同步登顶。这是时下中国人的通病。回想每次与诺奖无缘而过时评论界一通貌似淡定的自我安慰,或者对主办方一通挪揄指责,总让人感到我们的心态和思想安错了位置。而一旦获奖之后,却又再也看不到类似的评论,反倒充斥着一派对主办方"公正"、"普世"的赞美之词,仿佛以前的批评全是错误似的。

为什么我们如此摇摆?我们应当如何看待诺奖、奥奖的意义?

第一个问题的答案是,我们在文学艺术领域全社会都充斥着功利主义,而最最功利者恰恰是文学艺术界自身。

关于第二个问题的答案,则要从"新民族"主义的视角看待和分析。

我们先来看看有关莫言获奖后国内外媒体的几篇代表性报道。

国内的《经济观察报》(2012年10月22日)发表了季红真对莫言获奖后的评论《世界主义的乡土作家》,认为,"比较于前一代乡土作家,他们是世界主义的,因此而彻底超越了狭隘的阶级论、社会学与民族主义的意识形态,更没有党派政治的束缚,人类的基本问题以充分个性化的方式呈现在他们的艺术世界中,比如食、性、生殖、死亡、战争、种族、贫富、权力、形形色色的暴力、文明的兴衰、父与子、自然与文明、个人与历史、真实与谎言,以及生态环境、发展与信仰、寻找家园,等等,因此使普世的价值具体而生动。"

这篇文章的主旨之所以可取,延伸开来说,莫言获诺奖让我们重新看到世界主义的境界与意义。笔者赞成季红真的观点。长期以来,中国作家都比较私我,而且偏执地信奉狭义的"民族的就是世界的"的"歪"道理。缺乏人类意识、世界眼光,胸无五洲风云,创作热衷于讨巧,沉醉于历史剧的编造、大家族的叙事、宫廷历史或者最近的也是民国史的编排,缺乏对当今世界的敏锐嗅觉,缺乏对道德人性的担当。没有"宏大"叙事和"普世"主题,说的恰恰是中国作家缺乏国际视野和人类普遍问题的深刻体察。

这是参与诺奖、奥奖最重要的意义所在。

针对西方作家就莫言获诺贝尔奖而发出的不和谐声音,印度作家潘卡杰·米什拉在英国《卫报》网站(2012年12月13日)发表题为《为什么萨曼·拉什迪在谴责莫言之前应该三思》的文章。拉什迪等人指责莫言在中国政府面前是懦夫。指责莫言没有做出正确的选择,即做一个异见人士。对此,该作者指出,"对于莫言与中国政府较亲近的立场,西方的轻蔑态度中潜伏着一种未经审查的假设:英美作家与政府站在一起是顺应历史的。当然,不能指望他们公开反对政治阶层所发动的灾难性的、全然不必要的战争。实际上,很少有作家利用其不受限制的自由这样做。许多作家甚至以'不关心政治'的立场为傲。"

这则报道说明,意识形态的不同视角依然尖锐地存在。而与中国境遇相当的印度等发展中国家作家,面临着同样的问题。此次诺奖主办方把奖颁给了中国,本身就有政治上的考量。今后,意识形态的偏见和价值判断依然存在，我们千万不要幼稚地以为从此中国作家对诺奖就可以如履平地、探囊取物了。

西方人士对莫言作品客观的评价当然也有。譬如，《纽约时报》（2012年10月11日）报道说，"西方评论家对莫言的作品《生死疲劳》大加赞赏。汉学家史景迁2008年在《纽约时报》上写道，这部作品'几乎涵盖了这个国家的整个革命时期'，可以说是那个时代的纪实小说。"伦敦大学亚非学院中文教授贺麦晓说，"莫言的作品没有描写社会主义超级英雄，而是充满了具有真正弱点的真实人物，与此同时他把中国农村描写成一个'发生奇妙事情的神奇的地方'。"

美国《华尔街日报》网站（2012年10月11日）报道，弗吉尼亚大学中国文学教授查尔斯·劳克林说，"他的小说有一种粗鄙的、乡村式的语言，与农村背景很好地结合在一起。但是他还采用了先锋派的想象，使得他的大部分小说有一种神话般荒诞的特质，反映出福克纳和马尔克斯对他的影响。"

而西班牙的《消息报》（2012年10月11日）报道则称，"莫言的文学作品令我们想起两位熟悉的作家，我们仿佛是在同时阅读卡夫卡和加西亚·马尔克斯的作品。"

英国《每日电讯报》网站（2012年10月11日）的报道，则典型地体现了西方人的固有视角："莫言获奖使中国政府实现了一个渴求已久的愿望：一个可以夸耀的诺贝尔奖。""多年来，中国一直渴望用诺贝尔奖证明自己在世界上的地位。"

相比之下，彭博新闻社网站（2012年10月12日）报道则比较中肯，"毫无疑问，莫言获奖带来的民族自豪感不仅是真实的、重要的，而且与政治无关。中国，尤其是中国的作家，完全有权享受莫言获奖带来的荣誉。"

文学既可以拉近政治，也可以淡漠政治。而事实是，文学从来没有远离过政治。政治中的人性，与文学手法和技巧一样，与人性的丑恶与情感的纠葛一样,都具有世界性的共同基础。这就是笔者为什么要说莫言获奖具有特别重要性的原因;为什么要说未来某一天中国内地导演一定会获得奥斯卡奖的原因。

让世界了解中国,通过文学与电影是其中最有效的方式。做国际的中国,而不是中国的国际,文学作品与电影是最有效的敲门砖。世界视野+中国体验,通过作品向世界展示一个国际的中国,而不是自闭的中国,这是中国文艺作品去参评国际大奖、获得国际大奖的最重要的贡献。

我们无须为文学艺术贴上政治的标签,尽管它们从来都与政治若即若离;我们也无须什么都上升到民族自豪感、自尊心,尽管它们的确能够带来国家的声誉与人民的荣耀,就像莎士比亚、歌德一样。如果我们用世界的眼光看待文艺问题,我们就需要稍稍改造一下我们惯用的名言:民族的未必就是世界的;世界的一定是民族的。

第38章 "新民族"的教育要脱胎换骨

中国之所以成为中国,是因为中国的哲学文化和道德力量;美国之所以成为美国,也是因为美国的哲学文化和道德力量。而要获得良好的哲学文化和道德素养,要靠教育——学校的教育与家庭的教育。教育制度、教育成效决定中美未来博弈的趋向、胜负的格局。

然而,现在许多大学的哲学系、历史系、文学系等,招不上学生,学了也不好分配。另一方面,大学教授不务正业现象突出,纷纷去做旁门左道的事情。教授不是一门心思抓教学质量,而是一心一意抢课题——目的在搞创收,结果,学术荒废,教育荒废。学生拿了文凭,还是学无所得、学无所用。这种现象说明,我们的教育出了问题。可以说,当下最受诟病也最腐败同时也最"受气"的行业之一是教育。比如,教育脱离社会需要的实际,"读书无用"确为现实;教育产业化使扩招和社会化办学蜂拥而起,教育收费令普通百姓之家、莘莘学子苦不堪言,国家投入越多,矛盾与缺口却越大,就业问题更严峻;教育体制、教育方法、教学目标,长期徘徊在中国式教育与西式教育之间,应试教育备受"打压"却更加如火如荼,而素质教育虽然风行却效果错位;教育腐败、学术腐败、教育官僚化、教师浮躁化、教师道德滑坡等等现象,难以遏制甚至有愈演愈烈之势。"教授"被戏称为"叫兽"就是一个极端但非常能说明问题的事例。

中国教育到了需脱胎换骨、刮骨疗伤的时候了! 新民族、新世代呼唤新教育。

教育变革,第一,需要正确看待中国式教育的优劣,其中之一是要给"应试教育"正名!

林语堂早就睿智地概括到,"家族制度的存在,使子孙繁育,扩大民族之量,而考试制度之施行,则选拔才智,鼓励求学,提高民族之质,二者相辅而行,使中华民族永久长存,不可灭息。"[114]中国古代孔子的杏坛私塾式教育、汉朝兴起的"举孝廉"制度、隋唐之后的科举考试制度、宋明之后的书院制度,以及封建王朝的职官考核制度,构成了中国封建社会独一无二的教育体系和教育优势,锻造培养了无数的优秀人才。

中国的应试教育制度自当有其独到的优越性,否则,不可能延续几千年至今仍事实上延续不辍、活力不减。为了向西方美式教育看齐,而抹杀中国式教育;为了提倡开放式、启发式、自主式、通识式教育而摒弃中国式课堂讲授,并非就是科学的态度,也并非就能获得良好的教学效果。笔者一向非常反感那些所谓的标举素质教育而挞伐应试教育的言行——好像素质教育就没有应试,应试就不是一种素质?美国西方教育就没有应试、外国教育就大放羊、快乐教育就只图没有一点教学压力?美国大学中学课堂教学质量就一定高、教育效果就一定好?

事实上,美国就压根儿没有什么应试教育与素质教育一词,也没有两者截然之分。我们在发明应试教育、素质教育这个词汇时,本身就缺少严谨的逻辑论证。应试与素质不是一对逻辑关系,当然也不是一对矛盾关系。之所以要向应试教育开火,倾泻的是"怒火"——中国因为教育资源有限、教育布局不合理、考生人数巨多,只得靠考试筛选,靠高难度考题比拼,这是应试教育的错吗?中国教师习惯单向灌输、居高临下、不以学生为中心,缺乏民主教学、创新教学、启发教学的思维,这是应试教育的错吗?反过来问,什么是素质教育?素质教育就能解决义务教育、民主教育、启发教育问题吗?

笔者也非常反感一说教育,就千方百计贬损中国人没有想象力,没有创造力的说法。如果中国传统教育那么失败，教育出来的人没有一点想象力、创造力，都是傻子、呆子、木头人，那么，中华民族是怎么生生不息、以文明化成天下的？指责中国教育的人他自己又是怎么成长、成才的？如果中国的教育真的如此压抑创造性、想象力，那么中国的四大发明、中国的文学艺术还能独步世界吗？那时的吟诗、策论，难道不需要智慧、不需要想象、不需要创意，就靠死记硬背？一个人连考试都不行，连起码的知识都记不住、理解力都不到位，大多数情形下能说其是出类拔萃的高素质人才吗？我们不是说不会考试的人，就一定不是人才。但绝对可以说，连考试都不会的人，其综合素质、综合能力未必优秀。

为应试教育鸣不平，不是要复辟中国传统科举八股式教育，而是想表明，我们的教育改革路向，不能采取简单否定的方式，而失去自主性和主体意识，唯西方教育马首是瞻。

第二，教育变革要解决面向国际的问题。

文化因不同民族之间存在区别而容易引发冲突，所以，文化的全球化、国际化面临着地域与民族差异的问题。但教育则可以尽可能地国际化，面向国际、瞄准国际、进入国际。尤其对于中国来说，要始终坚持改革开放的总路线，要做国际的中国就应当开放教育，让教育充分国际化——让中国的学子走出去，国外的学子走进来。

几年前，风传教育部要取消大学公共英语课，理由是现在的大学生英语水平已经相比十几二十年前提高多了，没有必要再开公共英语课了。当时笔者就想说，全民学英语有什么不好吗？香港回归后，有报道称，香港人的平均英语水平下降了，这将直接导致竞争力的下降。这个事例提醒我们，学好英语可不是一件小事，它涉及中国的全球战略以及国家、国民竞争力的提高问题。我们的英语教育还远远不够普及，远远不够水平。如果因为中国崛起，因为世界上有越来越多的人学习中文，因为中国大力推动孔子学院走出去，因为中国游客满世界疯狂购物，巴黎纽约大商场都设立了中文导购员，中国指路牌也开始到处出现，就因为这些，我们就以为英语可以不必学了，就要减少英语教学课时，这绝对是一个错误。

英语是中国国际化水平的一个标尺，也是掌握世界话语权的一个武器。掌握了中文又掌握了英语，中国就掌握了世界！从2014年开始，全国统一高考英语却已取消，这是否会导向一种战略性失误呢？

在教育国际化过程中，一个突出现象是海外名校到中国来抢生源。欧美金融危机，其他的招数不能立竿见影，唯独海外生源成为不少欧美大学的救命稻草。据报道，在中国每年开考的洋高考SAT（美国招收中国学生的考试）近年以20%的速度攀升。与此同时，国际学校在中国也异常吃香。路透社2013年1月14日一则报道说，常州国际学校扎堆，由此发现在中国国际学校已经遍地开花。报道称，"据英国国际学校咨询集团常务董事尼古拉斯·布鲁米特说，过去12年中，在中国内地注册的国际学校数量突增，从22家猛增至338家。同期，学生入学人数增加了25倍，达到184073人。"

到国外留学表面上是人才流失和财富流失，根子上还是中国落后于西方的结果。然而，如果我们拥有一个开放的胸怀，有一个自强的国际化的教育革新意识，我们就不怕人才流失。我们优秀的学子到欧美去学习深造，有利于中外教育体系的交流、比较与对接。教育越开放，我们的事业才能更开放，我们的人才就会自动回流，国际的人才就会接踵而至。

有人会说，教育涉及价值观的养成问题，接受美式教育的中国学子，拥有的是美国的价值观和思维方式，那样将对我们的民族教育不利。乍听起来似乎有一定道理，细细琢磨则不尽然。30多年前的改革开放之初，小平同志亲自主导对美教育交流项目，一批批优秀学子到美国等发达国家学习先进的科技、管理、人文社科等知识，回国后有力地推动了中国改革开放前进的步伐。有比较才有进步，有比较才知道中国教育的优劣。今天，中国每年出国留学人数高达20万以上，11年来增加了

10倍,而根据报道,2013年中国海外留学生人数更是将达到45万之巨,为美英等发达国家经济提振贡献巨大。但另一方面,海外来华留学的人数几十年间也大幅攀升。据2012年的报道,来华留学生来自170个国家,共29万人,其中以韩国人最多。两者的比例与中外出版物进出口等文化贸易差距之比要小许多。随着中国的崛起,中国教育的进步,来华的留学生规模还会更加壮大。我们要有起码的自信和底气!

"新民族"期待新教育:它是中国传统教育与西方教育嫁接的优良品种,是本土化与国际化的一体结合,是教师传授与学生自主的有效搭配,是引导和创造的有机融汇。中国文化要"走出去",中国教育要"请进来"。如果中国多一些国际学校,多一些外籍教师,多一些国际化视野,按照国际化标准办教育,按照国际化交流的要求改革教育,中国的教育就会站到最高阶,为中国的崛起,提供源源不断的国际化人才。

第 39 章 "新民族"企业家首当爱国

美国《福布斯》双周刊网站(2013年5月9日)刊发了一篇文章,提出一个问题,"为什么说中国没有能力引领全球经济?"该文作者的答案有四条:在全球市场处于不利位置;缺乏培育企业家精神土壤;市场与政府未能合理融合;中国需要新商业思维模式。应当说此四条的确切中要害。

企业家精神与商业思维模式某种程度上说有一定交集,企业家精神或商业精神,突出地表现为创新精神、以消费者(而不是官僚和官场)为动力的精神,以及服务社会、报效国家的精神。企业家以产品、资本和经济贡献创造社会价值,核心则是企业家的社会责任意识,西方叫"企业公民"意识。企业经营要诚信为本,产品不能弄虚作假,因此,成功的企业家、伟大的企业家,一定都要是品德高尚之人,他处铜臭而不染铜臭之气,犹如出污泥而不染。企业家精神的更高层次是服务国家,爱国主义、民族主义向来与企业家精神紧密相关。一个企业家如果胸无祖国,无民族大义,眼里只有商业利益,只要能挣钱,不惜坑害同胞、民族、国家,这样的企业(家)必遭唾弃,也必不能基业常青,成就百年。

"新民族"主义呼唤21世纪中国的"新民族企业家"。犹如以前所称"红色资本家"一样,其"红色"乃一腔赤子之心、报国之志,今日的"新民族企业家"也应当有这样的担当觉悟和报国胸怀。

改革开放30多年,造就了一大批先富起来的"企业家"、超级富豪,且速度还在迅猛增长,带动了中国中产阶层、富裕阶层的崛起。物质的极大丰富原本应当使商业道德、精神文化同步甚至超前发展,弘扬几千年来秉承的"和气生财"、诚信文化、仁爱义利观等优良传统,并吸收借鉴西方日韩等国工商界优秀的公益观、管理观、价值观和国际观,为民族品牌的成长而战,为中华民族企业的名誉而战。

然而,我们看到了另一番现象。

路透社(2011年4月21日)披露了一份由中国招商银行与贝恩公司联合发布报告。据该报告称,近年中国个人境外资产增长迅猛。2008年至2010年年均复合增长率接近100%。其中,60%的人士已经完成投资移民或有类似考虑。在可投资资产规模在1亿以上的企业主中,约27%的人已经完成了投资移民,而正在考虑的占比高达47%。据调查,其中考虑子女教育及财富安全、未来养老生活品质是主要原因。而只有6%的人把税收作为离开中国的原因。

联想近些年关于影视明星、体育明星移民掀起舆论波澜的事例,说明在普通公众眼里,对明星、名人出名致富后的国家身份认同意识抱有相当的道德期待。

"新民族"主义主张开放与包容,倡导21世纪中华"新民族"主义的重构与国际胸怀。但在这个问题上,笔者坚定地站在大众一边,对富豪移民现象说不!对富豪明星们放弃国籍又在中国谋取利益的现象说不!理由有三:

其一,要常怀感恩和报效之心。

一部分人先富起来,当然与自己的勤劳、善劳分不开。但很大程度要感谢党感谢国家的政策,这绝对不是一句套话!当年,许多人靠吃"政策饭"、"剪刀差"、"双轨制"起家。靠的是人情网、官商网致富。你当然可以振振有词地说,政策本来就应该如何如何,可是,如果不是在中国这个独特的环境,如果换到美国、俄罗斯去,你还能快速致富吗? 如果能,又为什么放弃国籍后又厚着脸回家刨食呢?

所以，不管是靠关系致富抑或靠政策致富还是靠自己劳动致富的富人们，请记住回报政策！不管你怎么埋怨多么义愤，请记住感谢政府！如果不是国家给了你施展拳脚的空间，提供致富的契机，何以能快速脱贫致富，出人头地？如果富裕阶层都不知感恩，或者自己占了各种好处得以高人一等、养尊处优，还反过来要求国家和普通百姓感恩自己，那还能期盼整个社会有感恩之心、孝义之心吗？其结果，整个社会心态就会彻底扭曲、彻底灰暗。

其二，别忘"共同致富"的约定。

均贫富是任何社会制度都要考虑的社会问题。封建社会、资本主义社会、社会主义社会概莫能外。当年小平同志力排众议，实施让一部分人先富起来，之后带动全社会共同致富的政策。先富起来的人，不能忘记后面一句话。更不能抱着这样的态度：我富起来是我的本事，凭什么要我去帮助别人共同致富？如果抱着这样的心态，不论移民到哪一个国家、面对哪一种社会制度，都不可能有立锥之地，更别谈基业常青。

欧美作为资本主义社会，就特别注重贫富悬殊带来的社会问题。想一切可能的办法，比如对富人征极高比例的税，用于扶持穷人；鼓励设置各种基金会，用于公益事业等等。2012年底，法国新总统奥朗德一上台，就颁布了一项史上最重的向富人征税的法令。按照这项法令，将对资产超过130万欧元的个人征收0.25%的财产税，对股票交易获利征收资本收益税，对年收入超过100万欧元的个人征收税率为75%的边际税。结果，2013年1月，法国首富、法国著名奢侈品集团LVMH老板伯纳德·阿诺特（Bernard Arnault）以"家庭遗产继承"为由搬家到比利时，并带走数十亿英镑财产。法国著名影星热拉尔·德帕尔迪厄先是于2012年决定定居邻国比利时，之后又于2013年初加入俄罗斯国籍。对此，法国总理让—马克·艾罗评论说，"不爱国，让人遗憾"。他告诉法国电视二台记者，德帕尔迪厄搬到国境线以外不远的地方，"实在令人遗憾"，"身为法国人，你需要热爱你的国家并帮助它重新振作"。同样，许多人对阿诺特离开祖国也颇多批评。法国左翼报纸《自由》主编尼古拉斯·德莫兰(Nicolas Demorand)谴责他"忘了是法国给了他今天的地位",并称其逃离祖国的做法"加剧了对他的怀疑、伤害了他的品牌形象、辜负了员工对他的信任"。可见,就是老牌的、最自由浪漫的资本主义国家,对于富人们、明星们应履行的爱国主义义务,同样具有很高的期待。

其三,别以政治为借口,把对政治的价值取向等同于报效国家的价值取向。

你可以不满意阶级斗争,不满意意识形态至上的做法,但不能因此取代对国家的忠诚,甚而背叛自己的国家与民族。历史上,有许许多多政治黑暗、白色恐怖的时期,但并未动摇仁人志士的爱国之心、报国之志。就像不能以意识形态认识不同为借口,搞台独、藏独、疆独一套一样,国家至上、民族至上,是任何时候都不能背弃的底线,尤其对上层社会资本精英、文化精英来说,更是如此。而放弃了中国国籍,又想在中国占有中国老百姓的资源、享受中国改革发展的政策红利,又不想承担中国人的法律责任和义务,这种人,当然应该遭到唾弃,受到鄙视。

中国的政治文明在逐步走向清朗、进步,这是不争的事实。问题在于,即使在中国政治环境远不如现在的困难时期,你都挺了过来,即使在中国的民主政治、法律制度远没有完善的时候,你都能率先致富,起到了榜样和引领社会的作用,又为什么不能、不应该在未来为一个更美好的中国,勇敢地担当起政治进步、社会改革的责任呢?反过来,如果中国政治社会环境真的是那么不堪忍受,我们的那些富豪阶层、中产阶层又是怎么飞速成长壮大起来的呢?这个问题,就如同台独在拿大陆的政治制度说事,阻止国家统一一样站不住脚。好像大陆的政治制度让人民处于水深火热之中,而台湾的民主自由制度使人民幸福美满。如果真是那样,大陆如何近几十年快速崛起成为全球第二大经济体,而台湾却经济低迷、难有起色呢?以政治为借口,背弃祖国,与搞台独分裂一样,没有任何道义基础。唯有一个词说得通:私利!一己私心迷住了心窍,放弃了作为资本精英、文化精英们本应起到的引领榜样的责任。

公正地说,我们要感谢资本精英们对国家的贡献。国家富强、民族振兴,要靠经济建设。一部分先富裕起来的富豪们,对发展中国经济起到了重要贡献,对党和政府有功。应该感谢他们敢于下海、敢于创业、敢于拼搏。企业家精神、商业精神,是社会进步的重要力量,是民族文化精神的重要组成部分。笔者常常说一个观点,成功的企业家最让人敬佩。他具有政治家、军事家、文学家的一切优点和综合的素质。中国社会,优秀企业家不是多了,而是太少了。企业家精神宣传不是多了,而是太少了。富豪们担心政策不稳,我们应当予以理解。对富豪的自私行为说不,也要对政策不确定说不。我们要像保护农民土地经营权几十年不变一样保护私有产权神圣不可侵犯,保护他们的物权!由此,才能鼓励社会持续进行财富创造与财富积累。

同样需要公正地说,民众仇富,"仇"得有一定的社会心理基础。今日中国社会,贫富差距已经到了甚至超越了临界线。基尼系数是判断收入分配公平程度的指标。按照联合国有关组织的规定,基尼系数一般情况下处于 0 到 1 之间,0.4 为收入差距扩大的国际警戒线。数据表明,中国社会贫富差距由改革开放初期的 4.5:1 扩大到 2011 年的接近 13:1;城乡居民收入差距由 1998 年的 2.52:1,扩大到 2011 年的 3.13:1。据新华网报道,数据显示,我国收入最高的 10% 群体和收入最低的 10% 群体的收入差距,已经从 1988 年的 7.3 倍上升到 2013 年的 23 倍。如果不能尽快解决贫富悬殊的隐患,中国社会矛盾积累到某一天火山般爆发,不是危言耸听。

因此,富豪们要拿出像当年下海创业的勇气一样,毅然决然地承担起反哺社会的责任!而不能靠移民来转移义务、寻求逃避责任的保护伞。只考虑自己,没有起码的回馈社会的意识,没有敬畏之心、忠诚之心、感恩之心,没有了事业的大道精神与国家信仰,这样的富豪再富有,又有什么值得骄傲值得尊崇的呢?他的人生价值又有什么可以书写、可以告慰自己的子孙后代的呢?

　　"资本精英"在"新民族"主义阵营中与文化精英同样重要。过去,"民族资本家"对旧中国的民族工业发展作出了巨大努力。今天,我们呼唤"新民族企业家"对21世纪的新中国作出新的贡献。从中国经济结构看,投资和外贸拉动增长的模式,以及金融危机以来中国所受到的影响,可以看到中国经济实力强大背后的泡沫和虚弱,看到仍未摆脱靠出口拉动、被西方"剥削"的模式。我们的不少企业家,满足于实用主义的经济增长方式,廉价不要紧,只要美元真。所以,"中国制造"一直背负着不良的名声。一边提供给世界物美价廉的商品,一边收获的却是西方人内心的"鄙夷"和"不屑"。没有国际知名品牌,不登大雅之堂,这就是中国过去30多年经济"野蛮生长"所付出的代价。"新民族"的企业精英们要有骨气、有志向,立志做世界创造的引领者、世界品牌的领导者。笔者曾与一位年轻上进的山西"富二代"交流,他的父辈资产几十亿,交给他的产业也有十几亿。在常人眼里,他非常幸运,挥金如土。但他私底下说内心压力巨大,常常找不到方向感,非常迷茫、空落。经朋友介绍,找笔者做咨询。我给出的建议是,你再如何奋斗,就金钱而言不过是重复父辈创富的数量累积。要超越父辈,就要另立资本奋斗的目标:超越做大资本的压力,超越追求资本的动力,在资本的世界里确立非资本的理想标高!

　　因此,"新民族企业家"要有自己的理想标高,振兴民族工业、民族文化产业、民族信息产业、民族生态能源产业等等传统与新兴业态,在中国崛起的伟大复兴中,缔造中国企业、中国资本的世界辉煌。

第 40 章 "新民族"主义要有自己的家园景观

"新民族"主义要有属于我们自己的精神家园,也要有属于我们自己的建筑景观家园。然而,今日遍布中国大地的建筑景观却充斥着西式的建筑造型、西式的楼盘名称、西式的商业广场、西式的街区时尚乃至西式的田园景观。改革开放30多年后,我们忽然发现,我们周遭的家居环境已经实实在在被西化,我们周遭的天际线已经确确实实被异化。不单大中城市如此,就是我们轰轰烈烈快速推进的新农村建设、小城镇化建设,也在日新月异地失去中国几千年传承下来的文化符号,代之以千村一面的棋盘化、盒子式的统一规划,而乡土文化的灵魂如一缕幽怨的轻烟正飘荡而去。据报道,2005年时我国有代表性的古村落5000多个,到了2012年底不到3000个,平均每月消失1个还多。用不了多少年,老祖宗给我们留下的古村古镇古城等等中华建筑文化遗产将不复存在。某种程度上说,与精神遗产还可能失而复得、重新发掘、复兴光大相比,物质的建筑样式与人文景观,一旦消逝,将永不再生。任何仿古复建的东西,已经没有了文物的价值。更关键的是,我们自身的文化承继就此出现了断层!某一天,我们猛然发现,中国人在自己的土地上被仿造的扭曲的欧化建筑所包围!我们的中国心被置于西式的家居庭院之内,那是一种何等怪异的现象啊!这在全世界也找不出第二个如此"伟大"的笑话!

1944年,梁思成在《中国建筑史》序言中不无焦虑和伤感地写道:

主要城市今日已拆改逾半，芜杂可哂，充满非艺术之建筑。纯中国式之秀美或壮伟的旧市容，或破坏无遗，或仅余大略，市民毫不觉可惜。雄峙已数百年的古建筑（Historical landmark），充沛艺术特殊趣味的街市（Local colar），为一民族文化之显著表现者，亦常在"改善"的旗帜之下完全牺牲。近如去年甘肃某县为扩宽街道，"整顿"市容，本不需拆除无数刻工精美的特殊市屋门楼，而负责者竟悉数加以摧毁，便是一例。这与在战争炮火下被毁者同样令人伤心，国人多熟视无睹。盖这种破坏，三十余年来已成为习惯也。

……

欧美建筑以前有"古典"及"派别"的约束，现在因科学结构，又成新的姿态，但它们都是西洋系统的嫡裔。这种种建筑同各国多数城市环境毫不抵触。大量移植到中国来，在旧式城市中本来是过分唐突，今后又是否让其喧宾夺主，使所有中国城市都不留旧观？这问题可以设法解决，亦可以逃避。到现在为止，中国城市多在无知匠人手中改观。故一向的趋势是不顾历史及艺术的价值，舍去固有风格及固有建筑，成了不中不西乃至于滑稽的局面。

一个东方老国的城市，在建筑上，如果完全失掉自己的艺术特性，在文化表现及观瞻方面都是大可痛心的。因这事实明显地代表着我们文化衰落，至于消灭的现象。四十年来，几个通商大埠，如上海天津广州汉口等，曾不断地模仿欧美次等商业城市，实在是反映着外国人经济侵略时期。大部分建设本是属于租界里外国人的，中国市民只随声附和而已。这种建筑当然不含有丝毫中国复兴精神之迹象。

把这段80多年前的文字原封不动发表在今天，难道不正是21世纪20年代的中国之现状吗？我们的古老建筑文化、风物景观，还能经得起几个80年的破坏，而四不像的建筑样式，再经过80年的移植，恐怕我们中国自身的建筑根底就真的变异湮灭了！

与80年前相比，今日中国克隆西式建筑的行为和技法更有过之而无不及，这回就连西方人也着实看不下去了。奥地利《标准报》(2012年7月16日)就曾发表一篇文章，指名道姓地批评中国克隆西式建筑的做法"没有灵魂"。文章指出，在北京京郊，有一处五星级酒店拉斐特城堡，一模一样克隆了迈松拉斐特城堡。但其带有中国式改良：侧翼附属建筑具有枫丹白露宫的风格，柱廊效仿罗马的贝尔尼尼柱廊，园林则像凡尔赛宫。文章继续披露，上海在仿建了德国风格的安亨小镇、泰晤士小镇之后，计划修建共9座"异国情调"的卫星城，但应者寥寥。之后被迫冻结了兴建"小意大利城"、"小西班牙"、"小荷兰"和"小雅典"的计划。

与这篇文章所提到的克隆现象对应的更大典型是广东惠州，因为该市完全仿照了奥地利小镇哈尔施塔特而在国际上出了风头。据披露，当地为此投资7.2亿欧元，并从2012年6月起，以每平方米近1100欧元的均价卖掉了400套别墅中的150套，价格比当地标准房价高出一倍。

不仅是建筑欧化，还有与之配套的小区园林景观、小区名称、小区学校、小区周边超市、家具城、家具，以及延伸到街道、公园的西化风貌等等。这种潮流与现状体现的不仅是建筑没有"灵魂"的问题，而且是民族自主意识与心理自信缺失的问题——导致对自己的传统家园都没有好感、亲近感；对西方的盲目追捧；建筑设计师和开发商们的投机取巧，创新精神的怠惰与迷失(与其他流行领域的拿来主义、山寨思想一样)。

那些热衷于剽窃模仿的建筑师们(当然，背后是开发商们)，终有一天，他们会为自己愚蠢而偷懒的作为而羞愧，可建筑的时间和空间将会忠实地记录下一切，以物化的形式庄严地把他们的"愚行"钉在房梁之上！诚如所有的建筑工地都会高高矗立的宣传口号：百年大计，质量第一，建筑风格将同建筑物的寿命一样，几十年上百年矗立在人们眼前——而山寨者正好成为后世的笑柄，成为耻辱的标本。

今日中华大地的建筑景观，从来没有像现在这样不三不四、一派杂乱，已经失去对中国地理环境的判断识别意义了，中国人包括老外还以为到的是欧洲或者其他什么国家。这是中国的骄傲还是中国的悲哀呢？中国时下的建筑品貌、景观设计，在3千年的中华建筑文明史上，完全可以夺得诸多之"最"的"美誉"：最仿冒克隆、最四不像、最不具有价值、最没有民族特色与民族灵魂，也最留不下建筑遗产。

但愿中华大地的景观天际线，将定格在20世纪末到21世纪头十年的镜头中——从现在开始，能逐步回归中国的本源风貌。否则，新一轮城镇化建设，将带来新一轮的景观变异，将贻害子孙后代。

从建筑景观的欧化、西化、格式化，能看出一个民族精神的空心化，更可怕的是丧失了自我肯定和自我欣赏的意趣与信念。这与我们未能树立起本世代的精神支柱和哲学追求的现状相吻合。

"新民族"主义，需要从我们的家园开始；美丽中国，需要从我们的家园开始。早在1996年雅加达亚洲建筑师大会，就明确提出了一个响亮的口号：建设有灵魂的住宅、城市和乡村。建筑的灵魂，本质上体现的是一个民族的灵魂。所以，一个地域、一个民族的建筑景观都必然有着其自身独特的韵味和独到的符号，是不可替代也不可照搬模仿的。

21世纪，中国崛起，必将重构中华"新民族"，必将重构"新民族"的哲学思想道统，也必将重塑"新民族"的物质家园和建筑灵魂、景观风貌，我们要有彰显今天这个世代特色的天际线！

需要顺带表明的是，自古以来，上自皇帝下至百姓，中国建筑规划与景观设计都在风水思想的统摄下，寻求天、地、人的和谐之道。所以，李约瑟才由衷感慨，"不了解风水，就不能了解中国文化"；美国当代城市规划设计大师凯文·林奇才由衷地感叹：风水"总是包含着美学的成分，遍布中国的田园、庐舍、村镇之美，不可胜收，都可借此得到说明"。

然而,风水之被误解、误读和误用,同样扭曲了中国传统环境建筑文化精髓。应当让风水回到它的本原意义上,正本清源,剔除其封建迷信的糟粕,还原其宜居之美的真谛。让人们对天地、生态、人伦充满敬畏之心,再加一点人居美好之心,还有一点文运化成之心。

第41章　相信未来，相信00后

……

注释:

1. [美]威廉·恩道尔:《霸权背后——美国全方位主导战略》,吕德宏等译,知识产权出版社2009年版,第57页。

2. 参考席宏斌:《国运:古今中外的开国六十年》,作家出版社2009年版,第252-255页。

3. [美]兹比格纽·布热津斯基:《大棋局:美国的首要地位及其地缘战略》,中国国际问题研究所译 上海人民出版社2007年版,第3页。

4. [美]诺姆·乔姆斯基著,戴维·巴萨米安采访:《美国说了算——乔姆斯基眼中的美国强权》臧博译,中信出版社2011年版,第041页。

5. [美]塞缪尔·亨廷顿:《文明的冲突与世界在秩序的重建》,周琪等译,新华出版社2002年版,第254页。

6. 参考[美]兹比格涅夫·布热津斯基:《战略远见——美国与全球权力危机》,洪漫、于卉芹、何卫宁译,新华出版社2012年版,第128页,第4页~5页,第40页。

7. 参考国玉奇、В.П.丘德诺夫:《地缘政治学与世界秩序》,重庆出版社,2007年版,第3页。

8. [俄]瓦列里·列昂尼多维奇·彼得罗夫:《俄罗斯地缘政治——复兴还是灭亡》,于宝林、杨冰皓译,中国社会科学出版社2008年版,第5页、第38页。

9. 参考[美]威廉·恩道尔:《霸权背后——美国全方位主导战略》,吕德宏等译,知识产权出版社2009年版,第291页。

10. [俄]瓦列里·列昂尼多维奇·彼得罗夫:《俄罗斯地缘政治——复兴还是灭亡》,于宝林、杨冰皓等译,中国社会科学出版社2008年版,第4页。

11. [美]安德鲁·内森、罗伯特·罗斯:《长城与空城计——中国对安全的寻求》,柯雄等译,新华出版社,1997年版,第222页。

12. [美]亨利·基辛格:《论中国》,胡利平等译,中信出版社2012年版,第025页。

13.［美］戴维·蓝普顿：《中国力量的三面：军力、财力和智力》，姚芸竹译，新华出版社2009年版，第4页。

14.［美］塞缪尔·亨廷顿：《文明的冲突与世界秩序的重建》，周琪等译，新华出版社2002年版中文版序言，第2页。

15.安德烈·冈德·弗兰克、巴里·K·吉尔斯主编：《世界体系：500年还是5000年？》郝名玮译，社会科学文献出版社2004年版，第23页。

16.同上，第267页。

17.［法］魏柳南：《中国的威胁？》，王宝泉、叶寅晶译，人民日报出版社2009年版，第180页~181页。

18.同上，第181页。

19.［美］亨利·基辛格：《论中国》，胡利平等译，中信出版社2012年版，第009~010页、第013页。

20.［俄］瓦列里·列昂尼多维奇·彼得罗夫：《俄罗斯地缘政治——复兴还是灭亡》，于宝林、杨冰皓等译，中国社会科学出版社2008年版，第162~163页。

21.［美］威廉·恩道尔：《石油战争》，赵刚、旷野等译，知识产权出版社2008年版，第8页。

22.［美］威廉·恩道尔：《霸权背后——美国全方位主导战略》，吕德宏等译，知识产权出版社2009年版，第64页。

23.参考［美］诺姆·乔姆斯基著，戴维·巴萨米安采访：《美国说了算——乔姆斯基眼中的美国强权》，臧博译，中信出版社2011年版。第005页,108~109页，第143~144页。

24.［法］魏柳南：《中国的威胁？》，王宝泉、叶寅晶译，人民日报出版社2009年版，第31页~32页。

25.［美］亨利·基辛格：《论中国》，胡利平等译，中信出版社2012年版，第339页。

26. 刘清才、高科等:《东北亚地缘政治与中国地缘战略》,天津人民出版社2007年版,第293页。

27. 刘清才、高科等:《东北亚地缘政治与中国地缘战略》,天津人民出版社2007年版,第68页。

28. [日]金文学:《新丑陋的日本人》汪培伦译,金城出版社2008年版,第029页,第038页。

29. 席宏斌:《国运——古今中外的开国六十年》,作家出版社2009年版,第258页。

30. [日]金文学:《新丑陋的日本人》,汪培伦译,金城出版社2008年版,第035页。

31. 同上,004~005页。

32. [美]阿伦·弗里德伯格:《中美亚洲大博弈》,洪漫、张琳、王宇丹译,新华出版社2012年版,第147页。

33. 刘清才、高科等:《东北亚地缘政治与中国地缘战略》天津人民出版社2007年版,第71页。

34. [美]兹比格纽·布热津斯基:《大棋局:美国的首要地位及其地缘战略》,中国国际问题研究所译,上海人民出版社2007年版,第45页。

35. [美]兹比格涅夫·布热津斯基:《战略远见——美国与全球权力危机》,洪漫、于卉芹、何卫宁译,新华出版社2012年版,第198~199页。

36. [美]威廉·恩道尔:《石油战争》,赵刚、旷野等译,知识产权出版社2008年版,第234~235页。

37. 胡莹:《地理空间与全球霸权——布热津斯基的地缘政治思想研究》,南京大学出版社2009年版,第026页。

38. [俄]瓦列里·列昂尼多维奇·彼得罗夫:《俄罗斯地缘政治——复兴还是灭亡》,于宝林、杨冰皓等译,中国社会科学出版社2008年版,36页。

39.［美］亨利·基辛格:《论中国》,胡利平等译,中信出版社 2012 年版,第 500 页~501 页。

40.［美］亨利·基辛格:《论中国》,胡利平等译,中信出版社 2012 年版,第 347 页。

41.［法］魏柳南:《中国的威胁?》王宝泉、叶寅晶译,人民日报出版社 2009 年版,第 8 页。

42.［美］亨利·基辛格:《论中国》,胡利平等译,中信出版社 2012 年版,前言。

43.［美］诺姆·乔姆斯基著,戴维·巴萨米安采访:《美国说了算——乔姆斯基眼中的美国强权》臧博译,中信出版社 2011 年版,第 022 页。

44.［美］兹比格纽·布热津斯基:《大棋局:美国的首要地位及其地缘战略》,中国国际问题研究所译,上海人民出版社 2007 年版,第 168 页。

45.［美］戴维·蓝普顿:《中国力量的三面:军力、财力和智力》,姚芸竹译,新华出版社 2009 年版,第 230 页。

46. 安德烈·冈德·弗兰克、巴里·K·吉尔斯主编:《世界体系:500 年还是 5000 年?》,郝名玮译,社会科学文献出版社 2004 年版,中文版序第 5 页。

47. 同上,中文版序第 12 页。

48. 同上,第 140 页。

49.［美］亨利·基辛格:《论中国》,胡利平等译,中信出版社 2012 年版,第 018 页。

50. 梁柏力:《被误解的中国:看明清时代和今天》,中信出版社 2010 年版,第 42 页。

51. 林语堂:《吾国吾民》,江苏文艺出版社 ２０１０ 年版,第 065 页、第 067 页。

52.［美］塞缪尔·亨廷顿:《文明的冲突与世界在秩序的重建》,周琪等译,新华出版社 2002 年版,第 260 页。

53. [美]阿伦·弗里德伯格:《中美亚洲大博弈》,洪漫、张琳、王宇丹译,新华出版社 2012 年版,第 132~133 页。

54. [美]兹比格纽·布热津斯基:《大棋局:美国的首要地位及其地缘战略》,中国国际问题研究所译,上海人民出版社 2007 年版,第 134 页。

55. 转引自柏杨:《丑陋的中国人》,人民文学出版社 2008 年版,第 229 页。

56. 柏杨:《丑陋的中国人》,人民文学出版社 2008 年版,第 136 页。

57. 林语堂:《吾国吾民》,江苏文艺出版社 2010 年版,第037 页。

58. 林语堂:《吾国吾民》,江苏文艺出版社 2010 年版,第064 页。

59. [美]塞缪尔·亨廷顿:《文明的冲突与世界在秩序的重建》,周琪等译,新华出版社 2002 年版,第 199 页。

60. 宋晓军、王小东、黄纪苏、宋强、刘仰:《中国不高兴》,江苏人民出版社 2009 年版,第080 页。

61. [美]塞缪尔·亨廷顿:《文明的冲突与世界在秩序的重建》,周琪等译,新华出版社 2002 年版,第 47 页。

62. 梁柏力:《被误解的中国:看明清时代和今天》,中信出版社2010 年版,第 137 页。

63. 参考同上,第 8~10 页,133 页。

64. [美]阿伦·弗里德伯格:《中美亚洲大博弈》,洪漫、张琳、王宇丹译,新华出版社 2012 年版,第 101 页,第 119 页。

65. [美]兹比格涅大·布热津斯基:《战略远见——美国与全球权力危机》,洪漫、于卉芹、何卫宁译,新华出版社 2012 年版,第 164 页。

66. 同上,第 179 页。

67. [西]胡安·诺格:《民族主义与领土》,徐鹤林、朱伦译,中央民族大学出版社 2009 年版,第 1 页。

68. [英]爱德华·莫迪默、罗伯特·法恩主编:《人民·民族·国家——族性与民族主义的含义》,刘泓、黄海慧译,中央民族大学出版社2009年版,第26页。

69. 同上,第174页。

70. 同上,第184页。

71. [美]安德·鲁内森、罗伯·特罗斯:《长城与空城计——中国对安全的寻求》,柯雄等译,新华出版社1997年版,第15页。

72. [美]兹比格纽·布热津斯基:《大棋局:美国的首要地位及其地缘战略》,中国国际问题研究所译,上海人民出版社2007年版,第13页。

73. 翦伯赞主编:《中外历史年表(校订本)》,中华书局2008年版,第209页。

74. [美]亨利·基辛格:《论中国》,胡利平等译,中信出版社2012年版,第016页。

75. [美]狄宇宙:《古代中国与其强邻——东亚历史上游牧力量的兴起》,贺严、高书文译,中国社会科学出版社2010年版,第227页。

76. 席宏斌:《国运——古今中外的开国六十年》,作家出版社2009年版,第124~125页。

77. 梁柏力:《被误解的中国:看明清时代和今天》,中信出版社2010年版,第25页。

78. 军事科学院战争理论和战略研究部编著:《安邦大略——中国历代国家安全战略思想论析》,军事科学出版社2007年版,导言第3页。

79.《资治通鉴》卷一百九十三《唐纪九》,太宗贞观三年十二月。

80.《清圣祖实录》卷一五一。

81.《明太祖实录》卷三十二,洪武元年六月庚子。

82.《后汉书·臧宫传》。

83. 军事科学院战争理论和战略研究部编著:《安邦大略——中国历代国家安全战略思想论析》,军事科学出版社 2007 年版,第 341 页。

84. 同上,第 329 页。

85. 柏杨:《丑陋的中国人》,人民文学出版社 2008 年版,第 22 页、第 57 页。

86. 同上,第 134 页。

87. [美]亨利·基辛格《论中国》,胡利平等译,中信出版社 2012 年版,第 015 页。

88. [美]狄宇宙:《古代中国与其强邻——东亚历史上游牧力量的兴起》,贺严、高书文译,中国社会科学出版社 2010 年版,第 355 页。

89.《清高宗实录》卷一四一四。

90. 军事科学院战争理论和战略研究部编著:《安邦大略——中国历代国家安全战略思想论析》,军事科学出版社 2007 年版,第 463 页~第 465 页,第 473 页。

91. [美]亨利·基辛格:《论中国》,胡利平等译,中信出版社 2012 年版,第 017 页。

92. [美]威廉·恩道尔:《霸权背后——美国全方位主导战略》,吕德宏等译,知识产权出版社 2009 年版,第 62 页。

93. [英]爱德华·莫迪默、罗伯特·法恩主编:《人民·民族·国家》,刘泓、黄海慧译,中央民族大学出版社 2009 年版,第 94 页。

94. 同上,第 95 页。

95. [美]狄宇宙:《古代中国与其强邻——东亚历史上游牧力量的兴起》,贺严、高书文译,中国社会科学出版社 2010 年版,第 119 页。

96. [美]塞缪尔·亨廷顿:《文明的冲突与世界在秩序的重建》,周琪等译,新华出版社 2002 年版,第 420 页。

97. 林语堂:《吾国与吾民》,江苏文艺出版社 2010 年版,第 041 页。

98. [西]胡安·诺格:《民族主义与领土》,徐鹤林、朱伦译,中央民族大学出版社2009年版,第22页。

99. 胡莹:《地理空间与全球霸权——布热津斯基的地缘政治思想研究》,南京大学出版社2009年版,第132页。

100. [英]马丁·雅克:《当中国统治世界》,张莉、刘曲译,中信出版社2010年版,第98页~99页。

101. [法]魏柳南:《中国威胁论》,王宝泉、叶寅晶译,人民日报出版社2009年版,第11页~12页。

102. 刘中民、左彩金、骆素青:《民族主义与当代国际政治》,世界知识出版社2006年版,第58页~59页。

103. [英]休·希顿—沃森:《民族与国家——对民族起源与民族主义政治的探讨》,吴洪英、黄群译,中央民族大学出版社2009年版,第612页。

104. 刘中民、左彩金、骆素青:《民族主义与当代国际政治》,世界知识出版社2006年版,第173页。

105. [美]塞缪尔·亨廷顿:《文明的冲突与世界秩序的重建》,周琪等译,新华出版社2002年版,第43页。

106. [英]休·希顿—沃森:《民族与国家——对民族起源与民族主义政治的探讨》,吴洪英、黄群译,中央民族大学出版社2009年版,第369页。

107. [英]马丁·雅克:《当中国统治世界》,张莉、刘曲译,中信出版社2010年版,第199页~200页。

108. 刘中民、左彩金、骆素青:《民族主义与当代国际政治》,世界知识出版社2006年版,第14页~15页。

109. [英]休·希顿—沃森:《民族与国家——对民族起源与民族主义政治的探讨》,吴洪英、黄群译,中央民族大学出版社2009年版,第4页。

110. 柏杨:《丑陋的中国人》,人民文学出版社2008年版。

111. 同上,第 201 页。
112. 林语堂:《吾国吾民》,江苏文艺出版社 2010 年版,第 187 页。
113. 柏杨:《丑陋的中国人》,人民文学出版社 2008 年版,第 21 页。
114. 林语堂:《吾国吾民》,江苏文艺出版社 2010 年版,第 042 页。

从"和平崛起"到"文明崛起"（代跋）

从1999年开始酝酿，到2013年初终于动笔，关于如何摆脱和跨越"民族主义"的固有偏误，呈现不同于世界其他范式的民族复兴的新特色、新路径、新观念，近15年来始终萦绕于笔者的脑际。以"新民族"主义，来概括和统领中国当下和未来面临的国际地缘政治和战略问题，同时，兼顾国内的民生发展和民族自觉议题，应该是一个不错的逻辑选择。它同时照顾到国际和国内两个视角，又能较好地解决外向和内省两个视域。由此，也可以为中国必然日益高调的国际关系战略找到一个平衡的支点，为民族必然日益外向的国际发展找到一个警示的立柱。战略性、系统性和内外兼顾性，是笔者在本著中想达到的兼容效果。因此，也首次将地缘政治战略的话题，与民族主义的反思溶于一炉。是为一点心得。

相比一系列的思考和命题，笔者更愿意关注"新民族"的"新文明"问题。如果我们能从这样一个出发点审视中国崛起面临的国际国内挑战，可能有助于一系列的难题的解决。譬如，关于"和平崛起"，初衷是为了回应国际上对中国崛起是否带来军事强权、霸权的疑虑，这是一种单向性的表述，客观上难以全面有效地释怀国际社会的误解和关切。中国在东海、南海等领土主权方面强力维权招致的指责和担忧，就是一个例证。如果我们能从"新民族"、"新文明"的视角，转换和升级我们的战略和宣示，或许局面会大为改观。这就是，我们应当标举未来中国的崛起一定是中华新民族、新文明的再崛起！"文明崛起"的内涵，将大大超越"和平崛起"的所指，同时，当然也包含了"和平崛起"的应有之义。中华新文明的再崛起，将意味着，这样的崛起是文明的，是符合人类正义、人文大道的；是与一切反文明、反人类的作为背道而驰的。它同时意味着，中华民族要创造新的文明成果、新的文明规制、新的文明型态、新的文明言行。文明崛起，既针对国际，又面向国内。当我们决计迈向并达臻新的文明高度、创造新的文明辉煌之日，"和平崛起"乃为必然，世界的认同乃为必然。

本著初稿于2013年6月杀青后，冷却了一段时间，对一些表述和肯定句式的断语再次做了一些修正，以免带来理解上的歧义和误解。但尽管如此，一些表态、一些刚性的判断，恐怕还是会令一些人不安乃至反弹，在此，笔者诚恳地希望可以友好、平和地交流乃至绅士般地交锋。

在此，需要真诚地感谢安洋先生、陈玉龙先生、崔元和先生、李广洁先生、阎卫斌先生、刘忠先生、张小波先生、李庆先生、张维特先生等各位友人，在拙著写作、出版过程中给予的中肯建议和无私帮助。还要特别感谢李杰先生、张颐武先生、王树增先生的热情推荐。美国著名的地缘政治研究专家、《石油战争》一书作者威廉·恩道尔先生也给予了热情的推荐和肯定。2012年10月，笔者参加法兰克福书展期间有幸与恩道尔先生晤面，提到笔者正着手要写作本著一事，当即得到了他的关切和友好的支持，在此，特别表达致谢之情。

让我们大声地呼唤，新民族！新文明！

大勇一定内蕴大智！但愿这不是多余的注脚。

伍旭升

2014年1月18日